赢在天猫：写给天猫店长的店铺盈利之道

蔡敏　编著

電子工業出版社
Publishing House of Electronics Industry
北京 • BEIJING

内 容 简 介

全书主要分为三大部分、共 11 章，每章由理论和实操两部分构成。本书是笔者根据以往开店经验，结合淘宝实际情况进行的知识总结。

本书主要面向准备开店的新手掌柜，内容涵盖基础的电商知识及开店可能遇到的种种问题，并针对问题进行综合分析和系统化地解读，提出相应的解决方案。本书内容也将给老手掌柜提供启发，以提升其经营水平。本书以分享实际经验和思路为主，对于某些工具的操作技法讲解较少，全书通过提供各种工具的帮助中心链接，引导各位读者学习相应的内容。

图书在版编目（CIP）数据

赢在天猫：写给天猫店长的店铺盈利之道 / 蔡敏编著. —北京：电子工业出版社，2017.1
ISBN 978-7-121-30751-5

Ⅰ. ①赢…　Ⅱ. ①蔡…　Ⅲ. ①电子商务－商业经营－中国　Ⅳ. ①F724.6

中国版本图书馆 CIP 数据核字（2016）第 319721 号

策划编辑：林瑞和
责任编辑：徐津平
印　　刷：三河市双峰印刷装订有限公司
装　　订：三河市双峰印刷装订有限公司
出版发行：电子工业出版社
　　　　　北京市海淀区万寿路 173 信箱　邮编：100036
开　　本：787×980　1/16　印张：16　字数：350 千字
版　　次：2017 年 1 月第 1 版
印　　次：2017 年 1 月第 1 次印刷
定　　价：55.00 元

凡所购买电子工业出版社图书有缺损问题，请向购买书店调换。若书店售缺，请与本社发行部联系，联系及邮购电话：（010）88254888，88258888。

质量投诉请发邮件至 zlts@phei.com.cn，盗版侵权举报请发邮件至 dbqq@phei.com.cn。

本书咨询联系方式：（010）51260888-819，faq@phei.com.cn。

前言

关于本书

遇到很多学员和朋友说希望能出现一本帮助个人在天猫开店的书，我曾经也被提议去写这样一本书。刚开始我想的是写一本教读者如何操作的书，就像软件的工具书。这样写起来比较方便，内容无非就是教读者怎么在后台操作、注册店铺等。

事实上，我真的写了这么一本书，但基本完稿的时候，我被出版社的林瑞和编辑点醒了：是不是真的有必要写这样一本工具书？首先，不用我写，天猫后台的帮助中心、操作教程已经非常完备了。其次，读者真的需要一本操作手册吗？或许有少数人需要，但更多的人需要的应该是全面了解天猫的经营方式，以及如何去建立并经营一个完整的天猫店铺。

因此，我希望以过来人的思路，通过本书给各位读者提供一点店铺运营过程中的启示，让读者在阅读后能从书中获取一点自己的体会。或许这样才最适合准备开或刚刚开天猫店铺的读者吧。

作为个人编写的一本关于天猫的图书，本书存在一定的局限，其权威性比不上天猫公司自己的著作。内容或许不是那么严谨，甚至带有些许的个人回忆，不过我仍然希望本书能呈献给各位读者一个电商从业者眼中的天猫，一个真实的天猫。

开一家天猫店铺，需要准备什么？

这两年经常遇到刚开店的掌柜问我："老师，我店铺都弄好了，但是我不会推广，能不能告诉我怎么推广？”一般收到提问后笔者都会先去他们的店铺看一下。看完以后笔者发现了几乎一样的问题：产品没有几款，或是毫无体系；图片不美观，描述乱七八糟，产品描述不是寥寥几行字，就是生搬硬套其他商家的长篇大论，卖什么都扯上送亲戚、送朋友、送长辈等烂俗的内容；店铺首页不装修或潦草装修，买过来的装修模板什么样子，首页就是什么样子，连客服旺旺都是暗的；要不就是花花绿绿，什么都用上的装修模式。

面对这些情况，笔者对掌柜说这些事情要先做好，但是每次都得到一样的回复：“老师，您先别管这些小事情，我商品现在没有排名，没有排名肯定没有生意，您先告诉我怎么样能排到人家前面。产品啊、装修啊都是假的，我以后都能慢慢搞起来的。”

类似上面的对话笔者已经听得非常多了。很多电商朋友因为各种小道消息导致方向错误，到头来却还不知道自己的问题。最后失败了，撇下一些类似“电商难做”“某某平台骗钱，导致了我亏本”的话。

最近，笔者又发现了一个问题：无论是网店运营秘诀还是一些网店运营高手的经验，对于网店运营几乎都是三板斧：刷单、推广、报活动。搞得所有准备开店的人都以为只有这三种方法才是开店的出路。

先说刷单。某些所谓的“高手”告诉你高风险、高回报，不刷销量、刷排名谁看得到你？于是弄些人假装买你的产品，下单后不发货或虚假发货，以提升店铺商品的成交量和好评率。

除了刷单，“高手”的第二板斧是推广。商品还没卖出一件就先告诉你要砸多少钱进去，并解释砸钱之后自然会有人看到你的店铺，美其名曰“战略性亏损”。笔者不是说不能亏，而是真正的战略性亏损一定不只是猛砸钱那么简单。砸多少、什么时候砸、多久收回成本都必须要有一个完整的计划后再开始砸。笔者近几年遇到无数家店铺被“战略性亏损”直接亏死。

如果刷单没被抓到，推广猛砸之后会带来一定销量，这时候就达到了一些活动的报名门槛。“高手”此刻又会跳出来告诉你要找到一个活动就去报名。也不管商品亏不亏，成本要多少，只要能报上，就去报。如果一次没报上要锲而不舍地继续报，直到真的成功报上一次，然后狂卖后，再大肆庆祝自己的英明。最后才发现卖得越多亏得越多，现实变成了不上活动想赚钱的时候，再也没人理睬了。

笔者说这么多只是想告诉大家：一个新店铺，无论怎么刷单，还是比不上人家正常销售的量；再怎么砸钱也比不过行业前排的那些大鳄。最后就算销量真的和人家一样了，顾客也不会选你，只有那些亏本赚吆喝的活动才轮得到你。短期快速起来的店铺倒闭的速度往往也快。只有那些脚踏实地，不断加强自己内部管理，完善商品特色，提升商品品质的店铺才能长久存在。

笔者根据自身经验，结合天猫及淘宝官方教程编纂成本书，希望能系统、全面地帮助各位读者在进行天猫店的运营时尽量做到全盘考虑、保持初心，以产品和顾客为基础，优化自己的经营水平，力争做一家持久经营的优秀店铺。

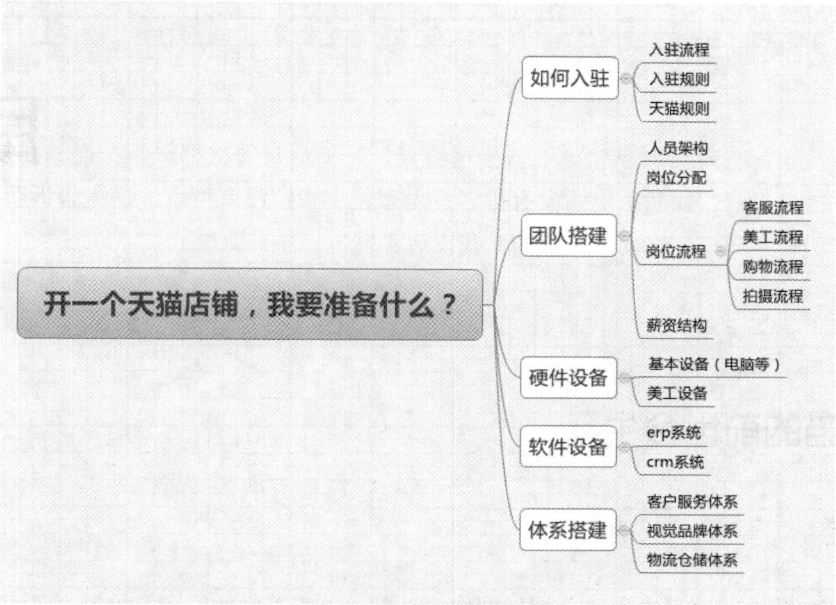

开一个天猫店铺，我要准备什么

自序

我与天猫的前世今生

初识淘宝

2003 年，我在一家日本服装公司做图案设计师。由于工作的原因，接触到了很多服装的货源渠道。当时电子商务对于我所在的城市基本是火星词汇，但是由于我正处在一个对外来事物非常好奇的年纪，于是先后研究了易趣和淘宝。

应该是 2003 年，我在易趣注册了一个账号，挂了一些商品进行销售，不过当时只是玩票的性质，没有认真地经营。转眼到了 2004 年，我在淘宝也进行了注册，和很多早期的用户类似，那时基本没有赚钱的想法，注册只是为了好玩。因为易趣是收费的，而淘宝当时给我的印象是不收费。现在回想起来，或许当时像我这样的人应该挺多，所以形成了中国电商今日的格局。

大家现在知道的购物差评其实很早就存在了，依稀记得我最初一单生意收获的就是一个差评。当时家里有一些闲置的旅游纪念品，其中有一幅很大的木版画，我以一个比较便宜的价格挂到了网上，却忘了设定邮费。结果卖出之后准备发货才发现，邮费是卖出画的两倍！当时快递几乎没什么人用，所以费用比现在贵很多。最后和买家说亏大发了，不卖了。当时即便不成交，对方也可以对我评价，结果对方就给我了个差评。

又过了一段时间，公司刚好有一堆服装要清理库存，由于我是公司员工，购买价格比较低，于是我就买下了两箱子库存，又花 2000 多元买了个数码相机，正式开启了我的淘宝之路。

荒蛮时代

早期在淘宝开店的商家比较少，而买家更少。当时我的价格优势遥遥领先，各位年纪比较大的读者应该还记得，淘宝网早期曾经用过很久的广告语就是“淘我便宜”。

我刚好迎合了这一时期的发展，第一批货不到半个月就卖完了。但是因为没有市场经验，定价定得低，也没有算上邮费，所以这一次的销售基本没有赚到钱，只是感觉淘宝真的能卖出去商品！

几个月后，我做了一个决定：从公司离职！

你们一定会想，我要开启创业之路了。其实并没有，我随后在家玩了半年，偶尔在淘宝放些淘到的便宜货。由于电子商务还没有真正发展起来，因此这些货没像之前那么快速地卖出去，我只好去另一个单位上班。为什么我当时没有全心去做淘宝呢？因为我当时没有电脑，上架商品都是跑去网吧操作的！

由于新单位相对空闲，而且公司给我配了台电脑，于是我又频繁地在淘宝上放些商品卖。不过当时仍然算不上火爆，即便是有时间打理淘宝，店铺还是一种不温不火的局面。而事实上那个时代淘宝就是一个不温不火的存在。

2005 年年末，有一位朋友知道我之前在服装公司上班，了解很多公司的库存情况，于是叫我带他去看看。那个时候并没有想太多，就带他一家公司一家公司的转悠。后来他告诉我，他买衣服是在批发市场卖的。因此，我在机缘巧合之下不仅熟悉了渠道，而且掌握了市场行情。

于是，我再次决定：我要离职！

这次离职我没有在家玩，因为我决定要真真正正的创业！我问父母和亲戚借了 2 万元，开了家服装店。各位不要觉得诧异，这次我还是没有开淘宝，而是真真切切的开了家实体服装店。此后我的服装店经过了 3 次搬迁，每次搬家之后的生意都比前一次火爆，只是虽然店铺生意火爆，但是库存积压比较严重。

当时我借的 2 万元早就已经还了，但资金基本都被库存套牢，无奈之下我想起了淘宝。我买了电脑，拿起之前的账号重新开始了淘宝之旅。2006 年冬，我的库存里有一堆夏季的女式背心和吊带，我几乎没有考虑就把这些衣服上架了，当时也没考虑能不能卖火爆。

谁知无心插柳柳成荫，这批夏季的商品在冬季竟然卖得非常快。等到了第二年开春，我在没有对店铺进行任何技术操作的情况下，很多次竟然都卖到了行业第一。库存基本被我卖得差不多，而贪心的我因为生意火爆又囤积了更多的货物。

同时开设淘宝店和实体店的状态，让我无法同时兼顾两头，二选一的时候当然是哪里生意好选哪里。在某个适当的时机，我关闭了实体店，全心全意在淘宝开店。

首触天猫

不记得具体是哪一年，淘宝发给我一封邀请函，邀请我去上海参加一个峰会。受邀而至的我才发现，所谓“峰会”，其实是一个叫“淘宝商城”的招商会，而“淘宝商城”往后几年都叫这个名字，直到 2012 年年初改名为“天猫”。

当初参加峰会的时候大部分商家是带有反感情绪的，认为这只是变相收取费用。虽然峰会的工作人员极力向商家说明“淘宝商城”是怎么一回事，但让免费的淘宝卖家理解收费问题，还是有挺大的困难。

当时的我也觉得没有必要去“淘宝商城”，因为当时的“淘宝商城”单独买家流量基本没有，几乎所有的流量都是由淘宝网转接过去的（实际上，直至今日，天猫大部分流量仍是由淘宝网接入的）。这让原来淘宝的商家感觉生意被抢走了。

这段时期淘宝已有部分大商家本身生意已经非常不错，而在“淘宝商城”的店铺并不比淘宝好多少。简单来说就是多付了钱，做的生意还是一样。

于是，一两年之内“淘宝商城”并没有太大的起色，很大一部分土生土长的淘宝店家，包括我本人都没有太在意“淘宝商城”。在忽视“淘宝商城”几年后，我突然发现淘宝已经不是那么好做了，从淘宝的广告语我们可以看出端倪，淘宝最初的广告语“淘我便宜”在经历多次变迁以后终于变成了“淘，我喜欢”。

面对淘宝的一次次改变，比如超低价格不再显示，价格排序进行了弱化，平台的引导使顾客也不再以追求便宜为唯一宗旨，商家难免会出现负面情绪，但这些变动正是“淘宝商城”需要存在的原因，阿里希望能够利用一个高端的平台留住高质量的买家群体。因为当时“京东”和“亚马逊”等平台已经汇集了部分优秀商家和买家群体，虽然无法撼动淘宝的老大地位，但是已经存在明显的竞争。

淘宝上的海量商家以及超低的门槛将各种不同资质、不同类型的店铺都置于一个平台之上，很容易让买家对淘宝的正规化、品牌化印象大打折扣。对于成熟的网上购物人群，过多的商品增加了挑选的时间和难度，因此，这些成熟的买家更愿意在有品牌、有企业资质的正规店铺进行购买，“淘宝商城”的出现正是因需而生。

淘宝 VS 天猫

当淘宝从一个卖便宜货的线上小商品市场逐渐成为海量个性化商家平台时，“天猫”成为了品牌化、正规化的大商家平台。

作为一名同时经营天猫和淘宝多年的掌柜，一名在不同时期为数百家店铺提供过咨询和服务的电商从业者。我从多年的经营和合作中发现淘宝和天猫的区别确实是比较大的，商家应该明确自己选择哪个平台。

那么天猫和淘宝在各方面究竟有什么区别呢？下面我一一进行说明。

入驻门槛

入驻淘宝网至今仍是免费的，虽然实际经营过程中可能会根据自己的需要付出部分费用，但是相比一般平台来说费用仍然是比较少的。当然，如果你喜欢砸钱推广就另当别论了。

天猫平台从开始至今一直坚持收费模式，每年的费用会根据平台的实际状况调整，基本上是以“保证金＋技术服务年费”的形式收取，具体金额根据行业类目的不同而有差异。近两年的保证金一般都在 10~15 万元之间，服务费在 10 万元以内，服务费会根据商家的经营情况返还给商家。想了解准确信息的读者可以直接到天猫官网查看每年的招商标准。天猫经营过程中除了以上这些费用，每笔交易还需支付一定比例的佣金扣点，扣点一般在 5%左右，根据行业不同略有差异。

除了费用，天猫更重视的是企业资质。淘宝网从开始至今，始终对个人卖家开放，只要你拥有一个身份证，就可以开一家淘宝店。现在你如果拥有企业营业执照等相关资质还可以在淘宝申请企业店铺，当然这个店铺仍然属于淘宝平台。淘宝的企业店铺与个人店铺基本没有差别。天猫则根据店铺类型的不同，除了对商家的品牌（商标）有要求外，对各个类目还有不同的资质要求，如开店企业的注册资金、成立年限、纳税人资格等。另外，针对部分产品，天猫还要求提供检验报告、资质证书等相关文件，具体内容读者可以直接到天猫网站查询。

从以上内容我们可以看出，天猫和淘宝有两个明显区别：淘宝是以低门槛、低费用形式，让每个人、每个企业都能尝试的零售平台；而天猫则适合有品牌、有一定实力与资金的企业。

流量结构

除了上面的区别外，天猫和淘宝的流量结构也有所不同。虽然天猫和淘宝拥有各自的网址、APP，但实际上天猫的流量至今仍然依托于淘宝平台的流量。

淘宝网以及淘宝 APP 在首页等多处明显位置设置了天猫平台的入口。买家搜索商品时，天猫商品和淘宝商品是一起出现的，天猫商品会加上天猫的标志进行区分，这实际上是帮助天猫的店家增加流量，在淘宝的网页端搜索商品时默认排序的前三位永远给优质的天猫卖家。

不过，对于从天猫网及天猫 APP 进入的流量来说，几乎是天猫平台所独享的，买家在天猫进行搜索商品、类目选择等相关操作，不会被主动引导到淘宝平台去消费。

举个简单的例子：我建了一个大集市（淘宝），大集市拥有非常大的人流，于是我在集市里面又建了一个购物中心（天猫）。但是新建的购物中心一开始大家都不去，因此，我就在集市的入口处开几个通道直达购物中心。为了让大家不逛购物中心也能买到购物中心的商品，当大家在某个品类区随便逛时，这个品类区会明显地标出几个商品，上面写着该商品属于购物中心，卖出以后也直接记为购物中心的交易。

除了以上这些流量外，天猫还在多个特定时间享受特大流量的支持。以天猫每年都做的双 11 大促为例，在 11 月 11 日当天及之前半个多月的时间，除天猫自身在各类媒体做广告引导外，淘宝网大部分页面也会引导买家进入天猫平台购物。另外，在搜索商品时还会有各种优先展示将流量引向参加双 11 的天猫商家。

此外，虽然淘宝、天猫都可以采用“直通车”“钻石展位”等付费推广模式，但是天猫平台的商家有在淘宝平台和天猫平台同时推广的权限，而淘宝平台的商家则只能在淘宝平台推广，不能在天猫平台推广。此外，橱窗推荐位、营销工具等相关的服务，天猫平台也都有相应的优势存在。

说到这里，很多读者会认为，这样对于淘宝卖家是否太不公平。从某种意义上讲确实如此，不过对于进入门槛相对较高、投入相对较多的天猫商家来说，如果没有这样的优势，那么天猫商家凭什么需要比淘宝商家付出更多呢?

平台印象

如前文所述，淘宝网出现的时间要比天猫早很多，而早期的定位至今仍然对消费者有所影响。在淘宝上你几乎可以买到你能想到的任何商品，海量商品必然导致相似商品甚至是完全一样的商品堆积在一起。

消费者在淘宝的购物方式大部分是靠一遍又一遍地翻页寻找，然后对比做出购买行为。而在天猫网购物时，消费者大多以品牌为导向，基本是在某个固定的商家进行重复消费。

消费者一般会这样认为：淘宝上可以买到比较便宜、比较少见、对品牌没有太大要求的商品。另外，大部分没有目的性、突然想到的商品，消费者也会先到淘宝网搜一下。而当消费者准备在天猫购买某样商品时，大部分情况是已经确定好哪个商家，甚至是哪件商品了。

因此，我们可以根据消费者行为得出如下信息：消费者大多数时候会在淘宝这个大平台进行消费，而目的性较强的时候会去天猫购物。这刚好印证了淘宝网会在搜索以及其他方面给天猫带来流量的说法。天猫给消费者的品牌感和正品感导致了就算在天猫给出回到淘宝的入口，真正回淘宝购物的人也是少之又少。

其他

除上面的情况外，天猫还独享了“天猫供销平台”，天猫商家可以在开设天猫店铺后，发展多个分销商，让分销商帮助自己开拓销售渠道。这对供货能力强、希望自己产品在网络上多多展示的商家是非常有利的。通过分销平台可以简便地对分销商进行管理。当然不借助平台自己招分销商也是可以的，只是操作和管理相对复杂。

前文说过，天猫商家每笔交易都会有扣点，一般在5%左右，根据类目不同会有上下浮动。这对于长期经营的商家来说是一笔不小的开支。此外，天猫还规定：如果买家要求，必须开具发票。如果出现不能开发票的问题，商家会遭到天猫平台的相应处罚。而诸如发货超过一定时限、商品侵权等问题，天猫的惩罚措施也比淘宝严厉得多。天猫的购物保障非常全面，如“七天无理由退货”等针对卖家开通的服务，天猫商家都是默认开通的，而淘宝则可以根据自己的需求进行开通。

说了这么多，各位应该对淘宝和天猫有了部分了解，简单做下总结：淘宝可以算是轻公司，资金低、门槛低、规则松，但是竞争较大，流量相对一般，发展有瓶颈，适合个人商家或小企业入驻；天猫相对而言是重公司，资金要求高、门槛高、规则严格，但是一旦入驻有一定竞争优势，也会有相应的流量扶持，有利于做大做强，适合有一定实力、有一些经营经验的企业。

天猫与电商的未来

对于整个电子商务来说，零售平台只是其中的一个小类，而对于零售平台来说，天猫也只是其中之一。对于一名在电商行业摸爬滚打了近十年的电商人，笔者见证了过去种种活动而形成的今日电商市场格局，因此，我坚信现在的互动也暗示着未来的走向。这一节内容仅仅是我个人对未来的猜测和探讨。未来会怎么样，让我们拭目以待吧。

移动与 PC

从接触淘宝至今，作为卖家的我绝大多数操作是在电脑上完成的，而作为买家的我，两三年以前的大部分购物行为也一直是通过电脑完成的。不过随着智能手机的普及，这种习惯被彻底打破。所以说，只要新出现的行动模式能让用户使用更加便捷，用户习惯不难改变。时至今日我们可以看到，除购物外，获取资讯、浏览网页、学习、娱乐等行为也都逐渐地转接到移动端。

各位读者也一定发现了，手机之前最重要的通信功能，现在仅仅是手机无数功能中的一种，且通信功能因为可以被很多应用替代而越来越不重要。

曾经有企业家预言，实体店将会被互联网店铺取代，今天我们看到实体店确实受到了冲击，很多小商品市场逐渐消失。不过很多街区的商店仍然存活得挺好，购物商场还在不断涌现，大型超市、购物中心还在被不断兴建。很多人预言的实体店即将落寞的状态并没有真正发生，消失的都是那些本该被市场淘汰的商家，而那些个性独特、购物环境优雅的商家反而获取了更大的市场。比如苏州新开设的“诚品书店”，在书店倒闭潮中逆势开张营业，获得了消费者的追捧。

很多人认为当移动端发展起来后，PC 端会逐渐被淘汰。笔者并不这么认为，目前来看移动端的发展势头优于 PC 端，但是未来充满了不确定性。笔者认为未来真正的状态是 PC 端和移动端的界限越来越模糊，笔者曾经对一位学员说过：电子商务是利用现代科技进行的传统零售。无论是手机，还是平板电脑、笔记本电脑，都只是消费者进行购物的一种工具。购买行为只是从一种工具移动到另一个工具中，商家需要了解的内容并没有那么复杂。

针对这一变化，淘宝和天猫已经做了很多工作，除了加强淘宝网页版外，手机淘宝已经发展成为手机必备的 APP 之一，天猫商城也已经拥有了自己的 APP，还有很多第三方 APP 通过转链接的形式对淘宝、天猫的商品进行推荐和整理。如今只要在淘宝及天猫上开店，基本上手机端都会在显示出你的商品。

苏州诚品书店

针对商家后台操作，现在已经可以在电脑端对手机店铺进行装修、推广等相关操作。淘宝的千牛平台可以同时在电脑端和手机端进行操作，手机端的移动掌柜已经初步形成，通过千牛 APP 可以实现与买家聊天、进行交易管理、数据观测等一系列工作。

我们可以看到电脑端可以对手机端操作，手机端也可以对电脑端进行管理，界线已经开始模糊了。笔者认为未来的趋势或许就是买家行为倾向于移动端，卖家大多数的后台操作在电脑端进行。

平台会不断变化，但是商务本质是不会变的。无论平台如何变化，销售者购买产品仍然有一样的选择规律，大品牌、高品质的产品会受到顾客喜爱，便宜、性价比高的产品也有人要。

品牌与大众

品牌一直被无数的专家提起，有的专家说没有 100 年不能算品牌；有的专家却说没有 100 人以上的企业不算品牌。

笔者认为，品牌不过是个词罢了，既是个名词，也是个形容词。品牌代表了某个专门渠道输出的商品。往大了说，中国制造的产品，对于外国人来说“中国”就是个品牌。往小了说，街边刷鞋的老王，“老王”也是个品牌。

实际上我们真正需要的是被消费者认可。品牌是在消费者认可后，我们拥有的便于记忆和传播的一种手法。哪怕我们什么都不做，如果你有名字，再开个实体店，如果你的消费者认可你，并且知道你叫什么名字，你就有了品牌。

当然读者也不应该对品牌太过轻视，大众对于品牌的追求从线下到线上、从 PC 端到移动端，并不断对品牌提出各种要求。

作为卖家来说，大众的很多行为会透露出他们想告诉你的信息。这些年电商自有品牌不断出现，传统行业的品牌也不断涌现。树立品牌首先是要顾客认可某一品牌，顾客掏腰包付钱了，基本就是肯定了这个品牌。愿意为这个品牌买单。如果某个品牌的店铺流量很高，停留时间也很长，但是顾客不支付，那么顾客也是认可了这个品牌，只是在消费时有一个坎儿，可能是价格问题，也可能是某个功能有问题，这时店铺就需要去寻找自身的问题了。

有的品牌店铺一开始顾客会购买，但是二次销售，以及客户自发推荐几乎没有，这说明品牌前期做得比较完美，但在使用过程中不被顾客认可，问题出在产品上。

这两年某些品牌受顾客认可，某些品牌被顾客抛弃，这其中存在着规律。除对线下大品牌的认可外，消费者在这两年更青睐个性化的店铺，独立特行的品牌。进行全新的品牌包装和小类目产品的经营都是非常有效的手段。大而全、没有商品特色的店铺在逐渐被消费者抛弃。比如，在女装类目中，裂帛、茵曼、初语等淘品牌都是各具特色和个性，以中国风为主要风格的品牌——男装类目中的花笙记也是这样。近期比较火爆的零食品牌“三只松鼠”是通过对产品重新包装设计以及活泼的卡通形象来打造独特的品牌风格。除了这几个品牌，还有很多具有独立思想的品牌店铺。而那些产品和品牌老旧，没有特色的店铺，正在逐渐被市场淘汰。

众多的案例表明：无论是线上还是线下，淘宝还是天猫，要成为消费者认可的品牌，除基本要求外，品牌的个性化、区隔化、风格化是消费者永远在乎的。

新品牌如果及早在个性化做出了清晰的定位，可能一开始获取的顾客较少，不过一旦被消费者认可，就能快速打开市场。并不是个性化之后马上会获得大量的顾客，这是一种循序渐进的过程。

反之，如果作为一个商家，市场上什么好卖就卖什么，能不能被消费者认可呢？实际上，这样一开始反而比个性化更好做，前几年尤为如此。不过这一方式在后期非常容易被复制，从而导致无个性、只做热卖商品的店铺蜂拥出现。

消费者的行为是非常有意思的，当某样商品刚流行起来，并且买的人很多时，消费者的跟风现象会比较明显。而一旦商品铺满整个市场，消费者的购买欲望又会降低。比如，淘宝的某一款热卖女装，在一家店铺销售时很受顾客喜爱，当市场出现少数类似款时，消费者还是会去购买，但如果出现非常多的类似款时，消费者就会产生逆反心理而不再购买。无论是淘宝还是天猫，这种现象一直存在。

走个性化路线的商家需要注意，个性化并不是走极端。比如，设计一些违反常规的产品以希望获得消费者认可，这是不可取的。当然更有甚者，做一些纯粹是为了博人眼球、逗人一笑的设计，这并不是个性化、区隔化。

国际化与地区化

这两年国际化和地区化电商也被不断提起。国际化电商可以是国外的产品卖到国内，也可以是国内的产品卖到国外。地区化电商这两年是淘宝的重点项目——农村电商。

这一趋势给了几点简单的启示：国人对于进口商品的需求一直都存在，加上国内很多商品出现的各类负面信息，这些年国人对进口商品的需求越来越强。电子商务的发展让国人获取进口商品更加容易、便捷，各类平台都推出了海外购物的专门平台，天猫平台也专门推出了独立的海外购物平台——天猫国际。

如果你拥有海外商品资源，可以说就掌握了市场发展的部分趋势，当然这并不代表一定会获得巨大成功。现在市场上的海外商品已经非常齐全，很多大品牌在中国已经通过自己的方式进入各大电商平台。如果你拥有某个还未进驻中国的大品牌的代理权，那么还是非常有优势的。

如果你只是有国外的亲戚或者是自己在国外有长期居住权，那么通过寻找当地的一些并不是特别有名的产品，放在淘宝销售也是有一定机会的。各位可以看到日本的小吃、韩国的文具，在国内都有很大市场。之前日本的马桶盖、学生书包这些我们基本不会注意的产品，国内也都大有需求。

上面讲的基本都是进口，其实出口也有很大的发展空间，国外消费者已经通过很多渠道知道中国这些购物平台，笔者之前的店铺及合作的店铺基本上都有将商品销售至国外的经历，这些年这个趋势越来越明显。

国外消费者青睐中国制造的原因有如下几点：首先是性价比高；其次是有些国外消费者喜欢中国风格的产品；还有一些产品在国外购买可能会存在法律风险，但在国内则没有风险——这类产品就不举例了，各位也不需要特意去找，可能开始经营后自然有国外的顾客光临。目前已经有专门向国外卖出商品的平台，比如阿里巴巴速卖通，免费入驻，售出支付佣金。各位可以根据自己的情况考虑是否入驻。

在地区化趋势中，这两年淘宝比较重视农村电商。农村电商也一定是未来的发展机会之一。首先，平台确实给予了部分支持和鼓励；其次，如果愿意和当地政府合作一起参与农村电商的发展，应该还会得到当地政府的支持。当然除平台和政府的支持外，消费者是否对商品买账是最重要的。农村电商大部分仍然是商品输出方，而城市仍然是主要的消费群体。如果遥看整个中国市场，各位读者会发现城市对农村商品的需求是逐渐提升的。

由于城市的生活节奏以及居住环境的特点，城市居民希望购买到更健康、更原生态的商品。因此拥有比较好的天然资源的农村电商，更受城市消费者的青睐。不用担心农村的土味儿，其实城市住久了的人就喜欢这份淳朴。没发现那些综艺节目，天天让明星往农村跑吗？

目录

第一部分 奠 基

第三部分 崛 起

第一部分

奠　　基

第 1 章
天猫扫盲课

天猫在自己的页面上是自己给自己这样定义的：

天猫是什么？猫是性感而有品位的，天猫网购，代表的就是时尚、性感、潮流和品质；猫天生挑剔，挑剔品质，挑剔品牌，挑剔环境，这恰好符合天猫网购要全力打造的品质之城的定义。

我们希望天猫成为您在网购世界中的第五大道或者香榭丽舍大道，能够成为中国乃至世界 B2C 的新地标！

迄今为止，天猫已经拥有 4 亿多买家，5 万多家商户，7 万多个品牌；多种新型网络营销模式正在不断被开创。加入天猫，将拥有更多接触最前沿电子商务的机会，也将为全新的 B2C 事业创造更多的奇迹！

实际上对一般顾客而言天猫就是一个拥有丰富商品的网上商城，相比原来的淘宝网，天猫更加专业化和品牌化。而对于在天猫上开店的卖家来说天猫就是 B2C 网上平台之一。只要是拥有相关条件的企业，通过正确的步骤在天猫申请开店，都可以在这个平台上开店并出售商品。

1.1 天猫页面介绍

1.1.1 天猫首页基本介绍

互联网的快速变化是我们无法回避的，淘宝的文化之一就是拥抱变化。淘宝的首页改了无数次，天猫首页也有过多次重大变化。

不过我们不能因为变化太快而放弃学习现有知识。本章中给各位介绍天猫的页面，很可能在不久的将来会和本书内容不一致。但笔者希望各位读者能够了解这些页面存在的意义，这样即便页面调整也能知道这些页面的功能和目的。

首先，让我们来了解下天猫的首页，如图 1-1 所示，这是天猫首页的第一屏。

图 1-1　天猫首页第一屏

一般网站的第一屏都包含了网站大部分的重点内容，天猫也是如此，它的首页包含了丰富的产品分类和各个专题市场。接下来让我们从上至下来详细了解天猫的整个首页。

网站最顶部是登录区，如图 1-2 所示。

图 1-2　天猫首页登录区

左侧除了“喵，欢迎来天猫”的招牌招呼，就是“请登录”及“免费注册”这两个区块，这和一般网站基本一致，登录后会更新个人信息，如图 1-3 所示。

图 1-3　天猫首页导航区

右侧第一个为“我的淘宝”项目，移动至该文字后会出现两个子类“已买到的宝贝”及“已卖出的宝贝”，点击后的页面如文字的字面含义，分别指向买家买到宝贝的页面及卖家卖出宝贝的页面。利用该链接可以快速到达这两个买家和卖家最关注的页面，如图 1-4 所示。

图 1-4　我的淘宝

淘宝及天猫对商品都统称为“宝贝”，除统一称谓外，“宝贝”也更有亲和力，这一叫法目前已经被绝大多数买家和卖家接受。

接下来是“❤我关注的品牌”，天猫平台比淘宝网更注重品牌与用户的联系，所以推出了“品牌关注”这一概念。只要商家拥有自己的品牌，即可被买家关注。同时当买家关注该品牌后，可以点击“❤我关注的品牌”到达自己关注的品牌的页面。每个买家可以根据自己的需求来关注品牌以形成自己个性化的品牌关注页面，如图 1-5 所示。

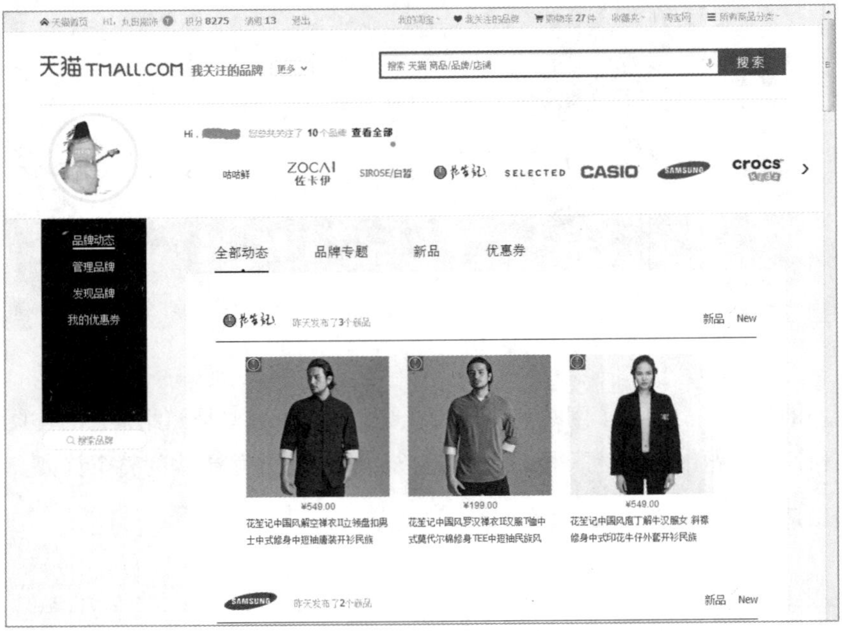

图 1-5　我关注的品牌

除了个性化地展示自己关注的品牌外，当被关注的品牌进行产品上新及品牌专题发布时，平台都会进行展示。此外，该品牌发布新的优惠券时也会展示。

进入“产品宝贝”详情页后，可以看到如图 1-6 所示页面，除“立刻购买”外，买家还可以通过“加入购物车”和“收藏商品”，将商品收集在自己的购物车或收藏夹里。当真正需要购买时可以在“我的淘宝”直接调出该商品。

买家将商品加入购物车后，可以在“我的购物车”集合页中直接到达宝贝页面。如果卖家对购物车内商品进行营销，买家也会在购物车集合页面中看到相应信息。收藏夹和购物车类似，只是没办法展示促销活动。买家的购物车最多只能放 99 件宝贝，而收藏夹最多可以放 2000 个宝贝。

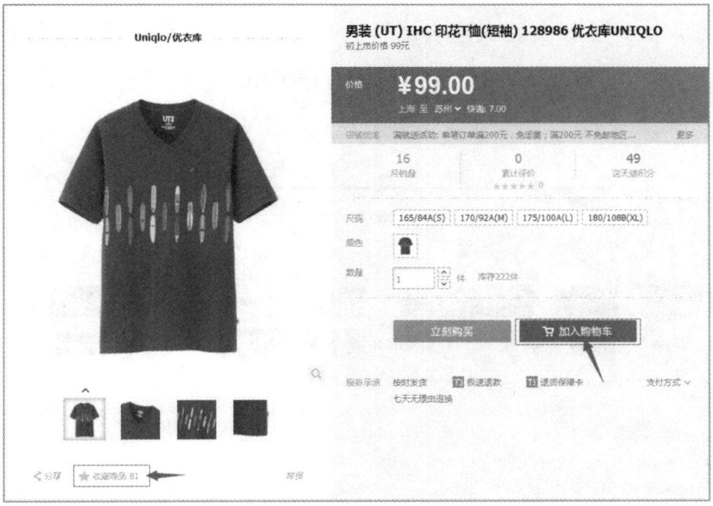

图 1-6　宝贝详情页

当鼠标移动到顶部“手机版”这个区域上的时候，页面会自动展示天猫手机客户端的二维码，如图 1-7 所示。扫描可以直接下载天猫的手机客户端。

点击“手机版”后可到达天猫无线的介绍页面，在该页面可以下载安卓、苹果等客户端。“淘宝网”及“所有商品分类”就不详细介绍了，内容和文字含义是一致的。

图 1-7　天猫手机版二维码

1.1.2　天猫搜索栏介绍

接下来让我们来了解一下天猫的搜索栏，如图 1-8 所示。

图 1-8　天猫搜索栏

天猫搜索栏和淘宝搜索栏基本一致，使用非常简单。搜索关键词，即可到达要搜索的产品，如图 1-9 所示。

当搜索某个关键词时，天猫会自动进行识别类目，如图 1-9 所示。比如搜索“连衣裙”，天猫会自动定位于“首页>品牌女装>连衣裙”这一类目中，并对相关品牌进行抓取，如果你的品牌属于该分类，并且销量和品牌知名度达到相应要求，就会出现在该区域。买家可以点击“更多”来发现更多品牌。

图 1-9　天猫搜索栏的搜索结果

此外，天猫会对选购热点以及产品的一些特性给出相应的关键词，以方便买家进行更加细化的筛选。卖家可以在发布产品的时候选择这些产品特性，以便顾客选择特性时能有针对性地找到你的商品。

在搜索结果的区域，可以对结果进行多项选择，如图 1-10 所示。

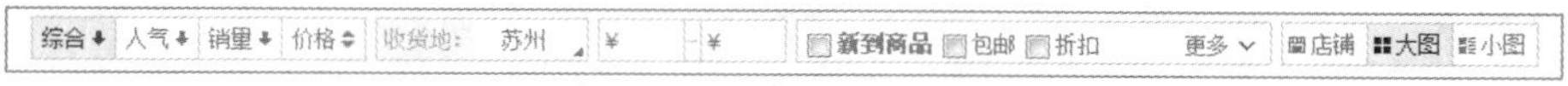

图 1-10　搜索框选择区

该选项区可以对“综合”“人气”“销量”“价格”四个搜索结果分别进行选择。这里对四个结果分别进行简单地介绍。

当搜索关键词时，默认的结果是“综合”结果。“综合”结果是将非常多的条件经过计算后得出的较为公平的产品展示结果，除销量外，产品的售价、评价、流量、上下架的时间等因素都会对结果产生影响。

“人气”结果一般是以顾客的热门程度（流量、销量、购物车、收藏等）为依据得出的搜索结果。简单解释就是越受买家欢迎的产品越靠前。

为了防止卖家对“综合”及“人气”的搜索结果进行人为干预，天猫会对搜索算法不定时进行调整。

“销量”搜索结果也是顾客经常点击的结果之一，选择该选项后销量越高越靠前。“价格”搜索结果首次点击为由低到高排序，再次点击则相反。这里需要注意的是，价格太低的商品天猫是不予展示的，读者需要注意自己类目商品的最低价格。

“收货地”选项与买家的实际地域自动接轨，买家也可以人为调整。“收货地”的作用是使每个宝贝自动显示该收货地的邮费。

“¥ - ¥”和“价格”选项的作用是一样的，但是更加精确，可以用来选择某个价格区间的产品，如选择“100-200”之间的价格来进行排序。

“□新到商品”对应的是近期新上的宝贝，选择这一选项的买家，只能看到近期新上线的商品。这一选项是天猫给出的增量流量入口，表明了天猫对新品的支持。

“□包邮”即卖家对该宝贝不收取物流费用。选择这一选项的买家只能看到卖家包邮的商品。对于卖家来说如果给商品包邮，会稍许增加流量。

“□折扣”对应的是卖家进行了折扣操作的商品，选择这一选项的买家只会看到进行了折扣操作的商品，一口价商品因没有任何折扣操作不会出现在买家页面中，参加聚划算、淘金币、集分宝的宝贝则会出现。

搜索页面除以上提到的内容外，卖家还需要注意首页搜索框下方给出的近期热点关键词，如图 1-11 所示。

这部分关键词是买家近期关注的热点，如果你的商品刚好与热点内容相匹配，你可以修改商品标题的关键词来引入热点流量。

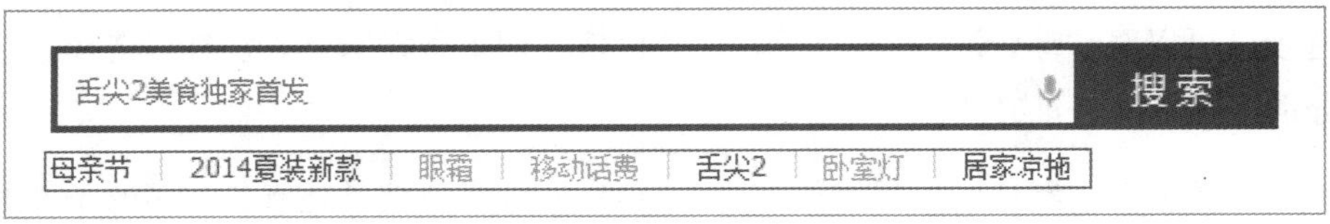

图 1-11　搜索框下的热点关键词

搜索宝贝几乎是网购买家最常见的购买轨迹，读者可以回忆一下自己平时网购的习惯，是不是这样呢？因此，搜索的基本知识是卖家必须要掌握的内容，希望各位重视。

1.1.3　天猫首页其他区域

接下来让我们继续浏览天猫首页的其他区域。“商品分类区”是针对每个细分品类设置的页面，该页面会自动滚动替换，同时会根据用户鼠标指针的移动来切换首页。这一方式大大增加了各个品类在首页展示的机会，同时提升展示的针对性。

需要注意的是，这个页面会不定期调整以迎合消费者需求，如图 1-12、图 1-13 所示。

图 1-12　天猫首页分类展示

在这一页面中，左侧区域让买家快速找到所需宝贝的详细分类，右侧大块的图片区域是活动区和分类导入区，比如图 1-13 中的“69 元起尝鲜”页面直接导入单独的活动区。如果你参加了该活动，那么你的商品就会在该区展示，如图 1-14 所示。

图 1-13　天猫首页分类展示

图 1-14　天猫类目活动专区

部分类目首页区域也会有广告位，天猫会通过钻石展示的方式租赁给卖家，帮助卖家引入大量的流量，如图 1-15 所示。点击首页的广告位可直达店铺。

图 1-15　钻石展位区

“商品分类区”左侧红色及自动替换的白色区域，会导入到分类市场，如点击“化妆品”，将直接进入化妆品分类市场。天猫对多个大类目制作了专业的分类市场，这些分类市场也是卖家展示产品的机会之一，如图 1-16、图 1-17 所示。

图 1-16　天猫美妆专区

图 1-17　天猫内衣专区

商品服务分类区域的文字导向，大部分会导入为产品分类。如点击“男装”分类，则出现男装产品区。这一区域的展示方式与前文所述的搜索结果类似，如图 1-18 所示。

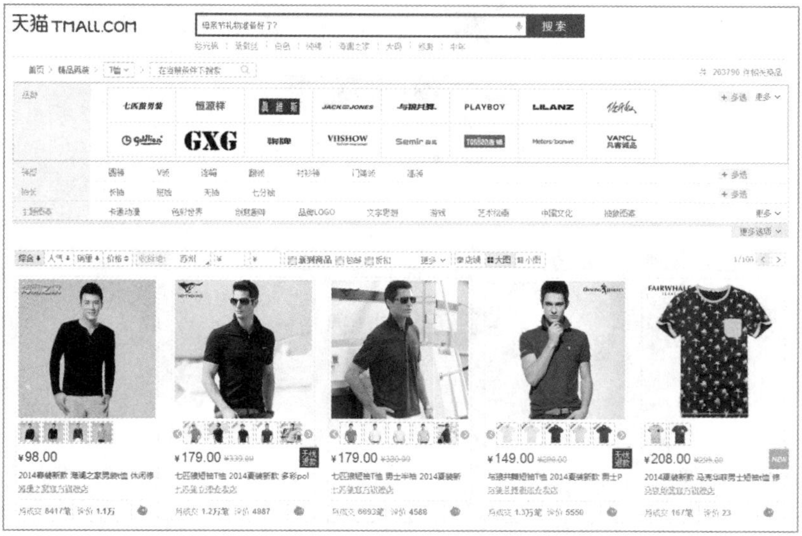

图 1-18　男装 T 恤分类页

天猫首屏还有一行市场分类导航区，这一区域是天猫近期重大市场的推荐。该导航区分别链接至多个专业市场，感兴趣的读者朋友可以尝试一一查看，如图 1-19 所示。

图 1-19　天猫首页专题市场

首页第一屏右侧有一个提示登录和注册的区域，以及买家手机充值和获取天猫点券的快捷区，如图 1-20 所示。

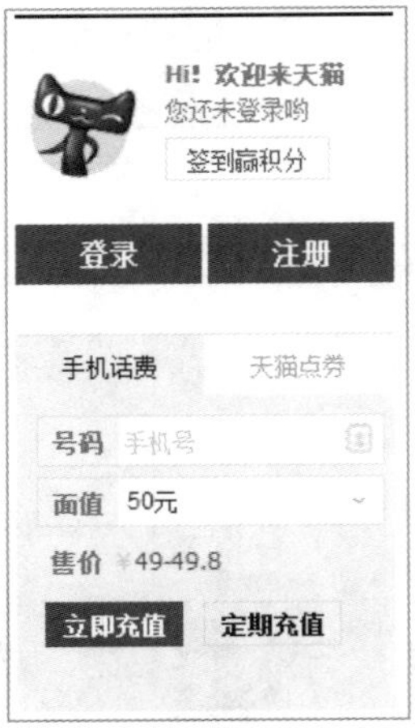

图 1-20

第二屏是天猫品牌区，该区域分为上、下两块区域：上部分区域通过大牌街、潮牌街、原创街三个分类，以 Logo 展示的方式展示了天猫的推荐品牌；下部分区域的 5 个页面分别导入到天猫品牌街的各种活动和市场，如图 1-21 所示。

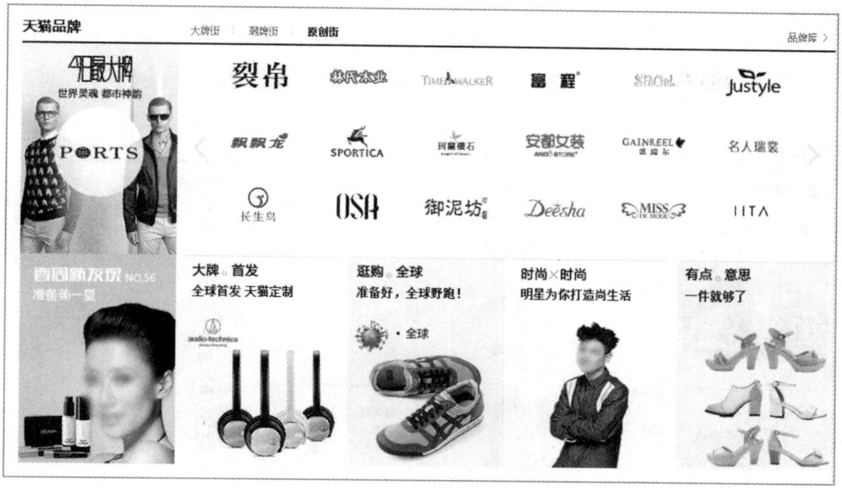

图 1-21　天猫品牌区

与天猫品牌区对应的右侧栏是关注的品牌区，与上文所述的“我关注的品牌”功能类似，该区域对买家关注的品牌进行新品及优惠推荐，如图 1-22 所示。

图 1-22　我的品牌区

接下来是天猫品牌区下方的“天猫主题购”区域，该区域与首页分类功能基本类似。通过推荐产品导入到某个产品分类，同时具有广告位的功能，如图 1-23 所示。

图 1-23 天猫主题购

再往下是天猫首页的分类楼层页面，用 11 个区域展示了 11 个重点市场，如图 1-24 所示。

图 1-24 天猫分类楼层

这 11 个楼层每个对应了相应的产品子类目推荐、类目活动、广告区、品牌推荐区等功能。

感兴趣的读者可以根据自己所属的市场区块进行浏览和观察。

以上介绍的是天猫最重要的一些页面，包括天猫首页、分类页、专题市场页等。最后在天猫首页底部还有一块区域起帮助作用。如果各位读者希望加深对天猫的了解，可以点击浏览，如图 1-25 所示。

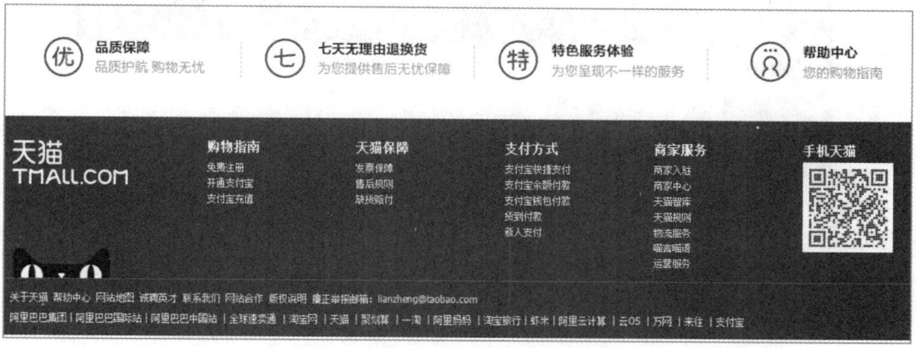

图 1-25　天猫首页底部帮助区

当然，天猫除了这些页面还有非常多其他的页面，可能有的页面与读者相关，有的页面与读者完全不相关。读者在浏览天猫时可以多多尝试，说不定会有不一样的发现哦。

1.2　天猫基本规则

1.2.1　基本规则

在一个平台经营，经营者除需要经营技巧外，对平台规则的了解也是必不可少的。很多店铺就是因为缺乏对基本规则的理解，导致店铺为经营规则所困。如同不懂交通规则直接上路必然出现交通事故，不懂天猫规则而贸然进行运营必然会出现问题。

因此，这一节我会给各位介绍在天猫开店前需要了解的平台规则。

天猫经营规则比较枯燥，但作为在天猫平台上经营的商家，规则再枯燥也必须掌握。天猫经营规则的主要部分如图 1-26 所示。

读者可以直接输入网址 http://guize.tmall.com 到达该页面。

天猫的很多规则是基于淘宝网的经营规则，因此部分规则与淘宝规则相同，读者可以从淘宝网首页右侧进入淘宝规则界面，浏览、查看淘宝的各种规则作为参考，如图 1-27、图 1-28 所示。

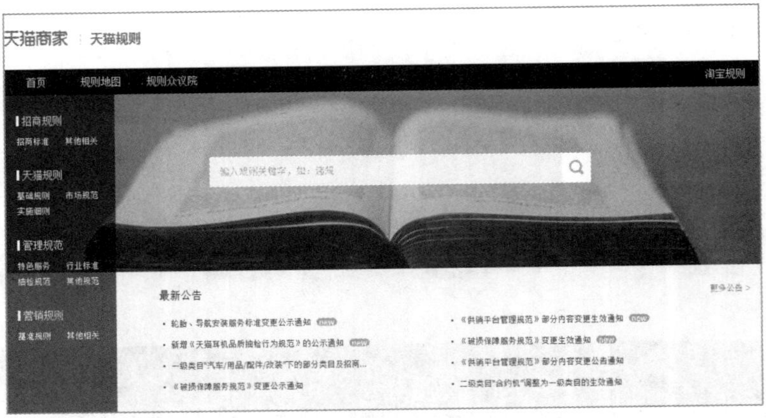

图 1-26　天猫规则页面

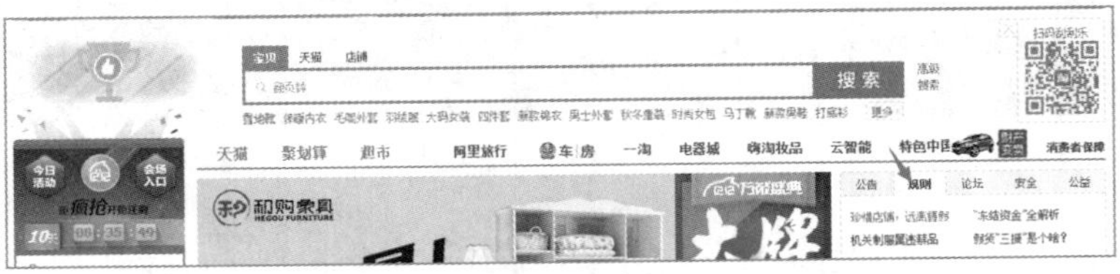

图 1-27　淘宝网规则入口

图 1-28　淘宝规则平台

无论是在天猫还是在淘宝进行交易，都需要通过支付宝平台，而支付宝平台也有其相应的规则，因此我们需要在支付宝网站的“服务大厅”页面查看各类说明以及交易规则，如图 1-29 所示。

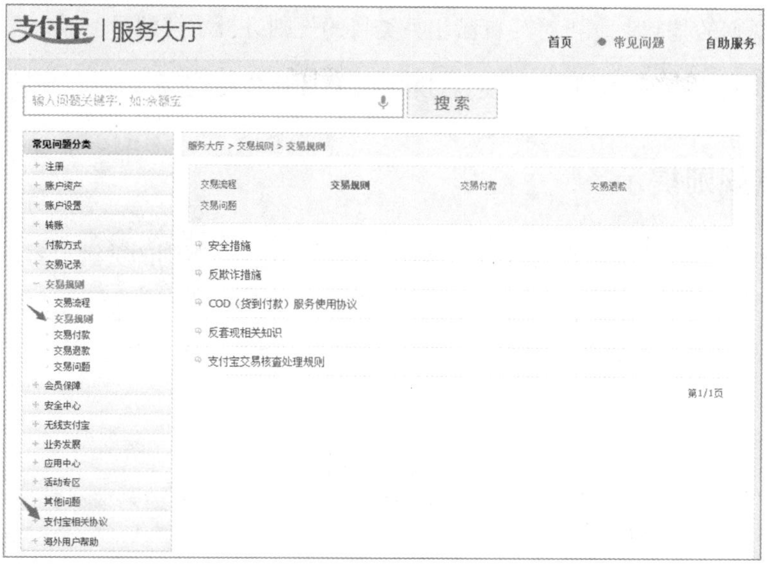

图 1-29 支付宝规则

图 1-29 中箭头所标示的规则内容涉及违法内容，因此格外重要，建议各位读者进行深入了解。除上述内容外，直通车、钻石展位及淘宝各类活动等相关项目也都会有一些规则，运营者在具体操作这些项的时候，天猫会给予提示，各位读者到时候进行查看即可，如图 1-30 所示。

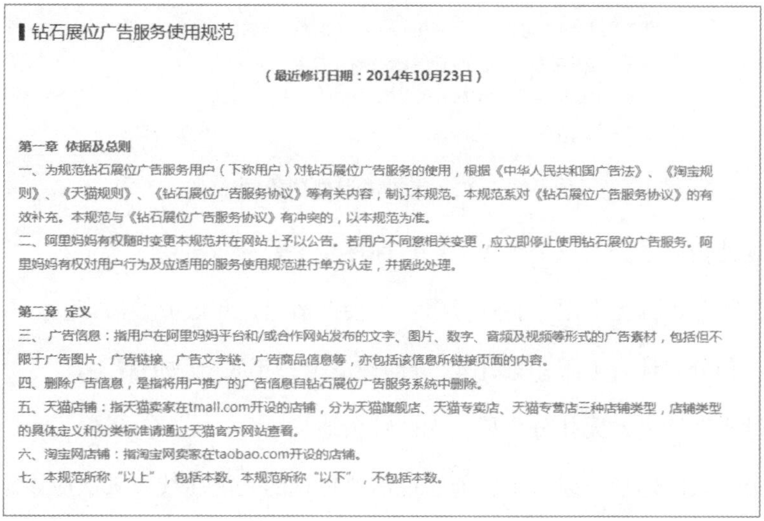
钻石展位广告服务使用规范

（最近修订日期：2014年10月23日）

第一章 依据及总则

一、为规范钻石展位广告服务用户（下称用户）对钻石展位广告服务的使用，根据《中华人民共和国广告法》、《淘宝规则》、《天猫规则》、《钻石展位广告服务协议》等有关内容，制订本规范。本规范系对《钻石展位广告服务协议》的有效补充。本规范与《钻石展位广告服务协议》有冲突的，以本规范为准。

二、阿里妈妈有权随时变更本规范并在网站上予以公告。若用户不同意相关变更，应立即停止使用钻石展位广告服务。阿里妈妈有权对用户行为及应适用的服务使用规范进行单方认定，并据此处理。

第二章 定义

三、广告信息：指用户在阿里妈妈平台和/或合作网站发布的文字、图片、数字、音频及视频等形式的广告素材，包括但不限于广告图片、广告链接、广告文字链、广告商品信息等，亦包括该信息所链接页面的内容。

四、删除广告信息，是指将用户推广的广告信息自钻石展位广告服务系统中删除。

五、天猫店铺：指天猫卖家在tmall.com开设的店铺，分为天猫旗舰店、天猫专卖店、天猫专营店三种店铺类型，店铺类型的具体定义和分类标准请通过天猫官方网站查看。

六、淘宝网店铺：指淘宝网卖家在taobao.com开设的店铺。

七、本规范所称“以上”，包括本数。本规范所称“以下”，不包括本数。

图 1-30 钻石展位广告服务使用规则

由于规则众多，内容篇幅较大，本书不再一一举例和说明。各个类目有其相关的规则，读者在了解基本规则的基础上，再对与自己相关类目的规则进行了解即可。

只要我们保持正当的经营理念，经营过程中一般不会发生违规。

1.2.2 重点规则提示

为了让各位读者快速了解天猫规则，笔者在本书中对天猫规则的关键内容进行了列举，希望能帮助读者规避经营中可能的错误。此外，淘宝及天猫对各种违规行为会根据严重程度施以不同程度的惩罚，一般是先扣分警示，当分数积累到一定分值后，再进行处罚，如图 1-31 所示。

一般违规扣满12分扣保证金吗？

商家因一般违规行为，每扣十二分即被给予限制参加tmall.com(天猫)营销活动七天、向tmall.com(天猫)支付违约金一万元的处理。

点击这里查看天猫规则。

图 1-31　违规处罚条例

当商家严重触犯了天猫的规则或分数积累到一定程度，有可能会被天猫清退，如图 1-32 所示。

第二十五条 商家若发生以下任一情形，天猫有权清退：

（一）未经商标注册人同意，更换其注册商标并将该更换商标的商品进行销售的；

（二）符合本规则总则中不当使用他人权利且情节严重的；

（三）向天猫提供伪造、变造的商家资质或商品资料；

（四）商家违反《天猫招商标准》的；

（五）严重违规扣分达四十八分。

图 1-32　天猫清退处罚条例

天猫的违规处罚体系分为三个等级，严重性逐步上升：

一般违规：扣分累计无上限，犯规再多也不会被清退，年底分数清零。

严重违规：扣分累计有上限，累计 48 分即被清退，年底分数仍清零。

高压线：触犯即清退，无扣分积累，无回转余地。

从上述三个等级的违规可以看出，商家最需要重视的是高压线，其次应该重视严重违规，再次是一般违规。

很多商家在经营天猫前可能从不同渠道对如何经营天猫有所了解，但是由于各类信息并非都是来自正规渠道，所以很多商家会对一些违规行为存在错误认识，比如坚信“虚假交易又称为炒信用，是经营必须的操作手段”，却不知道官方会如何进行处罚这类行为，笔者在这向各位读者重点介绍天猫是如何定义和处罚“炒信用（虚假交易）”这一手段的，如图 1-33 所示。

第六十四条

虚假交易，是指通过不正当方式获得商品销量、店铺评分、信用积分等不当利益，妨害买家权益行为。虚假交易的，淘宝将对卖家的违规行为进行纠正，包括删除虚假交易产生的商品销量、店铺评分、信用积分、商品评论，情节特别严重的，还将下架店铺内所有商品。同时，淘宝将按照如下规定对卖家进行处理：

（一）卖家第一次或第二次发生虚假交易行为：若违规交易笔数未达96笔，仅对卖家的违规行为进行纠正不扣分；若违规交易笔数达96笔以上，每次扣12分；

（二）卖家第三次发生虚假交易行为：若违规交易笔数未达96笔，每次扣12分；若违规交易笔数达96笔以上，视为情节特别严重，每次扣48分；

（三）卖家第四次及以上发生虚假交易行为，不论笔数均视为情节特别严重，每次扣48分；

（四）若卖家的虚假交易行为造成严重后果的，不论次数和笔数均视为情节特别严重，每次扣48分。

淘宝对涉嫌虚假交易的商品，给予30天的单个商品淘宝网搜索降权。如某商品发生多次虚假交易的，搜索降权时间滚动计算。

卖家刻意规避淘宝监管发生虚假交易行为或为他人提供虚假交易服务的，视为严重违规行为，每次扣48分。

图 1-33　虚假交易相关条例

除了虚假交易，还必须重点了解的是官方对于“不正当方式”的解释，“不正当方式”是指卖家通过非常规方式获得虚假的商品销量、店铺评分、信用积分、商品评论等不当利益，包括但不限于以下方式。

商品：

1. 发布纯信息，即无独立载体信息。包含但不仅限于：减肥秘方、赚钱方法、会员招募、商品知识介绍、免费信息以及购物体验介绍等。

2. 发布免费获取、低价商品，包含但不仅限于：无偿从发行方获得的优惠券或资格权、免费商品、软件下载、电子刊物（凡是通过网络传输的一切电子商品）、电子邮件地址邀请等；1 元以下虚拟类商品（不包括：Q 币/收费 Q 秀/点卡按元充/游戏货币；Q 币/收费 Q 秀/点卡按元充/新手卡不能低于 0.1 元）；1 元及 1 元以下服务类商品等。

3. 在搭配套餐等打包销售形式的宝贝描述中有明确表示仅部分商品会发货的文字内容。

形式：

1. 将一件商品拆分为多个不同形式或页面发布。包含但不仅限于：商品和商品的运费分开发布；一个宝贝拆分不同价格打包出售。

2. 将赠品打包出售或利用赠品提升信誉等。

3. 使用虚假的发货单号或一个单号重复多次使用。

4. 以直接或是间接的方式，变更商品页面信息、大幅度修改商品价格或商品成交价格等。

5. 以换宝贝形式累积销量或人气。包括但不限于：修改原有宝贝的标题、价格、图片、详情、材质等，使其变成另外一种宝贝继续出售。

6. 卖家限制买家购买虚拟物品的数量。包含但不仅限于：限制某件商品一个 ID 只能购买一件；特殊市场另有规定的从其特殊规定。

7. 在移动/联通/电信充值中心、网络游戏点卡、腾讯 QQ 专区三个类目中发布虚拟类商品时使用限时折扣工具。

8. 其他构成虚假交易的形式。

手段：

1. 朋友、同学、家人等相互进行线上购买；

2. 同个公司内部多人反复多次购买同件商品；

3. 卖家自己注册多个马甲小号，购买自己发布的商品；

4. 卖家利用第三方炒作团伙，或通过和别人协议交换购买；

5. 其他非正常交易手段。

商家采取以上所述方法的最终目的是为了快速提升交易数量，现有网商中流传最多的方法也是网店直接找第三方或亲戚朋友进行虚假购买。虽然确实存在个别店铺通过类似方式让店铺生意兴旺起来，但是更多的案例是店铺因为违规被处罚，甚至被给予关店处理。

笔者在这里提示各位：要经营好店铺，虚假交易绝对不是必须要做的事情！事实上如果不去做这类违规行为，店铺后台的数据会更准确，因而更容易发现问题，真正提升销量。

上文所讲到的虚假交易，是指店铺掌柜明知是违规行为，却故意为之的交易。事实上除故意违规外，还有很大一部分违规是因为疏忽造成的。笔者在这里列举一些新店比较容易的出现的疏忽，希望各位引以为戒。

一、延迟发货

先看看天猫对延迟发货的定义：延迟发货，是指除特殊商品外，商家在买家付款后实际未在七十二小时内发货，或定制、预售及其他特殊情形等另行约定发货时间的商品，商家实际未在约定时间内发货，妨害买家购买权益的行为。商家的发货时间，以快递公司系统内记录的时间为准。

延迟发货的，商家需向买家支付该商品实际成交金额的百分之三十（金额最高不超过五百元）作为违约金，该违约金将以天猫积分形式支付。

存在以下情形的，天猫不强制支持赔付，由买卖双方自行协商确定：

1．滥用延迟发货规则发起赔付申请的；

2．经新闻媒体曝光、国家行政管理部门通报或经淘宝排查发现，商品本身或信息涉嫌违法违规的，为保障消费者权益，天猫要求商家立即停止发货的。

上面的规定简单来说，就是当买家在你家购买了商品，超过 72 小时（3 天）仍然没有为这位买家发货，那么当这位买家对你进行投诉时，你将会支付相应的违约金给这位买家。违约金的金额是成交金额的 30%。例如成交商品 100 元，则需要赔付买家 30 元。当商品比较贵时，卖家最高会赔付给买家 500 元。

那么如果遇到这样的问题，确实来不及发货该怎么处理呢？笔者的建议是这样：如果确认这个商品无法按时发出，那么应该先按照实际数量，在商品页发布能在 72 小时内发货的商品数量。如果商品属于定制型，定制时间超过 72 小时的，也可以图 1-34 所示的方式，提前向买家说明。

图 1-34　标注发货时间

二、客服疏忽导致的违规

当下一些不法分子利用天猫规则对商家进行敲诈的案例很多，希望各位读者对这一问题给予重视。

首先是发票问题，当买家询问商品能否提供发票时。如果客服回答了“没有发票”“需要税点”之类的话，不法公子就会进行投诉。

其次，违背承诺也是商家经常会出现的违规，商家在订单中答应的一些要求没有做到就属于违背承诺。比如商品写了包邮，结果商家由于买家地区较远要求买家补运费等情形都属于违背承诺。

当买家询问能否使用信用卡时，客服应谨慎回复，因为所有天猫交易都是支持信用卡的，并且买家可以使用分期付款形式进行还款。

商家自选的货到付款服务要认真对待，一旦店铺开通该服务，就必须遵守承诺给买家发货，如果遇到一些客户无理取闹，也一定不能说“不提供这类服务”等话语，更不要私自关闭订单。

泄露信息是客服在繁忙时容易犯的错误，比如某个买家换了 ID，询问另一个客户的 ID 地址，如果客服好心给了对方，就构成了违规。

当买家购买了商品后，如果买家没有同意，商家私自关闭交易也是违规。

天猫支持支付宝交易，但是如果买家因为特殊情况不能使用支付宝时，商家应该帮助其开通支付宝。如果买家一定坚持用其他方式支付，才能使用其他方式。

以上是几种常见的违规，实际上还有很多其他情形，限于篇幅，笔者不再一一列举。

要预防以上问题的发生，最简单的方式是提前给客服做上岗培训，同时做一遍模拟答复，这样就可以避免大部分的问题。

虽然天猫规则繁多，但是老板并不是每个都需要自己掌握，安排专人仔细研究规则，并形成固定的学习机制，让相应的员工注意这些规则，才是科学的方法。

1.3　天猫买卖流程

1.3.1　买家购物流程

要在天猫开店，必须熟悉天猫购物的流程，以及产品销售的流程。

虽说在天猫买东西是个异常简单的事情，但是研究买家的购物流程，能帮助卖家找到需要注意的点。因此，我们先来介绍天猫的购物流程，没有进行过购物的读者可以通过官方的买家流程来了解其基本信息。买家购物涉及的流程较多，主要包括：注册账号>如何挑选>确认订单>如何付款>物流跟踪>收货评价>售后服务，如图 1-35 所示。

图 1-35　官方买家购物流程

在买家的购物流程中，“注册账号”一般不需要卖家进行帮助，因为淘宝有很多教程来教买家如何注册，并且大部分买家已经有了账号。因此，笔者从第二部分“如何挑选”来进行分析，“如何挑选”是所有流程中卖家最应该注意的一环。

买家“如何挑选”流程可以细化为以下流程：搜索宝贝名称（关键词）>挑选喜欢的宝贝>查看宝贝详情>加入购物车或直接购买，这是买家以搜索开始挑选宝贝的流程。搜索是现在使用最广泛且最受用户欢迎的挑选方式，购物还可以从点击广告，查看已买到的宝贝，查看收藏的店铺，点击外网链接等方式开始。考虑本书的读者对象是新手卖家，所以选择大多数买家的习惯。

在“如何挑选”开始的购物流程中，商家首先要让买家搜索到我们的宝贝。下面简单罗列几项主要工作内容。

宝贝发布：发布商品让买家搜索到。

宝贝优化：根据买家购物习惯优化关键词和产品上架时间。

宝贝图片：以优秀的主图增加在搜索结果页被点击的机会。

宝贝推广：除了常规的优化，支付一定推广金额来增加被顾客看到的机会。

在这里有一点需要读者特别注意：淘宝店铺发布的商品只能在淘宝平台被搜索到，在天猫平台搜不到；但天猫店铺发布的商品在淘宝及天猫都能够被搜索到，并且淘宝默认搜索的前三个位置是天猫的，俗称豆腐块，如图 1-36 所示。

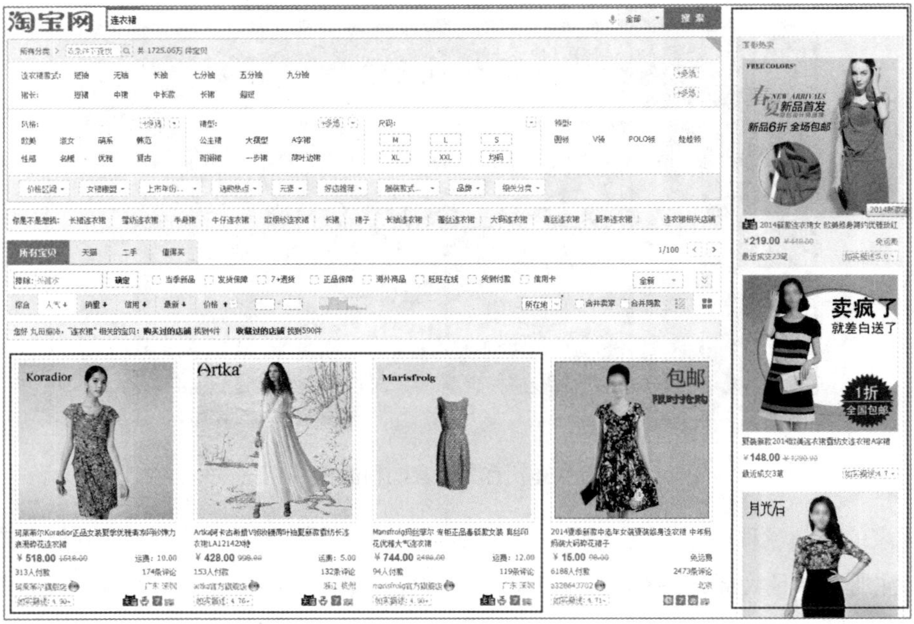

图 1-36　淘宝搜索页，左框内为豆腐块位置，右侧为推广直通车位置

“搜索关键词”行为结束后，买家就进入“挑选喜欢宝贝”和“查看宝贝详情”流程。在

这两个流程中，买家主要是浏览产品描述页，以决定是否要购买某一宝贝。在实际购物过程中很多买家会进行对比，买家对不同类目产品关注的信息会有所区别。

是什么因素影响买家购买与否呢，笔者罗列了部分内容，如图 1-37 所示。

宝贝价格：给力的折扣、实惠的价格会帮助买家做出购买。

描述内容：宝贝描述将宝贝的优势卖点充分体现是关键。

服务态度：决定购买之前很多买家都会和卖家聊上两句以确定卖家是否值得信任，好的服务态度是帮助买家下定决心的催化剂。

销量评价：决定购买前很多买家都会先看看这个宝贝是否热门，别人的评价如何。

图 1-37 宝贝描述中顾客关注的重点

当顾客决定购买后，流程就走到了“确认订单”阶段。顾客在这里一般会与客服就订单及收货进行交流。

“如何付款”流程不需要卖家特别关注，只要把官方的有关教程收藏起来，必要时发给买家即可。

接下来的“物流跟踪”“收货评价”“售后服务”三个流程卖家只须进行简单了解，这三部分主要包括以下内容。

收货时间：顾客都希望能尽早收到宝贝，发货时间及物流公司是主要影响因素。

收货评价：天猫没有像淘宝一样的好评差评体系，但是会对描述、服务、物流进行动态评分及评价，评价的内容会对产品产生较大影响。

售后服务：良好的售后服务是让顾客产生信任、再次光顾的重要措施。

实际上买家的购物流程要比笔者描述的复杂得多，商家在此应先找到关键点，之后再开始有针对性地进行设置。

1.3.2 卖家销售流程

除购买流程外，商家还需要对销售流程深入了解。不同店铺对销售流程的理解稍有不同，笔者在此以相对常规的流程进行讲解。

1. 产品上课

将产品销售出去的第一步产品上架，在天猫上架的商品需要提前准备产品图片及资料。

由于产品类目不同，产品图片的展示方式也有所不同。大多数产品的第一步是拍摄产品，很多传统行业在进入天猫之前有自己的拍摄渠道。部分甚至有很多拍摄好的图片，这样的话只需进行筛选和调整，就可以使用了。

如果产品的图片在网上的展示效果不尽如人意，或者产品还没有照片。那么就必须进行拍摄了，店铺可以购买设备、自建团队进行拍摄，也可以找专门的摄影公司进行拍摄，无论哪种方式，只要能保证最终的效果即可。

在拍摄产品的同时需要整理产品的详细资料，产品上架时有很多选项需要选择，如图 1-38 所示。

在上架之前把所有资料准备齐全会让上架的过程变得简单且准确。产品信息中需要的资料包括尺码、颜色、材质、制作工艺等，每个类目需要的信息不同，商家应根据自己所属的类目尽可能填写完整。

图 1-38　宝贝发布时需要的选项

基本信息是顾客了解宝贝的基础，为了促进销售，应针对产品卖点提前准备文案，必要的话可以结合产品图片，图文并茂的展示产品卖点。文字和图片准备齐全后，应安排美工制作产品主图及完整的描述图片。以上内容完成后就可以进入产品发布环节，待产品发布完成后，商品上架流程就结束了。

2. 产品销售

商品上架后就可以进行产品销售了，一般卖家认为销售只有一个方式——等顾客上门。其实等待只是一个最常规的动作，商家可以自己策划活动或者报名淘宝的活动来提升销量。

商家自己策划活动时涉及对产品进行折扣或促销等操作，如图 1-39 所示。现在有多种工具可以对产品进行促销和打折，打折的操作方式基本类似。报名天猫的活动时，有的打折操作需要自己操作，有的由官方系统帮助改价。

实际销售过程中会遇到各式各样的顾客，有的一言不发直接拍下商品，收货后也没有任何交流，这样的顾客非常节省客服接待的时间；但也有顾客连续多天咨询同一个商品，但就是不下订单，这样的顾客就需要客服去促进其下单。

客服接待顾客过程中会遇到各种问题，一般询问产品信息、使用方式、价格优惠等内容的比较多。当客服服务体贴并得到顾客信任后，顾客拍下商品的可能性会大幅增加。

图 1-39　促销价

3．物流发货

拍下商品后客服需要对后台订单进行操作。不同商家的订单操作方式略有不同，较为常规的情形是顾客拍下商品并支付后，客服打印发货单、快递单，打印完成后将单据交付仓库，仓库针对发货单进行配货和打包，并贴上相对应的快递单，同时在网上标记发货，输入快递单号，等待快递公司取件。

卖出宝贝的流程到这里基本就结束了。由于售出商品后可能存在售后问题，这时需要将订单转到下一个流程——售后流程。售后流程中可能出现产品质量问题、产品规格问题、退换货问题等等各类问题这时的处理流程为：客服接入→尝试解决问题。例如需要退换货时，卖家应在后台进行同意退换操作，买家填写退换表以方便后续操作，当退换商品到达仓库时进行后续操作。如果遇到售后客服无法自行解决的严重问题，应往上层层递交。

想要把产品真正销售出去，绝不是简单操作几下电脑就可以实现的，从开始的产品拍摄到最后的物流发货，任何一个细节做不到位，都会影响最终的销售。

为了方便各位读者理解，笔者整理了一个简单的流程供各位参考。每个店铺的实际流程有所不同，请大家根据实际领会。

商品上架流程可细分为：（1）产品拍摄；（2）产品文案；（3）产品描述制作；（4）产品发布。

商品销售部分可细分为:（1）活动策划（自建或报名）;（2）促销设置;（3）客服接入;（4）订单处理。

物流发货分可细分为:（1）根据订单配货;（2）产品包装;（3）物流发货。

1.4　天猫入驻概览

入驻天猫对于许多新商家来说是个复杂且头疼的问题，实际上入驻并不复杂，而且只需要一次，入驻成功以后只要根据天猫的要求进行续签就可以了。

天猫后台有详细的入驻流程，如图 1-40 所示。商家只需按照天猫的要求去完成每一步即可。

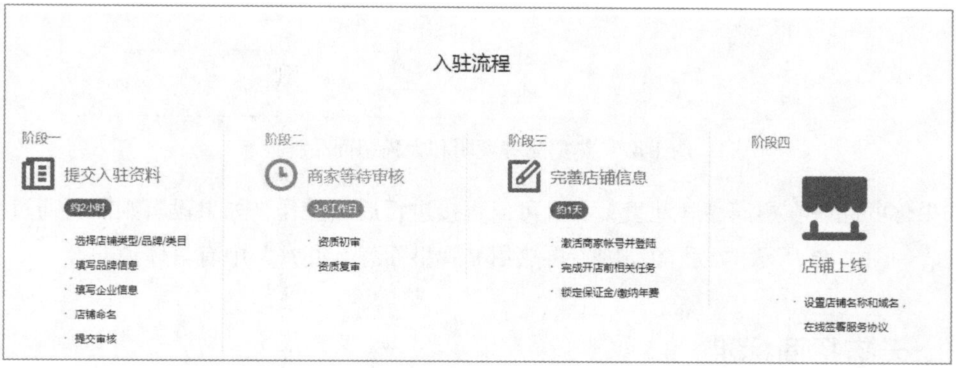

图 1-40　天猫入驻流程。

1.4.1　天猫招商品牌

入驻天猫第一步是查询品牌能否入驻天猫，如图 1-41、图 1-42 所示。

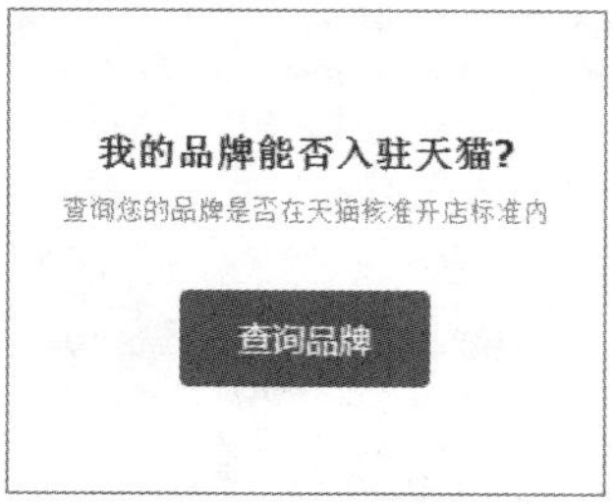

图 1-41　查询品牌

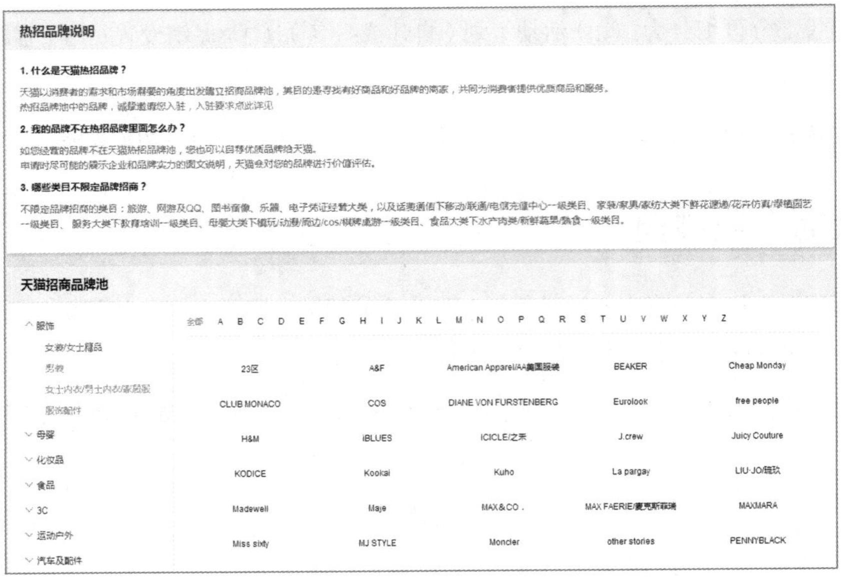

热招品牌说明

1. 什么是天猫热招品牌？

天猫以消费者的需求和市场需要的角度出发建立招商品牌池，其目的是寻找有好商品和好品牌的商家，共同为消费者提供优质商品和服务。
热招品牌池中的品牌，诚挚邀请您入驻，入驻要求点此详见

2. 我的品牌不在热招品牌里面怎么办？

如您经营的品牌不在天猫热招品牌池，您也可以自荐优质品牌给天猫。
申请时尽可能的展示企业和品牌实力的图文说明，天猫会对您的品牌进行价值评估。

3. 哪些类目不限定品牌招商？

不限定品牌招商的类目：旅游、网游及QQ、图书音像、乐器、电子凭证经营大类，以及话费通信下移动/联通/电信充值中心一级类目、家装/家具/家纺大类下鲜花速递/花卉仿真/绿植园艺一级类目、服务大类下教育培训一级类目、母婴大类下模玩/动漫/周边/cos/棋牌桌游一级类目、食品大类下水产肉类/新鲜蔬果/熟食一级类目。

天猫招商品牌池

服饰
女装/女士精品
男装
女士内衣/男士内衣/家居服
服饰配件
母婴
化妆品
食品
3C
运动户外
汽车及配件

全部 A B C D E F G H I J K L M N O P Q R S T U V W X Y Z

23区	A&F	American Apparel/AA美国服装	BEAKER	Cheap Monday
CLUB MONACO	COS	DIANE VON FURSTENBERG	Eurolook	free people
H&M	iBLUES	ICICLE/之禾	J.crew	Juicy Couture
KODICE	Kookai	Kuho	La pargay	LIU·JO/流玖
Madewell	Maje	MAX&CO．	MAX FAERIE/麦克斯菲瑞	MAXMARA
Miss sixty	MJ STYLE	Moncler	other stories	PENNYBLACK

图 1-42　热招品牌说明和天猫招商品牌池

如果你的品牌在招商品牌池里，那么可以直接进行后续操作，如果没有则需要通过自荐的方式申请。图 1-42 所示“2.我的品牌不再热招品牌里面怎么办？”中有具体说明。

1.4.2　天猫招商标准

在完成上述操作后，需要查看本年度的招商标准，如图 1-43 所示。

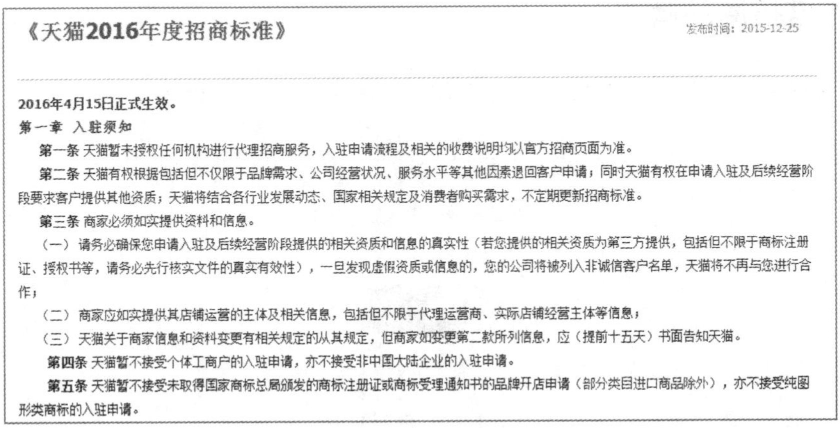

《天猫2016年度招商标准》　　发布时间：2015-12-25

2016年4月15日正式生效。

第一章　入驻须知

第一条 天猫暂未授权任何机构进行代理招商服务，入驻申请流程及相关的收费说明均以官方招商页面为准。

第二条 天猫有权根据包括但不仅限于品牌需求、公司经营状况、服务水平等其他因素退回客户申请；同时天猫有权在申请入驻及后续经营阶段要求客户提供其他资质；天猫将结合各行业发展动态、国家相关规定及消费者购买需求，不定期更新招商标准。

第三条 商家必须如实提供资料和信息。

（一）请务必确保您申请入驻及后续经营阶段提供的相关资质和信息的真实性（若您提供的相关资质为第三方提供，包括但不限于商标注册证、授权书等，请务必先行核实文件的真实有效性），一旦发现虚假资质或信息的，您的公司将被列入非诚信客户名单，天猫将不再与您进行合作；

（二）商家应如实提供其店铺运营的主体及相关信息，包括但不限于代理运营商、实际店铺经营主体等信息；

（三）天猫关于商家信息和资料变更有相关规定的从其规定，但商家如变更第二款所列信息，应（提前十五天）书面告知天猫。

第四条 天猫暂不接受个体工商户的入驻申请，亦不接受非中国大陆企业的入驻申请。

第五条 天猫暂不接受未取得国家商标总局颁发的商标注册证或商标受理通知书的品牌开店申请（部分类目进口商品除外），亦不接受纯图形类商标的入驻申请。

图 1-43　天猫 2016 年度招商标准

确定满足要求后，接下来就需要选择准备入驻的天猫店铺类型。天猫店铺类型会影响到后期的收费和店铺的各类权限，店铺类型分为以下 3 种，如图 1-44 所示。

图 1-44　天猫店铺类型

根据店铺类型的不同，入驻资料的要求也有所不同，各位读者应仔细核对、操作，如图 1-45 所示。

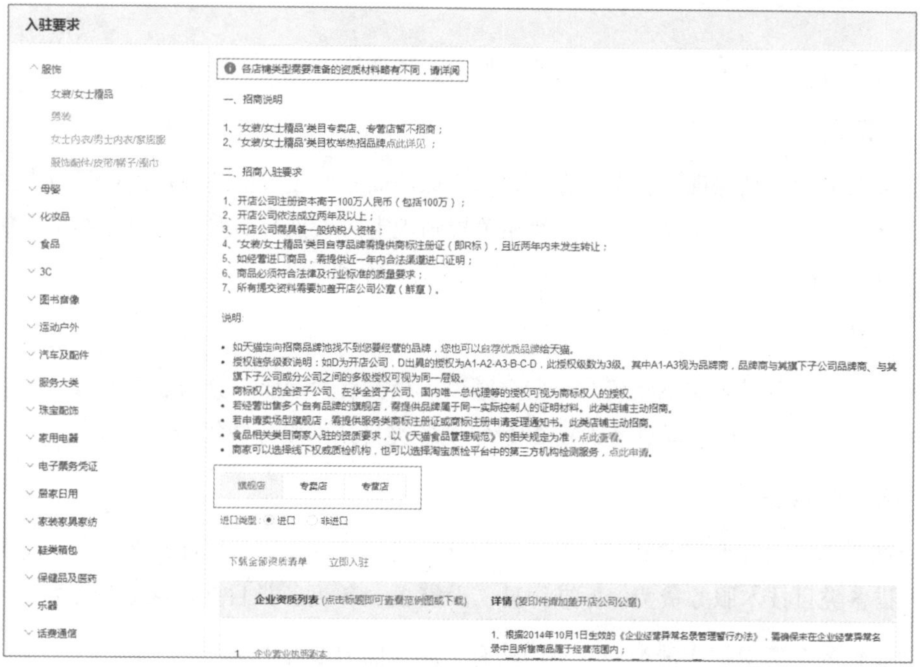

图 1-45　入驻要求

入驻过程中天猫会对每个入驻商家进行考试，考试的内容基本都是“淘宝规则”“天猫分则”“天猫行业标准”的内容。该考试的目的是防止入驻商家因对规则不了解导致出现违规行为。笔者建议各位读者不要以考试过关为目的，而是全面了解天猫规则，考试只是鉴定我们对规则的熟悉程度。

考试完成后，商家需要提交以下信息：

（1）填写公司申请信息并在线上传相关的企业资质和品牌资质；

（2）确定天猫的店铺名称和域名，了解天猫店铺命名规范；

（3）在线签订服务协议、线上支付服务协议及签署支付宝代扣协议。

以上内容根据流程一步一步操作，一般不会出现差错，需要注意的是天猫店铺 ID 及域名一旦生成将无法修改。所以各位读者务必确认无误后再申请自己的店铺名称和域名。一般来说，店铺名称应尽量与自己销售的品牌及公司名称一致；域名在注册时应注意简单好记，以便于店铺后期的宣传营销。

1.4.3 入驻资费标准

天猫入驻时，应当了解入驻天猫需要支付的 3 种费用。

1. 保证金

天猫经营必须交纳保证金，保证金主要用于保证商家按照天猫的规范进行经营，并且在商家有违规行为时根据《天猫服务协议》及相关规则规定向天猫及消费者支付违约金。保证金根据店铺性质及商标状态不同分为 5 万、10 万、15 万三个级别。

2. 年费

商家在天猫经营必须交纳年费。年费金额以一级类目为参照，分为 3 万元或 6 万元两档，各一级类目对应的年费标准详见《天猫 201*年度各类目技术服务费年费一览表》。

3. 技术服务费

商家在天猫经营需要按照其销售额（不包含运费）的百分比（简称“费率”）交纳技术服务费。天猫各类目技术服务费费率标准详见《天猫 201*年度各类目技术服务费年费一览表》。

入驻天猫的资费根据店铺类型的不同略有不同，如图 1-46 所示。

每个类目都有一些相应的特殊资质和要求。比如，化妆品类目需要《化妆品卫生许可证》复印件等资料，服饰类目需要在店铺开通前至少发布 20 件商品等。各位商家操作时应仔细查看自己所处类目的具体要求。

笔者在与众多新商家沟通时发现，很多新商家一旦注册完成就迫不及待地将店铺开通，而此时商品和店铺装修往往都还没有准备好，因此店铺开通后破烂不堪，实际上最好应该是准备齐全后再开通。

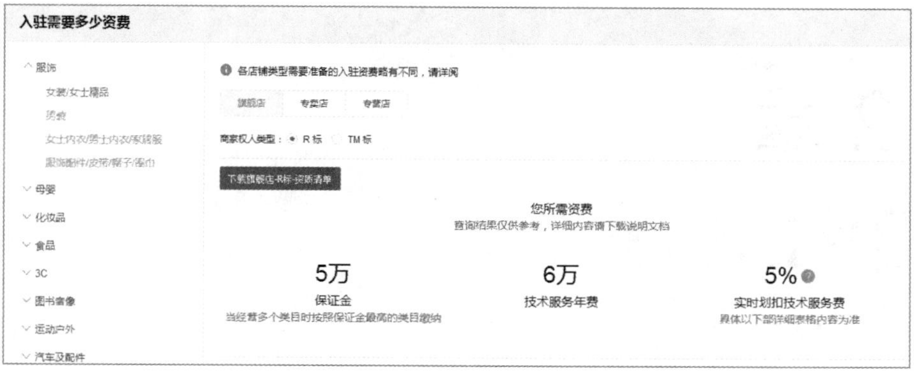

图 1-46　入驻需要多少资费

店铺一旦开通就进入天猫试运营的考核。考核内容包括运营能力和服务能力，以及 DSR 评分，运营好的店铺会有各种奖励。

如果试运营商家表现较差，天猫不会将其淘汰，但天猫对每个入驻商家都有年销售额目标要求，如果不能完成年度销售额目标，很有可能在第二年不能续签。

所以笔者特别提醒各位商家，务必准备齐全后再开通店铺！

入驻天猫是整个开天猫店铺过程中最重要的一部分，但并不是最难的部分，满足条件且按照流程操作基本都能成功入驻。如果万一不满足条件而无法入驻，也不要气馁，通过一段时间的积累，比如先在淘宝平台经营，等到满足天猫入驻条件的时候会发现准备更充分了。

第 2 章 新手经营课

本章内容面向电商新手，其中很多内容是常识，比较简单，不过对于从没有经营过天猫或淘宝的读者来说，这章内容会非常新鲜且非常有用。

对基础知识比较熟悉的读者，笔者建议只读一下“2.2 新店开店流程”；如果店铺已经开好，短期内也不太可能再开新店的话，跳过这一章也没有太大问题。

2.1 电商经营平台列举

2.1.1 平台排名及选择建议

本书以天猫平台为主要载体进行介绍，但为了让各位读者能客观全面地了解电商行业，笔者也会对其他平台进行介绍。其实经营的理念是相通的，不同的平台只是不同的经营渠道。

前文对天猫和淘宝平台进行了详细地对比和解析，本节先看两个很有意思的排名，如图 2-1、图 2-2 所示。

2015 中国电子商务排行榜 TOP150

排名	公司名称	iSite	iBrand	iPower	总分
1	淘宝	96.21	98.91	98.12	97.95
2	天猫	97.10	95.58	97.21	96.95
3	京东商城	91.78	91.22	94.67	93.72
4	阿里巴巴1688	94.87	87.12	91.53	91.37
5	苏宁易购	99.00	86.32	90.12	90.88
6	美团	95.11	89.81	89.85	90.63
7	亚马逊中国	89.17	85.91	88.12	87.95
8	大众点评	87.91	84.38	87.21	86.89
9	百度糯米	87.23	85.23	86.67	86.54
10	国美在线	85.67	83.32	85.96	85.52

图 2-1　2015 中国电子商务排行榜

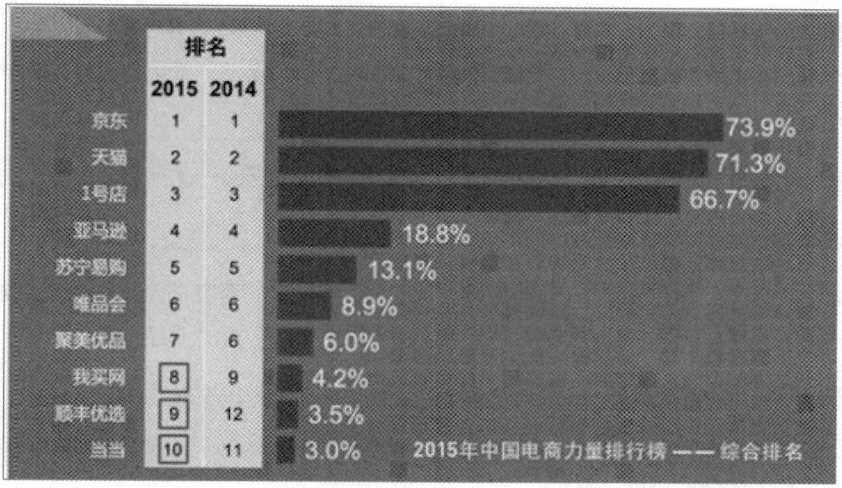

图 2-2　Kantar Retail 的“2015 年中国电商力量排行榜”

一些专业机构每隔一段时间就会对各电商平台进行对比、评测和报道，我们没有必要选择这些报告中最好的平台，因为不同评测机构的标准不同，导致最后的结果也不同。选择平台时，不要选择那些完全没有机构评测或负面评价过多的平台就好。

对报告的排名不需要太过在意，选择自己信任的平台后用心经营就好，除非遇到平台完全给不了流量、平台倒闭等极端情况，尽量不要离开这个平台。一般而言，在一个平台站稳脚跟后再开辟新的平台，是一种比较合适的扩张市场的方法。

2.1.2　平台介绍与建议

一、京东商城

京东商城目前是国内仅有的可以与天猫竞争的平台，京东商城整体以品牌、正品作为大方向，拥有大量的优质消费者，在消费者心中是一家以销售数码和电器为主的平台。对准备入驻京东的商家来说，如果选择数码和电器类目顾客会多些，但竞争也更大。

现在京东商城品类越来越齐全，已经基本实现类目的全覆盖。如果团队配备齐全，笔者建议在开设天猫店铺的同时开启京东店铺。和天猫一样，京东商城同样拥有较高的入驻要求且需要支付相关费用，读者可以到京东平台查看具体的入驻要求。

二、苏宁易购

苏宁易购最初给消费者的感觉是线下苏宁电器搬到网上，是一家以销售电器为主的平台。

苏宁易购初期用户数量偏少且男女比例失调，后期通过品类调整，用户规模明显提升，比例也逐步改善，不过相比京东仍有差距。目前平台整体发展趋势较好，笔者认为苏宁易购可以作为继京东平台之后选择的另一个平台。

苏宁易购也是开放入驻，和天猫、京东一样需要相关资质，各位读者可直接去网站查看。

三、亚马逊

亚马逊平台目前是国内最大的海外电商平台。之前各类海外电商平台在国内都因“水土不服”或打道回府、或被收购，唯有亚马逊坚持深耕并取得了不错的业绩。

亚马逊因早期用户群体和网站定位的影响，目前用户群体以文化层次较高的白领为主。此外，因为亚马逊因海外网站的特点，购买进口产品的用户比较多。如果产品能够满足这两类人群需求，入驻亚马逊是不错的。

亚马逊自营的产品较多，因此入驻的商家相对而言处于弱势。近年来亚马逊为适应中国市场在不断进行改变，笔者认为亚马逊现阶段不算是一个特别好的平台，不过未来发展机会比较大。

四、唯品会、聚美优品

唯品会和聚美优品两个平台都是以女性用户群体为主，但各自的重点不同，唯品会以品牌折扣为经营理念，以服饰箱包类为主要类目。平台之前选择的品牌比较高端，近年来为了适应市场逐渐布局二、三线品牌。聚美优品以化妆品为主，同时经营女性服饰。就整体品牌感来说，聚美优品更专业、品牌感更强，不过类目较为局限。如果你是化妆品品牌商，那么聚美优品无疑是天猫外最值得入驻的平台。唯品会的品类大而广，如果你是销售女性相关产品且有品牌资质，那么唯品会也是不错的入驻平台。

五、其他平台

现阶段平台非常多，相信就在笔者编写这本书的同时，很多新平台正在涌现，众多的电商平台让很多商家无从选择。笔者建议各位商家初期尽量选择较为成熟的平台，实在不行再退而求其次，同时经营多个平台会给店铺的运营带来更多的压力，选择合适的平台，循序渐进的发展才是合理的经营方式。

2.2 天猫新店建设流程

新手经营新店，会遇到很多问题，其中最重要的是很多人不太重视新开天猫店铺的整个建设流程。

见过很多准备开天猫店铺的掌柜都是想到什么做什么，没有什么开店流程可言，新手没有经验可以理解，但是时间和金钱浪费了就再也回不来了。笔者先后有过十几次新店铺建设的经历，也曾因为流程失误遇到了各种问题。因此，笔者在本节给各位读者详细介绍天猫新店的建设流程，希望能够帮助各位读者避免前人犯过的错误，把天猫店铺更顺利地建设起来。这一流程也可作为各位掌柜检查店铺问题的依据。

建设一个新店铺的第一步是基础设施及人员的配备。对于资金充足，希望快速抢占市场的商家，早期可以多投入一些人力物力以尽快完成新店建设。而对电子商务不是特别有信心，仅是以探路形式进行尝试的商家，可以从小团队开始，在淘宝上进行熟悉。

人员和设备到位后，对后台的熟悉就必须开始了，每个人应针对自己负责的内容进行操作内容的熟悉。

接下来是新店建设最重要的流程——商品挑选。首先是对市场及对手进行了解，即市场调研；市场调研结束后，应参考市场调研信息挑选出首批上架的产品，并对各个产品进行定价；定价结束后制作商品图片和资料，最后进行商品发布。

首批产品发布后应立即对店铺进行装修，以帮助店铺有一个较为完整的形象，当然店铺装修也可以和产品发布同时进行，这样等商品发布时可将装修完成的店铺同时发布。

为了让店铺能快速积累成交量，接下来可以利用推广工具进行推广，同时也可以设置各类促销，如果符合淘宝活动要求的话，还可以报名淘宝的各类活动。这样店铺的外部搭建就基本完成了。

店铺外部搭建完成后，店铺内部也需要尽快搭建起来。搭建合理的仓库是必不可少的步骤，合理的仓库及 ERP 系统能让店铺顺利发货，同时有效控制库存、合理存放商品。很多企业在天猫开店前已经搭建了一套仓库体系，如果是这样的话，只需要将上线的产品与仓库进行对接就可以了。除仓库外，客服系统也必不可少，提高客服的系统化对售前接待能力、售后处理能力的提升都有较大帮助。

笔者给各位读者做了一个简化目录，便于各位理解。

人员配备

设备配备

市场调研

产品发布

店铺装修

活动推广

仓库搭建

客服系统

请各位读者注意，笔者并没有标对以上目录注 1、2、3、4 这样的序号，这是因为以上流程应与自己现有的资源结合来调整使用，例如传统行业转型电商可以这样去做：仓库搭建>设备配备>人员配备>市场调研>产品发布+店铺装修>活动策划。如果希望店铺快速上线则可以这样：市场调研>产品发布>店铺装修>仓库搭建>人员配备>设备配备>客服系统。如不着急店铺上线但是希望准备齐全，一旦上线就能有较好的生意的话可以这样：人员配备>设备配备>仓库搭建>市场调研>产品发布>店铺装修>活动推广。

读者可以根据自己相应的资源对流程进行筛检，如果现在准备开始的话，先想一下自己的情况，然后填写一个简单的店铺建设流程吧。

_______ >_______ >_______ >_______ >_______ >_______ >_______

第 3 章
新手合作课

与新开店公司沟通和探讨越多，笔者越发现各个公司的局限性，网店建设非常需要在某些方面与专业公司合作。希望通过这一章能帮助新掌柜了解如何利用其他公司的资源来帮助自己成长，顺利高效地完成天猫店铺的建设。

电商创业者可以通过支付一定的金钱换到各种服务，比如通过人员外包服务减轻雇员压力；通过视觉拍摄服务外包获取更专业的视觉效果；通过运营全面外包而更加专注于设计和制造产品。本章笔者来给各位简单介绍一下各类服务。

3.1 开店软件选择

3.1.1 工具与服务订购

店铺开设成功后，天猫会提供很多常规软件给商家使用。但是如果需要进一步提升自己店铺的实力，那么就有必要订购第三方的工具及服务了。通过商家中心，可以找到订购的地方，如图 3-1 所示。

图 3-1　我要订购

读者可以直接输入网址 http://fuwu.taobao.com 进入服务市场平台。卖家服务平台中展示了非常多的服务及工具，如图 3-2 所示。

图 3-2　服务市场

订购工具/服务非常简单，选择需要的工具/服务，进入介绍页面，选择版本及周期，点击“立即订购”即可，如图 3-3 所示。

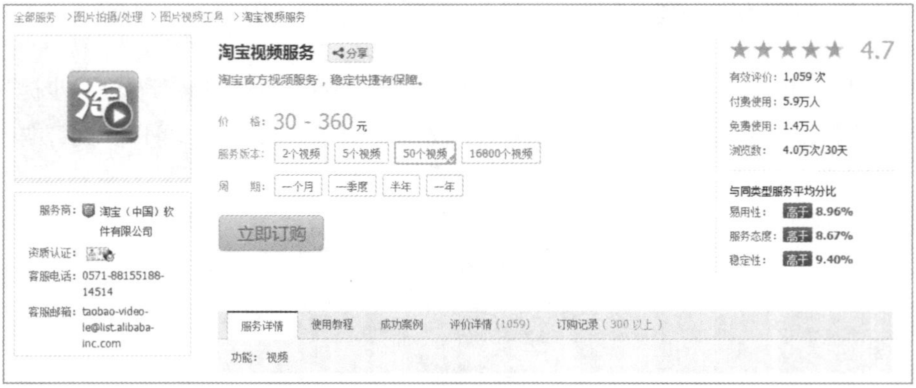

图 3-3　服务订购页面

如果对服务比较陌生，可以先短期订购以了解其功能，确认适合自己再长期订购。部分工具还有免费试用功能，免费试用一定时间后再付费订购也是不错的选择，如图 3-4 所示。

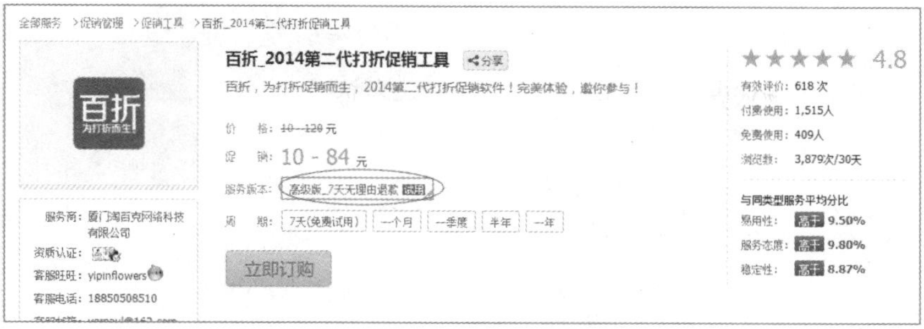

图 3-4　可以免费试用的软件

3.1.2　开店常用软件——手机 APP

对于新店铺来说，除天猫已经给店铺提供的工具外，商家通常还需要订购一些额外的工具，笔者在这里给各位罗列一些常用软件。

目前很多操作已经可以在手机端进行，因此笔者建议经营天猫店的店主安装如图 3-5 所示 APP。

图 3-5　建议安装的手机 APP

四个 APP 分别是手机淘宝、手机天猫、手机支付宝和千牛。其中手机淘宝是安装最普遍的 APP，买家可以用它来购物，卖家则可以通过它了解自己商品的排名、查看宝贝在手机端的视觉效果等，手机天猫的功能与手机淘宝类似。

手机支付宝现在也是买家和卖家普遍安装的软件。支付宝作为支付软件，买家可以通过其支付功能便捷购物，卖家可以通过它进行一些款项的管理，如商品退款、转账等。

千牛作为卖家移动端的沟通软件，非常受那些无法在电脑前进行客服工作的商家欢迎。通过简单的聊天界面，千牛可以处理大部分的沟通和订单管理工作。此外千牛还是一款快速读取数据的软件，商家可以通过千牛后台快速了解每天的流量和销售状况，如图 3-6 所示。

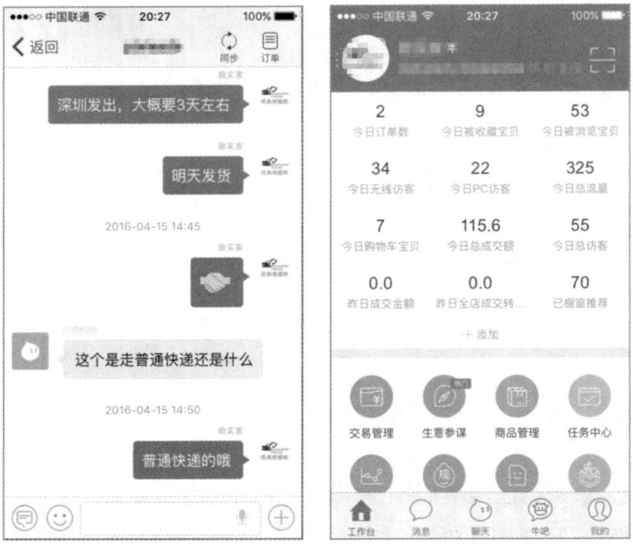

图 3-6　千牛的聊天及数据读取功能

3.1.3　开店常用软件——数据软件

除手机 APP 外，店铺另外比较重要的是数据软件。前几年淘宝数据工具繁多，很多数据工具功能重复，现在很多数据工具已经被“生意参谋”取代。

“生意参谋”是淘宝和天猫后台都能使用的数据工具，商家可以通过购买来使用软件的一些增值功能。新手使用时，一般不需要购买就能满足了大多数需求，如图 3-7 所示。

图 3-7　生意参谋

3.1.4　开店常用软件——岗位软件

除了上述软件，如果想要店铺经营顺利，还需要了解各个岗位需要的软件。

客服相关的软件这里给各位介绍两个：千牛和赤兔名品。

上文已经介绍过千牛 APP，这里笔者再简单介绍一下千牛电脑版。千牛电脑版主要用于客服沟通和相关后台操作，商家可以通过购买插件获得更多功能千牛是开始经营后的必备软件，新店应该在开张之前就在相关人员设备中进行安装，并组织相关人员对软件进行熟悉和了解，软件界面如图 3-8 所示。

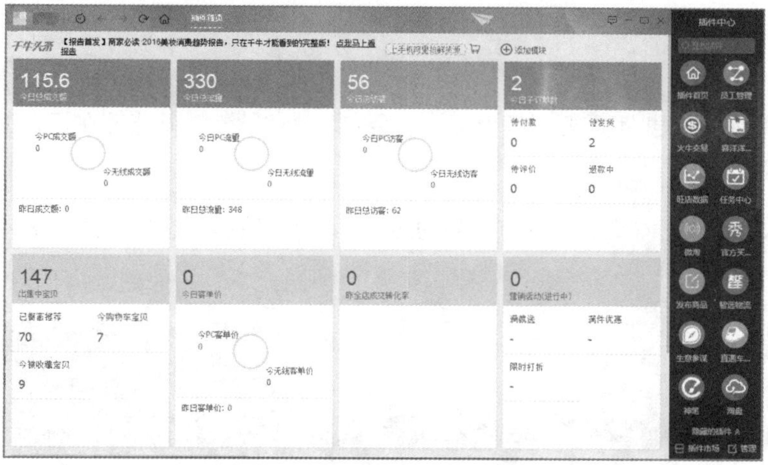

图 3-8　千牛（电脑版）

客服部门人员逐渐增多，成为一个客服团队以后，需要后台数据的支持来评价哪个客服比较好，哪个不太好。早期没有专门的数据软件，很多店铺采取查看聊天记录等人工方法来判断。现在已经有了很多专门查看客服数据的软件，笔者在这里介绍一款名为“赤兔名品”的客服数据软件，如图 3-9 所示。

图 3-9　赤兔名品客服绩效

赤兔名品除管理“客服绩效”外，还有一些其他相关功能，并且针对不同规模的商家有多种版本，这个软件对团队非常有用。

除客服适用的软件外，美工岗位也有自己的软件，主要包括 Adobe Photoshop、Adobe Illustrator、CorelDRAW 这三种软件，如图 3-10 所示。

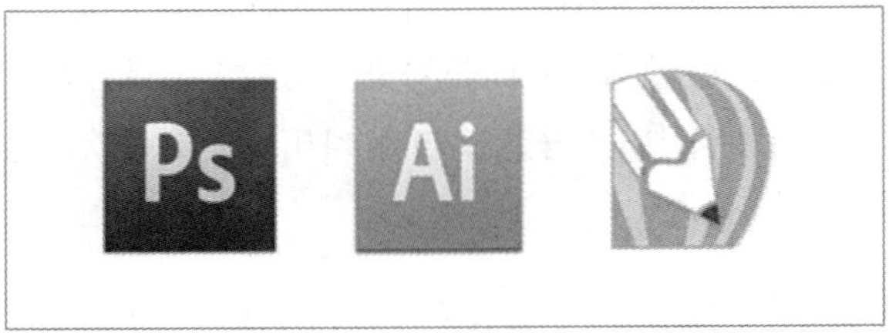

图 3-10　美工岗位工具

美工岗位的软件掌柜不需要了解太多，学会安装这些软件，并能够在招聘员工的时观察求职者的操作熟练度即可。

对于商品较多，并需要频繁发布新品的店铺，“淘宝助理”这款软件非常有必要安装，如图 3-11 所示。

图 3-11　淘宝助理

淘宝助理是一款集合多种功能的软件，目前应用较为广泛的功能是其批量上传宝贝、批量修改宝贝功能。淘宝助理有淘宝和天猫两种版本下载，如图 3-11 所示，商家根据自己的需要进行安装即可。

作为新店来说促销工具是必不可少的，天猫会免费给商家提供一些促销工具，后面章节会详细介绍这些工具的应用，因此在这里只做个简单的展示，如图 3-12 所示。

图 3-12　促销相关工具

如果有大批线下客户资料给线上店铺共享，或企业拥有客户系统，那么订购一个客户关系管理软件就非常必要。如果供应链充足、仓库设施完备，同时货物的量也较大，那么还有必要订购 ERP 等库存软件。这类软件的使用有一定难度，一般订购后软件企业会有专门的培训，掌柜注意在开店前提早布局即可，如图 3-13 所示是两个比较热门的软件。

图 3-13　有 CRM 及 ERP 功能的相关软件

对于新店铺来说以上这些软件已经基本能够满足使用要求，随着店铺不断壮大可以再进行软件的增加和替换。

还有一些非软件但需要订购的服务也是必需的，如店铺装修模板、图片空间、子账号的人数等，这些订购内容会有专门的章节进行介绍。

很多软件已经可以对日常工作进行自动化操作，如宝贝的自动上下架、对买家进行自动回评等，这些工作能简化很多工作步骤，节省工作时间，避免机械动作。

笔者建议各位商家应针对自己的需求订购工具或服务。确认有必要，且经过试用或其他方式充分了解工具或服务后再进行订购。

3.2　视觉服务合作

本节并不是教各位读者怎么去拍好照片或装修好自己的店铺，而是写给那些希望能快速上手店铺，且有实力选择视觉服务的商家。

由于电商行业的视觉至今还没有所谓的标准，因此本节内容中对视觉服务的定义并不十分严谨，如有谬误还望各位指正。

3.2.1 选择视觉服务公司

店家需要视觉服务一般有两种情况，一是想让店铺快速上线，二是希望获得专业的视觉效果。针对这两种情况，除选择一些后台工具外，还可以选择专业的视觉服务公司。

第一种情况在选择服务公司的时候，应该注重选择能够全面完成视觉工作的公司。这类公司不一定有极高的设计水平，但必须是成熟的视觉公司。这类公司在做视觉服务时可能会模块化，出来的设计稿没有太多的个性和性格，但是完成的时间比较短，方案完整度比较好。可以一次性打包购买多个不同的视觉工作，便于商家一次性完成所需事宜。

第二种情况在选择视觉服务公司的时候，选择的范围相对较广，衡量的唯一标准就是与店铺本身的视觉效果是否匹配。无论是大型视觉公司，还是个人工作室，都没有问题。既不是越贵越好，也不是越个性越好。

选择视觉外包公司时以拥有成熟案例，且案例风格与自己店铺风格相匹配为最佳。如果没有的话，可以尝试先进行小件的合作，比如设计某一个页面等，以查看该设计公司的设计效果。

由于视觉效果的非标准性，以及个人审美的差异，最后的效果常常是不可控的。笔者建议商家在购买服务时，一定要多对比、多沟通，同时签署相关的合同。以保证最终实现的效果与想象中的效果接近。

3.2.2 后台服务

如果店家准备自建视觉团队，那么后台的一些视觉相关服务可以帮助我们节约很多工作，如店铺装修模板等。如果是淘宝店的话，需要购买图片空间、旺铺等基础视觉服务，天猫店铺的这些服务包含在全部费用之内，不需要再单独购买。

选择装修模板有助于商家快速完成店铺的装修，装修模板现成的架构也让店铺装修人员后期的操作更加简单和方便。不过由于模板设计的原因，有些功能难以实现。在购买装修模板时应仔细查看模版相关介绍，同时与销售模板的店家充分沟通。模板的价格千差万别，各位商家根据自己的需求进行购买即可。

除了网页端装修模板，手机店铺也可以通过购买模板进行装修，此外还可以购买部分营销模块，如图 3-14、图 3-15 所示。

图 3-14　电脑端装修模板

图 3-15　手机端装修模板

3.2.3 拍摄服务

淘宝不仅自身平台的发展较为成熟，周边的配套服务也已经非常完备。比如需要摄影服务，可以直接在“服务市场”中的摄影平台进行选择，如图 3-16 所示。

图 3-16

除通过平台选择摄影服务外，淘宝还有两个模特平台：“服务市场——摄影服务”的模特广场和淘女郎平台，如图 3-17 所示。

图 3-17

在与外部摄影公司合作时，需要注意以下内容。

为了使拍摄效果达到我们的预期，建议将工作交给摄影公司时提前准备好摄影脚本。摄影脚本应包括模特资料（如果需要模特的话）、模特姿势参考、模特妆面、模特表情、指定动作、拍摄场景、使用道具等内容。在脚本中还需要注明产品的特性，以便摄影公司在拍摄时能针对卖点进行拍摄。由于每个店铺的图片需求不同，在脚本中应尽量具体到每一个产品需要那几张照片，什么角度最终会放在哪些位置等，如图 3-18 所示。

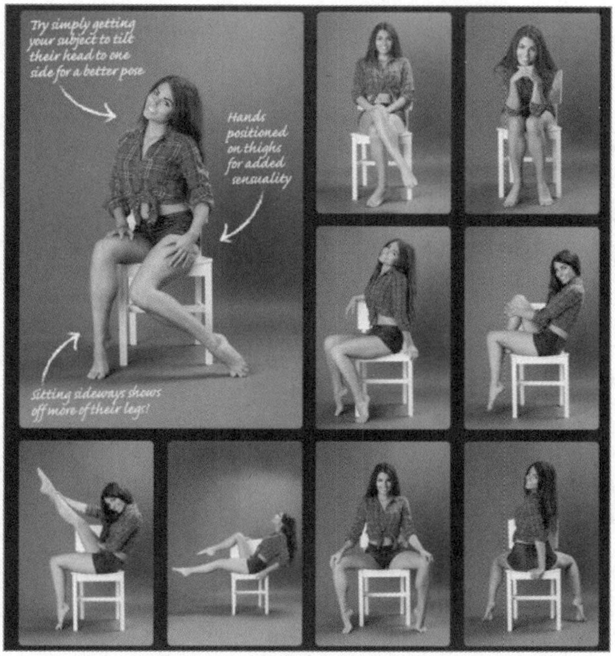

图 3-18　模特姿势参考

在与摄影公司沟通时，务必先查看其近期拍摄的淘宝图片以预估最终的拍摄效果。如果摄影公司允许的话，还应拍摄部分样品以确定其拍摄水平。样品不需要拍摄太多内容，选择店铺 1 ~ 2 款典型产品，每款产品拍摄几张图片即可。

上述工作完成后需要跟摄影公司签订拍摄合同。签字前应仔细查看合同内容，特别是拍摄完成期限。合同签订完成后就可以进行首批商品的拍摄了，为了保证拍摄效果，第一次拍摄应尽量跟拍一次，以便在拍摄过程中随时查看拍出来的照片，发现问题立即沟通以保证拍摄方向准确无误。

拍摄完成后进入图片制作的过程，图片制作与摄影一样应尽量找专人专门负责该事务。

3.2.4 设计装修服务

当自己店铺的商品不多，并希望商品能快速上线时，可选择一家设计公司帮自己搞定店铺装修，这样能省下很多的时间和精力。很多视觉公司既有摄影服务也有设计服务，这时商家可以委托一家公司进行所有的视觉类工作。

如果当地没有相关的外包公司，也可以在淘宝后台的服务市场购买专门的设计服务，如图 3-19 所示。

图 3-19 服务市场中的店铺设计相关服务

由于电商服务市场是个比较新的市场，因此价格和模式都比较混乱。笔者在这里给各位介绍一下几种常见的合作方式。

1. 整体视觉外包

整体视觉外包，就是将店铺所有视觉相关服务打包出售。这样的方式省心省力。

不过整体视觉外包除价格比较高昂外，还可能出现很多问题。由于全部工作都交给了一个公司，且很多店铺放任视觉公司去完成工作，而不进行沟通或者沟通不细致，很可能导致最终效果会完全偏离预期。笔者在这里建议各位商家，应把全部工作尽可能进行拆分，然后向视觉公司提供要求，定时检查，发现问题及时修改，不然等全做好了再要求修改，视觉公司会非常不满意，认为工作是经过同意的，最终效果也应该是商家负责。

视觉全托还比较容易出现拖稿现象，拖稿在平时可能没有太大关系，但如果视觉公司在关键的促销活动期拖稿，问题会非常严重。还有，视觉全托增加工作量的时候很容易引发纠纷，纠纷既涉及费用结算、也涉及时间进度。

上述问题绝大部多数是视觉公司本身存在的问题，不过作为要求方的商家也存在不足。为了避免这些问题，商家可以采用如下方式：（1）要求视觉公司将工作内容尽量细化，越详细越有助于工作开展；（2）将各个阶段的时间要求在协议中写明，同时最好将截止期限提前 1 周到半个月；（3）如果新增工作，应该签署新增工作的协议，新增工作协议中写明如何计算价格、如何约定时间等内容。

2．部分视觉外包

除整体视觉外包，现在市面上较为常见的另一种合作方式是部分工作外包，如只做店铺装修，只做店铺描述等。

部分视觉外包适合店铺有美工，但是美工没有时间，或美工及设计师需要专业人士帮带的公司。

在实施部分视觉外包时，要特别注意工作分割清晰。留给公司美工的工作和交给外包公司的工作要明确分开，比如店铺装修交给到外包公司后，那么公司内美工就不再负责这部分内容。公司美工可以作为同外包设计公司进行对接的人员，比如外包公司负责作图，公司美工负责将图片检查后导入到店铺页面。工作分开、责任分清仍是非常必要的。

最后，无论是整体视觉外包还是部分外包，必须牢记只有视觉是这些公司的强项，产品文案、营销策划等工作还是应该公司内部去完成，让专业人士专注各自的本职工作。

3.3　运营服务合作

3.3.1　代运营现状

很多人都觉得电商运营类服务在整个电商服务行业中门槛很低，其实不然，电商运营类服务不仅要求高，而且是最容易引发纠纷的服务。笔者在与学员沟通的过程中收到非常多运营类服务公司的负面评价。目前网上对“代运营”这个服务充满了负面评价，如图 3-20 所示。

图 3-20　百度搜索“找代运营”

很多公司与运营服务公司在合作中遇到了各种各样的问题，例如有的公司花了巨资进行推广，最后却没有达到要求的业绩，错失商机导致库存大批积压。各种问题直接反映出电商发展过快，而服务公司却没有跟上的现状。

为什么人们会感觉运营服务比较简单呢。这或许是因为不同人对“运营”的定义不同。笔者曾经替商家招聘基础员工，有个应聘者说自己能做公司运营，我问他运营涉及哪些工作，他告诉我“运营网店很简单，就是把商品上架，然后和客户聊聊天，发发货，这些我都会”，笔者最终没有录用他，很明显他还没有理解什么是运营。

商品上架是后台操作员的工作，和客户聊天是客服人员的工作，发货是仓库发货员的工作，这三个是专业电商公司最基层的工作人员，但是只懂这三个最基础的工作绝对算不上是一名合格的运营。

很多没有资源、没有资金，只是在一些网店工作过一段时间的人员感觉自己很厉害，然后举起了运营服务的大旗，给一家家被电商大潮诱惑的企业做起了运营服务。如果运气好，说不定真能做起来几家，但是大部分这类运营公司的态度是只要拿到服务费就好，至于店铺运营结果怎么样，跟他关系就不大了。

电商运营公司最重要的是适合店铺实际情况，如果准备长期经营，并且希望未来能掌控自己的命运，那么笔者建议商家还是应该培养自己的电商运营团队。如果担心错过商机，或希望能快速上手，那么可以退而求其次，选着一家拥有运营团队的公司进行短期合作，同时尝试组建自己的团队，两条腿走路是较为稳妥的办法。

如果真的不想自己运营，希望找一家公司帮你全权管理，那么一定要注意双方的合作方式。

3.3.2　服务公司选择

把部分或全部运营工作交付给某一家运营服务公司的形式称为代运营。这些公司一般被叫做代运营公司或网店托管。目前优秀的代运营公司往往对选择客户有严格的要求，而且收费不菲。而口碑较好的小型代运营公司属于凤毛麟角，非常难得。

如何鉴别一家代运营公司呢？首先，专业的代运营公司至少应拥有几位优秀的电商人才，这些人才应对整个电商运营全局有很好的大局观。当商家与这些人员见面时，多问几个专业的问题并观察回答的情况，就能判断出基本情况。

其次，应该了代运营公司服务的电商公司有哪些，并详细盘问其正在代运营的一家店铺的情况，并让其介绍与该店铺的合作状况及合作前后该店铺的变化。注意不能仅看销量和流量的变化，因为销量和流量都可以造假，应让其尽量给出多方面的相关内容，并对信息进行核实和检验分析。

此外，我们还应看这家代运营公司操作的店铺整体的运作状态，通过查看核实相关内容去了解代运营公司能做到什么程度。这些观察工作包括：尝试浏览店铺页面，看视觉是否美观、购物逻辑是否畅通；与该店铺的客服进行聊天，尝试询问商品情况；选择一款商品并进行购买；购买完成后进行一次退货。如果托管店铺这些环节都运作的不错，可以初步判断这家代运营公司满足基本要求。

3.3.3 收费方式

除了服务能力，相信各位读者还想知道代运营的收费的情况。目前来看这些运营服务公司收费极其混乱，付出的金额和回报是否对等很难说清。

下面笔者给出几种收费方式供到读者参考。

1. 固定佣金

固定佣金的方式一般是按照工作量给出相应的金额。这样的方式适合工作内容固定、销售结果较为不可控的公司。由于没有相应的激励方式，代运营公司在工作中可能会比较死板。

2. 固定佣金＋提成（梯级提成）

为了提高合作双方的积极性，固定佣金+提成是目前最为普遍的收费方式。固定佣金类似公司给员工的固定工资，而提成则相当于公司给员工的销售奖金。

一般来说固定佣金和提成会根据不同的状况做出不同方案。提成的方式一般有 3 种：销售额提成、毛利提成、净利润提成。销售额提成比例较低，净利润提成比例较高，固定佣金会根据提成的比例适当增减。

销售额提成方式会导致代运营公司只做销量，弱化其他方面。由于是销售额提成，双方对商品提降价会有争议，代运营公司为了提升销量可能会将商品低价倾销，甚至亏本卖出。如果推广费用和代运营公司最终获取的销售额提成不关联，代运营公司很可能会花钱砸出销量，协议对各种状况应该提前说明。

毛利提成是比较折中的方式，即去掉产品的基本成本再计算提成，这一方式避免了降价销售导致的利润太低，不过仍然会有推广金额问题。此外，一旦使用毛利计算提成，那么公司产品的成本就不可避免地透露出来了。

净利润提成就是将公司的所有花费去掉，以最后获取的盈利来进行提成。虽然这个方式能去掉大部分提成水分，但也有很多不方便的地方，一旦计算净利润则公司的账目就必须完全公开给代运营公司，由于小公司没有很好的财务收支账目，而大公司计算盈利又非常的繁复，导致这个方式使用范围较小。

3．单独提成（梯级提成）

有的代运营公司为了消除客户的疑惑，降低合作门槛，直接去掉了固定佣金，仅以提成结算费用。去除固定费用后，一些店铺更有意愿去找这些公司合作，但是单独提成方式并不能代表这个代运营公司更靠谱。单独提成虽然在开始不需要支付任何费用，但是一定要仔细查看合同内容，很多合同内容中有各类隐藏收费项目。

此外，有些公司会提出：一年创造多少销售额，不满不要钱。其实这并没有什么用，因为该公司可能同时接手了十几家店铺，同时做一样的事情，多一家少一家都一样，花不了太多的成本。最后只需要在这十几家店铺中选二至三家达到目标的即可。至于其他没达到目标的，代运营商虽没收钱但是也没损失什么。

4．股份分红

有些高瞻远瞩的代运营公司除佣金和提成外，会适当降低费用以换取商家的股份分红，甚至除股份分红外什么都不要。如果商家看不透，愿意在未来把自己公司的一部分交付给别人，只怕在将来会追悔莫及。

5．其他

除了上面几种收费方式，笔者再介绍一种相对合理方式。仍然是“固定佣金＋提成”，但是加上价格把控条款，比如添加全年销售均价条款，当实际售价略低于均价时适当扣除相关费用，当实际售价远低于均价时要求赔款等。

有了全年销售均价条款后，代运营全年销售中虽然可以控制价格，但是最终价格不会太离谱。

比如制定出标准规定商品原价 100 元，商家希望的最合理价格是 70 元，最低可以卖 50 元，则代运营公司会根据标准在某个阶段进行降价，而某个阶段进行提价，但是最终均价不会低于 50 元。

除了全年销售均价条款，为了防止乱花推广资金，商家还可以给予销量推广金额反比条款，即最初固定一个推广资金给代运营公司，当运营公司通过一段时间运营获得一定的销售额后，商家根据比例给予推广资金。运营越好，推广资金越大，这样就不再会出现推广乱花钱的，具体条款可根据实际情况再做调整。

3.3.4　部分外包

很多电商店铺经过一段时间的运作后，发现很多工作自己确实做不来，但部分工作室能够直接完成，那么就可以将这部分工作加给第三方服务公司去做。

最受欢迎也是最受争议的是代理推广业务，其中最典型是代理直通车业务。直通车简单来说就是付费推广。代理直通车业务的公司帮你在后台操作直通车。直通车对于有经验的电商来说不难，但是对于新手确实有一定门槛，所以有很多店铺愿意去购买这个服务让外包公司帮助操作。

直通车托管几乎是最受欢迎、需求最大的代运营项目。

有的店铺大部分销售是自动购买，且销售的产品不是那么复杂和专业，这时也可以将客服工作外包。客服外包非常简单，和公司雇佣一个客服人员基本类似，但相比自己雇佣成本更低。

3.4　培训咨询服务

在众多电商服务中，培训咨询服务是非常特别的一项服务，好像什么都给不了，又好像给了很多。

有的店铺宁愿砸 10 万直通车也不愿意上一堂培训课程，而有的店铺却宁愿客户都没人接待也要组织培训。培训效果是好是坏，笔者不做评论，参加过培训的店铺会给出答案，而这些答案往往和商家之前的培训体验息息相关。

3.4.1　电商培训

从培训的内容来说，现在电商类培训的发展已经包含了市场上绝大多数的需求。有针对客服、美工这些基础岗位的培训课程，也有针对直通车、淘宝客等工具的课程，另外还有针对电商管理的店长类课程，以及针对老板和总经理的总裁类课程。笔者建议各位一定要按需进行培训，如果客服岗位新人众多、工作能力参差不齐，那么就报名客服类课程；如果老板刚组建电商团队，什么都不清楚，那么建议报高级管理人员相关的课程。

由于时代以及讲授人员不同，课程的具体内容会有一些偏差，课程的收费也不尽相同。客观来看，通过参加培训课程确实能帮助新手快速进步，但每个讲师的个人观点也会影响听课学员的一些思路。

为了增强培训效果，学员在听课时最好记录重点内容，并在课后进行实操或分享。学员听课后要尽快进行上述工作，时间长了就像听了场相声，挺好玩但是不知道自己怎么用。此外，培训师的内容也不一定完全正确，学员需要进行独立思考并结合自身情况来实施。

目前对培训资质的要求较高，整个行业较为有序。比较大的培训机构是淘宝网官方的淘宝大学。淘宝大学除了拥有合作的线下机构外，也有自己的专业平台，如图 3-21 所示。

图 3-21　淘宝大学平台

淘宝大学作为淘宝自营的培训机构经历了淘宝各个时期的发展，目前淘宝大学主要采用授权地方机构的方式进行培训，讲师既有淘宝大学直系的讲师也有地方机构自己的讲师，笔者目前也是淘宝大学的讲师之一。

除淘宝大学外，一些专门从事教育培训的企业也会开办电商类课程。读者在选择培训机构时应尽量选择相对正规、有资质的培训机构，如果自己的城市确实并没有合适的培训机构，可以尝试去周边的城市，各位读者可以上淘宝大学查询获得这些资讯。

除线下培训课程外，很多培训机构还推出了线上课程，线上课程分为点播和直播，点播课程就像看视频一样，由讲师进行录制后放在网上供人观看。直播课程和线下授课非常接近，只是讲师在线上现场讲解，学员在电脑前收听。

对于一些基础的操作，笔者推荐淘宝大学的线上课程，这些课程很多可以免费观看。相对高级一些的课程需要支付费用，不过这部分费用相比线下培训还是低很多。

很多机构和讲师会定期举办一些线上的直播课程，这样的课程通过直播平台进行即时授课，相比点播课程效果会好很多，学员可以通过聊天框和培训师沟通。

新人如何循序渐进地学习淘宝？笔者建议各位读者可以先看书。感觉书看得差不多了开始看视频，视频看完了再看直播，都看完了再去现场听课。

3.4.2　咨询服务

除了听课这种学习方式外，近年来咨询也已经慢慢发展起来了，很多企业不愿意花钱和专家去聊天的情况已经有所改观。淘宝的服务平台有一些咨询服务提供给到卖家，如图 3-22 所示。

图 3-22　淘宝服务平台提供的咨询服务

相比培训，咨询服务一般都以一对一的方式进行，相比一个讲师给一堆学员讲课一对一更有针对性，专家能够以发现问题、解决问题的形式进行咨询。

很多学员认为讲课的老师超级厉害，也有的学生认为讲课的老师只是会忽悠骗钱的“砖家”。作为一名电商讲师，笔者认为电商培训既不像有些人想象的那般美好，也不是如另外一些人想象的那样不堪。如果问我是否通过讲课教会了学员一些东西？笔者的回答是肯定的。每次确定培训课题后，前期都有一系列工作要做，很多课程的课题在授课之前要进行课程结构、授课内容等方面的探讨和准备，要注意课程的系统化、合理化，要兼顾趣味性、生活性，还要有案例、有实操。综合以上才能呈现出一堂完整的课程。但由于课程必须面对一群不同的学员，很难面面俱到。一般来说学员层次越接近，授课的效果就会越好；学员层次差距越大，最终的效果就越差。

3.5 其他电商服务

除前文提到的服务外，还有一些较为少见，但已经成为电商公司服务的项目。笔者在这里给各位做个简单地讲解。

对于女装类目来说，模特已经成为绝大多数店铺必须要有的服务。其实除了女装类目，很多店铺也已经开始雇佣模特来让自己的产品更加吸引顾客。有的店铺虽然不需要模特，但需要一个形象人物来提升店铺的视觉效果。

除了摄影公司推荐，淘宝也有自己的模特平台——淘女郎平台，通过平台可以直接雇佣心仪的模特。

模特除能帮助产品更好地展示外，有些模特同时是网络红人，商家可以雇佣她们在社交空间发布与产品相关的软文或图片，这也是现在非常流行的一种推广方式。

商家可以通过微博、微信等社交媒体找到这些红人的联系方式，然后直接联系获取报价，根据报价选择合适的红人即可。在淘宝的淘女郎以及淘宝红人馆也能找到部分红人，如图 3-23、图 3-24 所示。

图 3-23　淘女郎平台

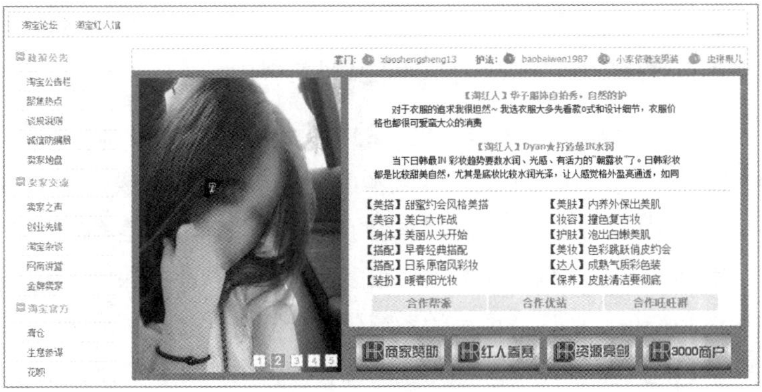

图 3-24　淘宝红人馆

上图的这些红人主要是以直接的形象和现有的粉丝为基础来进行推广，除了这类红人，还有一些专业的软文写手或团队，他们通过为产品创造故事、撰写网络软文来引爆话题进行推广。

由于受众的原因，网络红人比较适合护肤、化妆、女装、时尚等类目。有些不适合利用网络红人进行推广的类目，可以用其他比较有趣的方式帮助推广，比如以评测的形式帮助电器、数码等类目的产品进行推广，如图 3-25 所示。

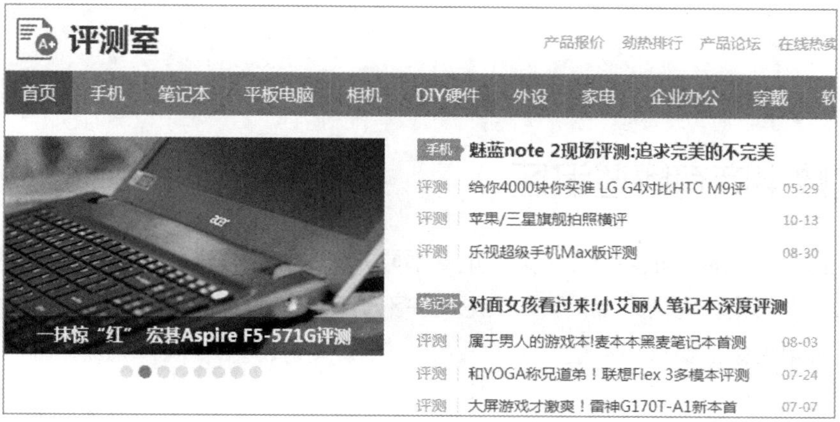

图 3-25

还有一类不合法的人士也算是为电商进行服务的，这就是帮店铺刷信用的这类人士。他们通常通过平台找上来提议帮忙刷单，竭力描绘美好的未来，却避谈任何风险。对此笔者建议读者多了解因刷单引发的各类事件，做好心理准备。至于说刷单会不会被发现，笔者只能说，这和偷盗会不会被抓是一样的道理。

第 4 章
成败探索课

4.1 失败电商有哪些误区

目前，网络上流传着很多电商失败、电商不同死法的文章，这些文章让很多不明就里的围观群众得出一个结论：电商太难做！其实电商并不是难做，而是进入了误区，下面笔者罗列了几种误区，希望大家不要重蹈覆辙。

4.1.1 单枪匹马或人心涣散——最不值

网络上流传的以一当百运营电商的故事让大家热血沸腾，现实中也确实有那么一批以一当百的店主，进货、发货、美工、客服、后台操作、报活动样样亲力亲为。

曾经有人来笔者的客栈聊天，说一个店主做淘宝累得要死，早上多早起来晚上多晚睡觉。虽然生意特别好，但连喝水、上厕所都没时间。笔者听说过太多类似的故事了，杭州某个夫妻店，两个人一个天猫店、一个淘宝 5 皇冠店，什么都自己来，最后店没垮人先垮了，如图 4-1 所示。

笔者认为，店主之所以忙得焦头烂额，首先说明店铺生意好，其次是店主太过小气。客服来不及可以雇客服，发货来不及可以雇库管，美工来不及能招聘美编或外包。不是招聘不到，很多时候是店主舍不得花那个钱！

对此很多人解释说不是不愿意雇人，但不是员工做的差被解聘，就是员工对店主不满意主动离职。其实这归根结底还是店主的问题，把工作薪酬制定出标准，然后奖优罚劣自然能解决。如果还不行，把商品价格提上去，销量自然降下来，也就不忙了。因此，根本原因还是店主不舍得，不舍得花钱雇人，不舍得降低销量，不舍得去除非核心产品。

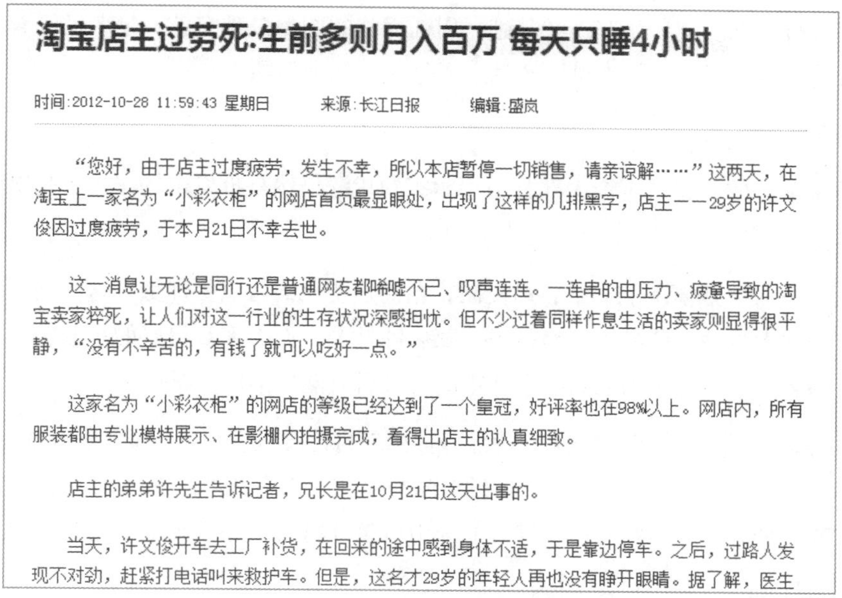
淘宝店主过劳死:生前多则月入百万 每天只睡4小时

时间:2012-10-28 11:59:43 星期日　　来源:长江日报　　编辑:盛岚

“您好，由于店主过度疲劳，发生不幸，所以本店暂停一切销售，请亲谅解……”这两天，在淘宝上一家名为“小彩衣柜”的网店首页最显眼处，出现了这样的几排黑字，店主——29岁的许文俊因过度疲劳，于本月21日不幸去世。

这一消息让无论是同行还是普通网友都唏嘘不已、叹声连连。一连串的由压力、疲惫导致的淘宝卖家猝死，让人们对这一行业的生存状况深感担忧。但不少过着同样作息生活的卖家则显得很平静，“没有不辛苦的，有钱了就可以吃好一点。”

这家名为“小彩衣柜”的网店的等级已经达到了一个皇冠，好评率也在98%以上。网店内，所有服装都由专业模特展示、在影棚内拍摄完成，看得出店主的认真细致。

店主的弟弟许先生告诉记者，兄长是在10月21日这天出事的。

当天，许文俊开车去工厂补货，在回来的途中感到身体不适，于是靠边停车。之后，过路人发现不对劲，赶紧打电话叫来救护车。但是，这名才29岁的年轻人再也没有睁开眼睛。据了解，医生

图 4-1　淘宝店主过劳死新闻

除了不舍得，还有一些公司出现的问题是员工留不长，员工总在关键时刻溜号，落得老板一个人撑场面。由于时代的变更，电商的掌柜一般是 70 后、80 后，但员工基本都是 85 后、90 后甚至 95 后。年龄差距、生活环境的差异导致掌柜与员工的思想不同，很大一部分年轻人没有生活压力，也不是为了工资上班，经常有掌柜说员工月薪三四千，却开着几十万的车上下班。还有一部分员工在一二线城市工作，知道无论多努力都无法买房，因此抱着无所谓的态度生活。以上两种情况都真实存在，这从侧面反映了金钱仅是工作的部分目的。此外，部分掌柜对年轻员工缺乏理解和同理心，以自己为标准衡量员工的工作态度和工作能力，导致了员工失去工作激情甚至离开公司。

笔者希望掌柜能倾听员工的诉求，和员工互相理解，以创造良好的用工环境，为员工和店铺赢得更好的发展。

4.1.2　产品固化或无产品话语权——最憋屈

无论是在授课还是咨询时，笔者一直强调产品是商业的基础，“巧妇难为无米之炊”，即便是一名优秀的电商运营人才，当没有产品或只有被市场淘汰的产品时，也只能仰天长叹。

笔者在接受咨询时一直强调，如果店铺没有产品开发能力、产品设计能力、产品生产能力，

那么不建议进行咨询。因为没有这些基础，店铺面临的瓶颈极难突破。笔者已经看过太多因产品问题导致的关店情况。一般来说，产品主要是以下几个问题。

1. 商品雷同

由于资源配置的问题，至今大部分中小卖家的货源仍然是批发市场，或者是次级代理商给到的货源。

这些货源在大多数情况下非常容易复制，电商透明化的特点更加重了这一问题。因为没有产品的版权，你卖得好的产品很容易被另一家店铺抄袭，而人家卖得好的东西，你也可以马上复制到自己的店里。于是市场商品越来越雷同，最后只能拼推广、拼价格。

面对这样的问题，笔者的方法是坚持部分货源来自传统批发市场，部分货源来自代工厂（自己针对市场上的款式进行修改更新，以保持产品与市场上大多数产品的区别）。使雷同产品只占据产品总量的一部分，在运营时以雷同产品吸引流量并将流量导入到个性化产品中去。

2. 代工厂问题

销售商与工厂间的合作时常会产生各种问题，常见一种情况是，代工厂生产出口产品的时候质量非常好，一旦生产国内商家的产品，质量迅速降低。这个问题的一个原因是国内订单价格确实比出口订单低，另一个原因是生产线认为内销货随便做没事。

为了防止类似情况发生，商家在下单前要明确要求且绝不妥协。无论是样品抽检，还是成品抽检，都必须提前说明，发现问题后严格处理。

此外，如果你的订单对于工厂来说只是空闲时间才会生产的订单，那工厂就会无限期的押后出厂时间。当你报上一个活动，希望在某个时间点生产出一定量的产品，如果工厂此时恰好接到一个大公司的订单，那么工厂会毫不犹豫地把你抛到脑后，只有等到工厂生产线空了才给你生产。类似的问题在国内时常发生。为了避免这样的问题，商家除找一家信誉比较好的代工厂外，还要尽量签订合约。此外预测自己的发货量、提前订货也非常必要。合作时对工厂生产要及时跟进以便让工厂了解你是在乎生产时间的。

3. 产品线老化

现在已经有很多传统企业准备在天猫或淘宝开店，他们拥有自己的工厂和生产线，如果再拥有自己可掌控的销售渠道，确实会给到店铺部分优势，不过这时候并不代表这些店铺可以高枕无忧，这种情况仍然存在问题。

拥有生产线的企业一般都拥有成熟的销售渠道，比如线下合作的店铺、线下代理商等，当这些企业的产品放到网上后，与原来的销售渠道就会出现一些矛盾，如价格问题、出货问题等。

工厂型企业进行创新要比预想难很多，销售端需要修改产品的一系列属性，生产部门因为麻烦会反抗这些改变。如果老板放弃创新，那么这类公司的电商很容易失败。

这样的案例时有发生，电商部门提出的各种要求会造成生产速度降低、流程增加等问题，而生产部门按照原来的订单生产不需要作出任何改变，当这样的矛盾多次发生，老板偏袒任何一方都不合适，因此会站在消费者的角度来考虑。如果改变能让消费者认可并增加销量，老板也许会决定改变，但如果电商部门要求的改变得不偿失，老板就会坚决地予以反对。电商负责人发现了商机，但是产品老化，产品即将被市场淘汰，那么电商运营的结果就可想而知了。

4.1.3　资金链断裂或砸钱太猛——最可惜

不少的创业者充满了激情和冲动，当发现某个项目有机会时，不惜借钱去实现自己的梦想，盲目投资过后只剩下一地鸡毛。

笔者曾在温州某大学进行授课，听课过程中一位同学特别激动，课后交流能明显感觉到他那种蠢蠢欲动的心情。没多久该同学跟爸妈要了 50 万开了天猫，结果半年后就退出了电商行业，留下一句“电商太难做”。

事后我就问他怎么会这么快就做不下去了，该同学告诉我，他本身对电商一知半解，花钱找人帮忙把店铺开了起来，随后自己尝试运营。自己租了办公室，招了几名员工。借助爸妈的关系拿了一些货，基本没花钱，但自己尝试拍照没拍好，又找人给商品拍照。感觉也没怎么花钱，但是几项过后就只剩下十来万了。运营几个月一直都没生意，决定把剩下的钱砸在直通车上博一下，结果什么都没剩下，员工工资还是爸妈帮忙结清的。

这样的案例在现实中比较常见：一知半解就开始创业，对资金没有任何管理，没有循序渐进的心态认为砸钱就能成功，生意没开始排场先起来等。还有一些电商老板刚赚到一点钱，马上就感觉自己变成了成功人士，先给自己添置巨大的老板桌和老板椅，然后盲目屯库存，等到整个屋子里堆满了货物，生意却不见起色的时候，为了突破瓶颈拿所剩无多的资金去付费推广。

这些问题表面看来是资金链断裂，实际上根本原因是老板缺乏金钱管理能力，即使给此类店家一大笔钱，也只是延迟其倒闭而已。目前确实有受资金紧张困扰的店铺，不过笔者认为，资金紧张仅仅会影响未来的发展，却不会导致店铺倒闭。

解决资金问题需要依靠计划，比如一个电商项目刚开始时，不要投过多的钱，先去看市场、看数据。当数据反馈出来市场比较好时，再投入小笔资金进行试水，一旦试水成功再追加资金。如果初期的投入产生了利润，那么直接将利润投入即可，除报活动、突发事件，不再投入外部资金。如果在经营中获利尚可，那么还要留出部分储备金，用以处理店铺的突发事件。

以上方法是谨慎型经营者比较喜欢的做法，但我们经常听到有的店铺发展迅猛，而且后期发展的也非常不错，那么他们是不是不做计划呢？实际上他们仍然需要去做计划，而且往往更加细致。笔者曾接触某线下企业，该企业老板看好某个产品，手握上千万资金准备快速抢占市场。但仍然是先看市场数据，通过市场数据预计销售额以确定自己的规模，之后才进行店铺人员招聘、场地硬件设施进场，人员设备经过磨合，计算大约的投资回报率后，再投入小笔资金进行品牌推广，然后根据推广的反馈进行二次资金投入，循序渐进抢占市场。

现实中也有一上来就砸钱推广，然后居然活下来并且活得挺好的店铺，笔者希望各位不要被此类案例蒙蔽，除了极个别是因为运气，绝大部分的商家砸钱都是经过各种准备后才砸的，外人看到的是猛砸钱推广，实际上花的每笔钱在经营者心里都有数。

4.1.4 受到违规处罚或遭遇敲诈——最冤枉

运营中最让人感觉最冤的就是因为违规被处理，有的店铺因为生意不好，于是想试试那些“非常规”手段，结果被查到后懵了，很多经营者在被处理后来问笔者“为什么这么多人违规没被抓，偏偏我就被抓呢”。对此笔者无法回答，只能报以同情并希望各位读者正规经营。

现在天猫和淘宝并不是依靠人工逐个排查违规行为，而是通过系统分析、对举报人工排查两种方式去排查违规。违规被抓到，如果不是被系统排查到，那就是被人举报后经人工证实确实存在违规行为。

相比淘宝，天猫的规则更加严格，而且违规后的处罚力度也更大。因此，天猫店铺时常被不法分子盯上，如图 4-3 所示。

比如发票问题，如果不法分子在沟通时客服告知没有发票，那么不法分子就可以进行违规投诉，造成商家被处罚一定数额的金钱。此时店家为了降低损失只能乖乖接受不法分子开出的相对较低的赔款金额以息事宁人。此外还有包邮、信用卡、泄露他人信息、关闭交易、超过一定时间未发货等一系列问题。

笔者在这里不一一举例，各位读者如果准备开天猫，那么必须仔细了解这些违规行为。相关规定在天猫和淘宝的规则里都有详细说明，规则和处罚每隔一段时间会有所调整和更新，开店后要及时关注规则的变化，注意卖家后台的消息通知。

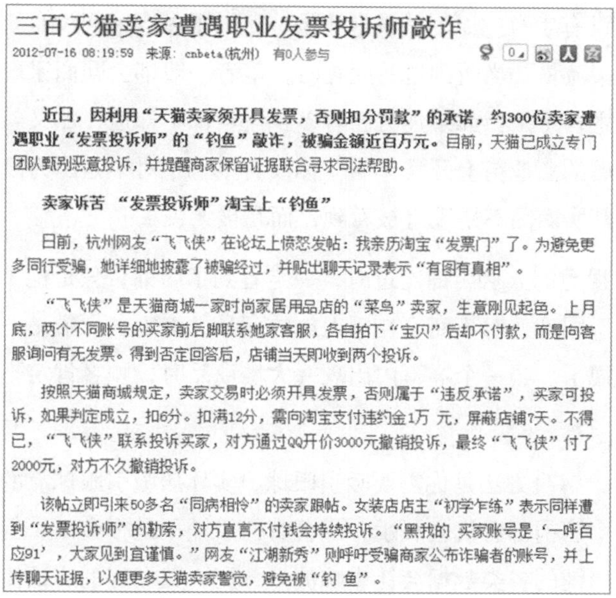

三百天猫卖家遭遇职业发票投诉师敲诈

2012-07-16 08:19:59 来源: cnbeta(杭州) 有0人参与

近日，因利用“天猫卖家须开具发票，否则扣分罚款”的承诺，约300位卖家遭遇职业“发票投诉师”的“钓鱼”敲诈，被骗金额近百万元。目前，天猫已成立专门团队甄别恶意投诉，并提醒商家保留证据联合寻求司法帮助。

卖家诉苦 “发票投诉师”淘宝上“钓鱼”

日前，杭州网友“飞飞侠”在论坛上愤怒发帖：我亲历淘宝“发票门”了。为避免更多同行受骗，她详细地披露了被骗经过，并贴出聊天记录表示“有图有真相”。

“飞飞侠”是天猫商城一家时尚家居用品店的“菜鸟”卖家，生意刚见起色。上月底，两个不同账号的买家前后脚联系她家客服，各自拍下“宝贝”后却不付款，而是向客服询问有无发票。得到否定回答后，店铺当天即收到两个投诉。

按照天猫商城规定，卖家交易时必须开具发票，否则属于“违反承诺”，买家可投诉，如果判定成立，扣6分。扣满12分，需向淘宝支付违约金1万 元，屏蔽店铺7天。不得已，“飞飞侠”联系投诉买家，对方通过QQ开价3000元撤销投诉，最终“飞飞侠”付了2000元，对方不久撤销投诉。

该帖立即引来50多名“同病相怜”的卖家跟帖。女装店店主“初学乍练”表示同样遭到“发票投诉师”的勒索，对方直言不付钱会持续投诉。“黑我的 买家账号是‘一呼百应91’，大家见到宜谨慎。”网友“江湖新秀”则呼吁受骗商家公布诈骗者的账号，并上传聊天证据，以便更多天猫卖家警觉，避免被“钓 鱼”。

图 4-2 遭遇发票敲诈新闻

为了防止客服失误，必须对客服进行上岗前培训，重点讲解买家询问发票、地址信息时该如何回复等，同时建立客服工作标准，发现失误后追责到个人以引起客服重视。

除了上述问题，店家在后台操作中如果有一些不注意也会引发违规，所以了解规则是非常必要的。虽然天猫和淘宝入驻会有相应考试，但考试内容并没有体现出所有的规则和处罚。各位读者可以对所有规则进行筛选，对与自身相关、处罚比较严重的规则进行标注，做成一个简化的规则表。如果想时刻给自己提醒，也可以把规则直接做成图片挂在墙上。

除了违规被处理，有时候我们并没有违规，但是后台仍会出现违规提示，甚至会被直接处理。这时候我们需要迅速进行申诉，因为违规行为是通过系统排查和举报来抓取的，如果店铺的某个操作行为和违规行为非常类以，系统会误判为违规行为。虽然这样的情况发生概率极低，但是一旦发生必须迅速申诉，因为一旦超过申诉期限我们将会被正式处罚。

4.1.5 关于没生意的特别探讨

除了前面的例子，商家遇到的最多问题是没生意。无论是在培训还是在咨询过程中，没生意的相关问题是最多的。

很多店主以为是没有生意的原因是没有流量，所以很多店家问没有流量怎么办，怎么去拉免费流量，怎么花钱买流量。当听到这些问题时，笔者一般都会问商家现在店铺流量有多少，令人吃惊的是很多店主答不出！如果连自己有多少流量都不知道，那又怎么知道没有流量呢？开网店就像在一条火爆的商业街上开实体店，你没有生意绝对不是因为没有人。有的店主说没有人来看他的商品，其实商品不是没有被看到，而是被无视了。

当一个拥有正常视力的人从店铺走过时，一定看到了店铺，只是他（她）的脑子经过筛选后对店铺选择无视了。同理，对于商家在网上放的商品，淘宝、天猫是一定会给予展示，只是你的商品也被顾客无视了。当一个屏幕内出现一大堆商品时，顾客肯定不会去看每个商品，而是只选择其中几个。

这是第一个问题，解决方法是你需要吸引眼球，实体店吸引眼球靠的是装修，淘宝、天猫靠的是主图。其实每个店铺都有机会展示，尽管有的店铺不是很突出，但天猫、淘宝的系统也会提供相应的客户。店铺的各类数据会让影响流量分配，数据好的店铺流量会更多。当你获取一笔生意之后，流量会比没生意好些，如果能够保持生意越来越多的状态以及健康的数据，那么店铺的流量会自然而然的升高。

当然逐渐升高的流量也不是无限的，无论是在哪个平台，消费者的数量都不是无限的，任何店铺只能在有限的流量获得更多的流量和展示，当到达某个临界点后，流量就不会再大幅增加。如果此时还想要更多流量，那么就只能通过外部平台进行流量导入，如在其他网站打广告，安排微博红人发帖等。

一个店铺不可能完全没有流量，很多反映店铺没有人的商家，如果从后台打开数据会发现就算再少，每天还是有人进入店铺浏览的，而浏览的买家不买东西才是真正应该解决的问题。等解决了转化后再进行流量获取，才是解决没生意的可行办法。

当对转化进行优化后，如果仍然没有生意，那么问题就是前文提到的产品问题。笔者再次强调，顾客不购买是因为顾客看不出产品有什么优势，而不是产品有优势顾客看不出来！

流量的根源在于转化，转化的根源在于产品。归根结底仍然是产品主导着我们的店铺。我们能做的只是在产品获得认可后推波助澜而已，各位商家切莫本末倒置。

4.2　成功电商有什么规律

在关于失败电商的章节中，笔者说了很多应该避免的问题，解决这些问题的方法就是成功的方法。就像“幸福的家庭家家相似，不幸的家庭各有不同”这句话说的，成功的店铺往往有很多地方做的都是相似的。

我们没办法再走一次别人成功的路线，因为时机不同，人不同，环境也不同。所以，笔者在这里只能告诉各位一些规律，希望各位看完这些规律能有所启发。

4.2.1　个性与减法

产品对于整个店铺运营来说非常重要，这些年有不少成功案例都是通过产品来把店铺做起来的。

说起女装类目中的成功案例，不得不说几个经典案例。女装类目太大，做常规风格要成功太难，所以有些店铺进行减法，减去常规的风格，树立起与众不同的形象，比如做中国风女装。但是中国风还是很大，那么就做具有地域特色的中国风，比如北方及偏藏风的裂帛，引领了个性女装之路。之前人们一直认为那种颜色鲜艳的衣服怎么可能有人要，可裂帛就是通过个性化地展示，多次成为女装销售类目第一，如图 4-3 所示。

图 4-3　裂帛

紧随裂帛，女装中的茵曼和初语也先后成为淘宝女装迅速崛起的店铺。这两个品牌仍是中国风，不过茵曼是江南的中国风，带有江南女子的恬静，色系温柔淡雅；而初语最初是中国风中带有日系森女感来突出形象，现在又添加了更年轻、更可爱活泼的元素，与上述两个品牌的风格拉开差距。

不仅女装，男装也有这么一个品牌，它拥有超强个性并且与其他品牌风格完全不同，这个品牌就是“花笙记”。相比女装的快速热卖，“花笙记”是个相对慢热的店铺，在很早之前就明确了自己的定位，风格以中式唐装为基础，又带有港派的特点；店铺整体视觉风格明确，定价略高于市场上一般的男装品牌。这些定位让店铺把用户群明确在某一小群人身上，虽然在店铺经营早期并没有热卖，但在一步步积累后，市场接受度越来越高，如图 4-4 所示。

图 4-4　花笙记

通过上述两个案例，我们发现通过产品本身来获取市场主要依靠以下两种方法：首先是建立个性，简单地说就是和别人不同。无论是裂帛还是花笙记，都是努力做到个性化。除产品本身就和别人不同外，通过加强的个性展示让风格更加明显。

其次是在风格定位时做足减法。细分自己的风格品类，清楚地知道自己做什么，不做什么。从女（男）装类目到某个细分风格类目，再从风格上做明确的减法。“花笙记”在原有的个性风格中，继续深挖了更细的风格，从原来中式唐装的小分类中，又把低调素雅风格独立成品牌“地山谦”，如图 4-5 所示。

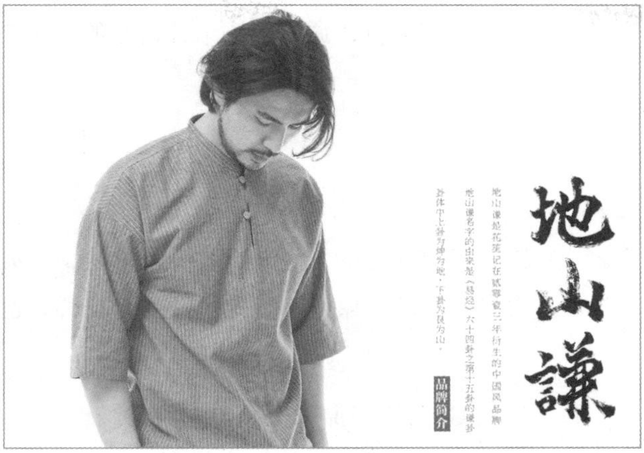

图 4-5　地山谦

除了风格上的减法，还有其他有趣的减法。比如国际知名品牌 ZARA，作为快时尚品牌，ZARA 抄袭大牌、抄走秀款的事全球皆知，每年的款式非常多，因此很多人感觉不到 ZARA 做了什么减法。其实不然，因为 ZARA 无法确定哪个款式比较好，哪个款式比较坏，于是 ZARA 大胆做了取消爆款这一减法，某个款卖得再好也不追加生产，所以我们经常看到 ZARA 某热销款很快被买断。服装企业换季时折扣力度很大，这是淘汰旧款给新款腾出空间的减法。

另外值得一提的是阿芙精油。作为非常小类目的品牌，阿芙通过只做精油这一极小的类目，做出了极大的市场，阿芙通过减法以小搏大并取得成功的案例是电商领域的经典案例，如图 4-6 所示。

图 4-6　阿芙精油

在产品上通过个性与竞争对手做出区分，通过减法细分自己的产品类目，这些方式可以帮助商家在小类目上做到大份额，从而赢得市场。

4.2.2 重塑形象

如果类目的共性内容比较多，没有太好的方式来做个性和减法，比如护肤品和食品这两个类目，那么商家可以通过塑造自身不同的形象，来定位自己的客户群，也能做到一定程度的个性化。

比如化妆品类目的“百雀羚”，通过重启原来的经典形象，结合现有市场进行包装和设计，让历史悠久的老品牌发挥了新的生命，如图 4-7、图 4-8 所示。

图 4-7 百雀羚品牌介绍

图 4-8　百雀羚形象海报

坚果类目中的"三只松鼠"更是形象塑造的成功案例。之前，大多数该类目的店铺以售卖产品为主，而"三只松鼠"的诞生后打破了这一局面，通过可爱又便于记忆的卡通形象，"三只松鼠"从众多竞争品牌中脱颖而出，如图 4-9 所示。

图 4-9　三只松鼠店铺

4.2.3　其他方式

在互联网时代，除个性化、减法、重塑形象外，还有很多通过其他方式获得成功的案例。

很多人说早年开淘宝，谁先放上产品谁的生意就好些，但现在这样的机会越来越少，其实现在不是机会太少，只是机会比较不容易发现。

重新发明手机太难，做辆电动跑车更加做不到，不过一些别人看不上，却有市场需求的产品我们还是有能力去发掘的。某位学员卖大家都没兴趣的农产品，并且只要做该农产品中的特别小的一个分类，虽然这个产品平常人家一年也吃不了几次，但经过他的运营，不到半年把产品名称做成了淘宝关键词，顺理成章成为了这个极小类目的老大。

在这样的时代独立特行的经营者也值得钦佩。另一位学员早期做服装加工，做偏中老年款式的男士西裤，后来自己开淘宝、开天猫，产品基本没有什么变化，视觉做的也不突出。因为不太会电脑，也不太懂运营，所以精力就放在做产品上面，老老实实做裤子。没有新的设计或是创新的面料，坚持做经典的款式，不断提升产品质量。虽然至今生意不算火爆，但是只要购买过他产品的顾客，都能感受到产品令人赞叹的做工和面料，因此回头客络绎不绝。所以只要你做好产品，其他的方面顺水推舟，老老实实经营，生意就能细水长流。这样的店铺发展节奏比我们一般人的期望要慢很多，但遇到市场变动时却很稳固。

对于很多年轻创业者来说，慢慢发展太没有意思了，因此他们坚持融资、快速发展。实际上通过大批资金获得成功的案例确实不少，当资金充足时，商家可以聘请最优秀的人才，获取最好的供货渠道，利用充裕的资金去推广产品，这当然比资金紧张，连员工工资都要等卖掉产品才能发出的店铺有优势得多。当店铺展现出无限的市场机会时，还可以引入风投，让店铺产生质的变化。

第 5 章 新店引路课

当决定要开天猫店铺后，很多事情需要提前完成，新店开启既需要对自身有清醒的认识，也要了解现有的一些店铺操作方法。

5.1 自身条件分析

无论是已经开始业务的经理、老板，还是准备创办一家天猫店的店主，亦或是某个店铺的员工，每个人都可以尝试对自身和现有资源进行分析。

5.1.1 资金条件

天生就是富二代、有一大笔资金可以使用是每个人、每个公司都羡慕的好条件。企业有了资金能更快地发展，企业可以利用资金优势通过购买已有品牌，外包整体视觉，增加人员储备等方式将天猫店铺快速开起来，获取比同行快几倍的发展速度。

充足的资金可以帮助企业选择优质的办公场地、购买更好的办公家具，添置速度更快的电脑、采购正版软件等，甚至自建摄影棚以满足拍摄需求，完善的软硬件设施能让员工拥有更好的工作环境，提升公司的整体效率。

充足的资金也可以帮助企业找到更合适的人才。风投可以帮忙找到高级人才，比同行更高的薪资、更丰富的福利让企业可以获得更好的人才储备，并且能够支撑企业定期对员工进行培训。充足的资金能够支撑企业的推广费用，帮助企业快速开拓市场，只要花费得当能快速抢占市场。拥有资金优势的好处还有很多，笔者不再一一赘述。

但并不是资金充足开店就一定能成功，很多老板有钱但店铺怎么也经营不好，他们遇到了哪些问题呢？最常见的问题是高估投资回报，这类情况的典型是猛花钱推广，推广时没有针对性也没有考虑配合整体运营，导致很多推广是无效推广，再多资金丢水里也变不成船。

资金越多，整体的资金管理就越重要。必须明确什么情况该花钱，什么时候该省钱，花钱的时候毫不犹豫，省钱的时候一毛不拔，这就是资金管理。

举个该花钱的例子，新开店铺没有销量，这时候该花钱买流量吗，答案是否。新开店铺没有销量，应该做的是研究没有销量的原因，找到原因后再针对性地投钱，如果是价格问题就适当降价，如果是描述问题就优化描述。只有明确投入资金能改变现状，才进行资金投入，并且投入前应该预测投资回报。

5.1.2 货源及供应链

如果是工厂店、货源集散地，或是有长期稳定的合作供应商，这些会给经营带来非凡的好处。

当货源来自供应链最前端时，商品的价格比一般市场上要便宜得多。低廉的采购成本意味着价格优势、更高的获利，还等于更好的现金流。

除价格外，如果有货源的话语权（如自有工厂）或者供应商愿意配合，那么就获得了产品的品类优势。当市场上的产品与自身在销产品雷同时，就可以更新产品或增加品类。比如你是做女装的，且自有工厂，那么当你的连衣裙被人抄袭时，你就可以对款式进行更新，新增一个颜色或款式，以提高竞争维度，甚至可以从原来的款式延伸出一个系列。

此外，供应链优势还能让商品早于同类商家进行产品更新。比如你是做手机壳的，当某个新款手机发布时，拥有供应链的你能在第一时间开始销售配套的手机壳，越早进入市场获得成功的机会越大。

无论是更新产品、增加品类，还是配合市场重造产品，这些都会提高工厂或供应链的成本，但只要把握得当一般都能获得市场的超额回报。很多拥有工厂和供应链的公司在配合线上销售时会出现各类问题，这类问题大多数是沟通和权限的问题。比如线上认为更改某个部件会提高销售额和顾客满意度，而生产端的人员不接受更改需求，认为更改会引起成本上升、延长生产时间，这时候就需要有话语权的人进行协调。遇到这种情况时，笔者的建议是尽量做到投入产出平衡，如果线上销售端能提供较为明确的数据，且数据显示获取的利润高于增加的成本，那么就去改变，反之则不变。

实际经营时情况可能更加复杂，比如某些更新不一定能提高销售，但是能提高品牌价值、满足顾客的特殊需求等，这些内容无法量化，因此在决策前需要综合判断。

5.1.3　人脉

很多文章、书籍都有提到人脉的作用，很多管理者对人脉非常重视，有人甚至认为在中国必须有人脉才能做出事业。也有很多新兴企业认为互联网时代不需要人脉，因为人脉在非面对面的经营中并没有太大作用。

从笔者自身以及接触到的店铺来看，人脉在很多时候确实是非常有帮助的。当然这里的人脉不是指找一个淘宝工作人员帮忙上活动，帮忙删差评，帮忙把商品排名设置靠前些，或者帮忙把店铺信用改高些等内容。

笔者所说的人脉是指商家必要的商业交往。例如店铺实力较强、有品牌基础，这时如果你通过公关人士去和平台洽谈，那么效果只能和其他商家一样。但如果你亲自去谈那效果肯定就不一样了，你可以和平台的工作人员直接沟通，让他了解你的实力及需求。

如果既不是大品牌、大商家，也不认识平台的工作人员，你也可以尝试在平台工作人员前多曝光以提高人脉，比如淘宝论坛有很多类目小二进行发贴，可以尝试去和小二互动聊天，多去参加线下活动，以熟悉平台工作人员。这时如果有活动机会，且你的条件满足要求、表现也比较积极，自然会赢得活动工作人员的信任，因而获得更多的活动资源。

除平台的人脉资源外，你本身的各类人脉资源也会给你给带来一些优势，比如你拥有政府相关人脉，且你所在地的政府非常支持互联网（如农村电商），那么你很可能获取政府的相关补助。如果你在高校或人才相关的单位有一定人脉，那么你可以获得一些招聘上的优势。笔者本人就曾多次跑到学校聘实习生。此外，多认识一些各行各业的高手，在发展需要某个特定人才时或许能帮到你。

5.1.4　现金流

注意现金流并不是资金，也不能替代资金的功能，不过从某种意义上来说现金流比资金更有价值。

什么才算现金流呢？如果你的企业在开始网上销售之前做的是线下销售，每个月都能进账几十万元，那么这就是最贴近线上销售的现金流。如果你的工作每个月有几万元工资，你有一处房产每个月获得几千租金，这些也都是你个人的现金流。但是这些钱和你准备做的线上销售没有直接关系，如果把这些钱投入线上销售，实际上是资金投入，而不是网店的现金流。

严格意义上来说“通过任何形式的销售获得利润可以放到同一个渠道的”才算作现金流。直观来说就是虽然你还没有开天猫，但是一个店铺帮忙销售你的产品，每个月都能给你一定的获利，这个就是现金流。

拥有了现金流，你就拥有了长期经营的资本，为什么说现金流比资金更好用呢？因为一次给你 120 万元和每月给你 10 万元，这两种情况是完全不同的，120 万元能快速进入市场，但一旦失败将非常彻底；而每月 10 万元则整体的经营相对稳定，万一失败还有回旋的余地。

合理利用手上的现金流和资金，都能帮助店铺获得更大地发展。

5.1.5 地域优势

地处江浙沪，物流费就相对较低；处于珠三角，货源就有了保障；在杭州，离淘宝近了机会更多；在北京、上海，就拥有相对优质的顾客群；在长白山，你有人参；在云南，你有普洱茶。

天时是你刚好处于一个好的时间点，而地利是你所处的地方所具有的优势。全国大部分地区都有其地理优势，如果你不在国内，优势可能更多。

前几年很多农村电商认为自己的机会比城里少得多，结果现在地处农的机会就反而多了。从国家政策和大电商平台的动作可以看出未来电商的发展趋势是农村电商，如图 5-1 所示。

就整个中国版图消费者分布来说，消费者以沿海地区为主；而就全国的地理特点来说，陕西、湖北及周边地区属于中国的中心位置。江浙沪由于靠近消费者，物流费用最便宜；福建、广东由于产业发达，物流费用反而较高；国外物流费用就更加高昂，很多店铺利用中转的形式以降低费用，即先让商品从国外集中到国内某个点，再进行分发。这时候物流费用确实降低了下来，不过顾客对产品的信任度也会降低，因为顾客购买国外的产品希望发货的地址就是国外的某个地方。

当然物流优势只是一个相对优势，很多公司一开始位置并不好，但依旧能块速发展，当发展到一定阶段的时候企业会在不同地区搭建自己的物流中心来降低整体的物流费用。

除物流费用的区别外，地处于消费者的集中点，如商家和顾客都是江浙沪的，那么发件的速度以及顾客收到商品的整个时间都会短一些，这时候顾客满意度肯定会更高，而买家收到商品后确认收货的时间快了，资金的回笼速度自然也有所提高。

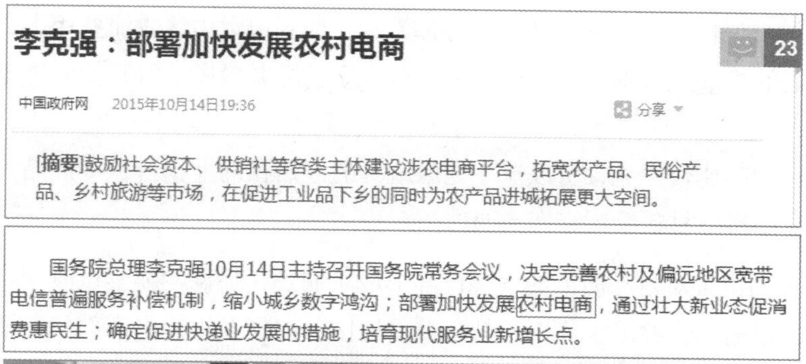

李克强：部署加快发展农村电商

23

中国政府网　2015年10月14日19:36　分享

[摘要]鼓励社会资本、供销社等各类主体建设涉农电商平台，拓宽农产品、民俗产品、乡村旅游等市场，在促进工业品下乡的同时为农产品进城拓展更大空间。

国务院总理李克强10月14日主持召开国务院常务会议，决定完善农村及偏远地区宽带电信普遍服务补偿机制，缩小城乡数字鸿沟；部署加快发展农村电商，通过壮大新业态促消费惠民生；确定促进快递业发展的措施，培育现代服务业新增长点。

图 5-1　农村电商

当你地处产业集中地，如义乌的小商品市场、深圳的珠宝市场、海宁的皮革城等地区，那么你就获得了货源和供应链的优势。

地域优势还有一点是人才优势，商业发达地区基本上也是人才集中区，当你身处于这些地区时，招聘合适人才的机会自然就多得多。当你处于高校附近时你也会获得一些人才优势，高校的实习生如果聘用得当，对人员费用降低和人才挖掘都会有所帮助。

有很多人觉得自己所在地区什么优势也没有，其实并不是。

首先，从人才这方面来说，产业集中区高级人才肯定相对多，但是人才费用也比其他地区高；而偏远地区虽然人才比较少，但用工成本会低一些。

曾经有个学员说他所在的地区什么优势都没有，地区偏远山区物流费用高，地里种出来的菜都比其他地区的难吃，基本一无是处。但经过沟通，笔者慢慢了解到他们这个村子做陶器，“靠山吃山，靠海吃海”，他们除了土什么都没有，就只能“靠土吃土”。再深入了解发现他们这个土在全国范围内都比较少见，所以这个地区就真的开始在网上销售这些产品，有的卖已经制作成的陶器，有的卖原材料给买家回去 DIY。

如果你所在的位置对自己店铺的发展已经形成了瓶颈，那确实要尝试改变。比如一位学员在郊区开工厂，之前招收的流水线工人都不在乎地区，但现在组建电商部门，招聘时很多人一看这个地区就直接放弃了。首先是交通不便，住在城市中心地区的人员上下班要花费太多的时间。其次，周边基本都是工厂，环境脏、乱、差，很多对环境有要求的员工不愿意过去。这对店铺发展带来了巨大的影响，笔者给的建议是：尝试改变自己电商部门的环境，给交通不便的员工提供免费住宿，尝试提供一些员工福利。如果实在不行，索性直接将电商部门单独安排，放到环境较好的地区。

5.1.6　市场占有率

一个线下企业，如线下工厂或拥有合作工厂的产业公司，如果拥有市场基础的话，那么相对来说优势非常明显。

店铺可以通过线下销售转线上的方式快速积累前期的销售量，让新店快速拥有基础销量。当线上店铺拥有了持续的销量积累，那么店铺在后期经营会获得非常大的优势。因为销量意味着市场占有率、现金流及资金。

需要注意的是，线下市场和线上市场往往会有一些矛盾，比如线下销售和线上销售产品价格是否统一等，线下销售商担心线上销售影响其销量，商家对此类矛盾要妥善处理。

5.1.7　品牌知名度

原先就拥有线下品牌的店铺在网店运营时占据了更多优势，线下品牌的购买者往往会在品牌线上店铺还没有开张的时候就已经在线上对这个品牌进行搜索。代购可能也已经开始在网上销售其商品。这样的店铺后期运营就不需要太过于担心了，因为当官方店铺开始在天猫销售后，很多消费者还是愿意选择官方店铺。

品牌原来就有知名度的店铺，能快速积累销量并占有市场。除此之外，线下知名品牌入驻电商平台也会更容易，平台一般会优先让品牌店铺来入驻。

将原来的品牌搬到线上需要考虑两方面：一是品牌原来的视觉体系搬到线上应尽量和线下品牌保持一致；二是在保持原来品牌视觉体系的同时，应尽量适应网店的特点。以品牌原有的风格为基础，同时适应现有的环境来形成一个全新的视觉体系，如图 5-2 所示。

图 5-2　百雀羚

5.1.8　人员储备

有些公司习惯新建设一个线上品牌就去招收一批新员工，其实不必这样，原来公司的很多人员是可以发展到电商部们的。而且原来公司的员工比新员工更加了解产品、公司，虽然电商对于公司来说是个全新的区域，但是产品知识是一样的。

笔者建议当公司新建电商部门时，应选择部分原有人才到电商部门，以便和新招的员工进行搭配，让电商部们既有熟悉产品的老员工，也有专门为电商招聘的新员工，这样的组合更加专业、也更适应电商平台。为了让电商部门能有序发展，人才调动的时候应同时进行薪资绩效的调整，保证其在岗位调动的过程中收入不会有太大影响。

此外，需要注意新员工与老员工之间的沟通。有些公司老员工和新员工的工作习惯、岗位职责可能会存在矛盾，应多做沟通、提前说明权责以避免问题。

5.1.9 个人技能

每个人掌握的技能不一样，但很多技能在开店时会有所帮助。

如果打字比较快，并且愿意和人沟通，前期客服可以自己负责。如果拥有设计或美术技能，那么可以自己负责装修店铺、页面设计等工作。如果拥有财务或管理的一些技能，则可以在前期避免很多管理上的问题。当然，在店铺步入正轨后各项工作还是应该尽量交给专人负责，老板不要自己来进行操作，不然就会就像前文提到的一样，老板本身是个多面手，很多工作不愿意交给自己手下，造成孤军奋战的结果。

5.1.10 个人爱好

一个老板的个人爱好往往会影响到企业未来的走向。乔布斯对禅意的爱好让其产品、网页、公司、店铺等都拥有了极简的特质。香奈儿的产品和其创始人也有诸多类似的气质。

如果各位读者发现自己的爱好和经营的类目相差太多，那么就需要慎重考虑自己未来了。如果你是个对护肤和化妆毫无感觉的单身男程序员，只因有货源就开了一个化妆品店铺，那么未来可能就有点麻烦了。

我们不一定要选择自己爱好来作为事业，但在创业时应该对比所从事的事业和自己的爱好是否相差太大，如果一定要做，要注意进行岗位选择，比如单身男程序员要开化妆品店，那么可以将产品、视觉、包装、品牌让专业人士负责，自己选择数据分析和推广等与自己爱好相适应的工作。

5.2 新手天猫玩法课

要做好一家店铺，除一步一个脚印去做好每一件工作外，还需要一个大的方向和方法来指导自己的未来之路。

每个人开店铺都会收获不同的结果，你的资源、经历造就了现在的你，也决定了你如果想开一家成功的网店所应该选择的道路。笔者这里写几种较为常见的经营策略，供各位参考。

5.2.1 没资金、没货源、没特长的“三无”型店主

有人说这样的底子洗洗睡吧，别来捣乱了。其实这样的店主并不少，只要各位有激情，希

望还是存在的，下面就来说说这样的店铺该如何起步。

1．找货源

给自己定一个截止日期，尽全力找身边的货源，能找多少找多少。这里“货源”指的不是供货量，而是不同品类，如服装、零食、电器等。

多找几个渠道后，然后进行对比，尽量选机会大、投资小的。对比货源简单地说就是到网上看这些商品的销售情况，如果卖的人少、生意很好，那么这个机会是最大的。注意，这个结果是对比你选的几个品类而言的，确定之后先别进货，等第二步结束了再说。

如果你超过了自己的截止日期仍没有找到勉强够格的商品，那么先放弃，等以后再说。在找货的时候，对有兴趣的货源一定要问好价格和起订量。

2．学习

首先学习拍照、做图，边学边尝试做做看。自己慢慢来，做图学完后把相关后台操作也学习一遍，暂时不用特别精通，大概了解即可。这些都可以在网上找到免费教程。

3．正式进货

因为之前已经将货看好，在资金允许的情况下可以选择大约 10 种商品。尽量以最小的起订量进货，哪怕价格比大批的订货贵很多，因为这部分只是试水。

收到货物后进行定价，确定第一批上架的商品，不要一下子全都上架，建议分批上架。

4．开店活动

先策划一个开店促销活动，价格尽量低些，确定活动后进行活动图片的制作，这部分可以和第五步同时进行。

5．建后台

将商品拍照、作图、做宝贝描述、上架宝贝前，记得先放仓库。同时做基本装修，但不要发布。

6．优化店铺

做完上面五步就完成了店铺的基本建设，这也是最基本、最常规的店铺搭建流程，我们将面对的未来还很不确定，不断优化店铺是必然之路。学会观察后台并进行相关的数据分析，通过更新宝贝页面、调整活动、替换产品等方式不断优化店铺。等你赚到了钱后再考虑需要花钱的事情，如推广、招人、扩展业务等。

熬过了这个阶段，你就已经有资格可以进入天猫了。

5.2.2 本身是工厂型公司，有货源、有资金

之前聊过很多工厂型公司的案例，我们已经了解了工厂型公司的弊端。下面给各位列举一个相对正确的开店流程，供各位参考。

1. 重新审视自己

很多工厂感觉自己是厂家，一定会拥有价格优势，对此笔者要先泼一盆冷水，很多工厂因为地区优势、信息不对称而获得相对优势，但是一旦放到互联网上就不一定了。因此，建议商家对准备上市的产品与同类产品进行，对几乎完全一致的产品要购买回来研究其价格、品质、产品设计、发货速度、品类齐全度等，对比后查看是否仍具有优势。注意，对比不用对比全淘宝的店铺，只须对比淘宝相对热卖的店铺和最类似的店铺。

确定相对优势后，店铺在后期运营时就可以突出相对优势来增加自己的销售筹码。如果发现没有任何优势，那就只有两个选择，一个是硬着头皮上，另一个是好好地做生产。

2. 团队组建

工厂型店铺本身有较好的产品基础和一定的人才储备，因此在确定开店的时候就可以准备组建团队了，当然同时要准备好相关场地和设备。

3. 品牌建立

为了迎合未来的发展，工厂型店铺必须要建立自己的品牌，建立品牌首先要对现有产品线进行梳理，然后定位好自己的市场地位和目标顾客，最终进行品牌定位。

如果对品牌定位不是很了解，可以找一家广告公司或咨询公司进行处理，完成定位后选择自己的注册商标或直接购买一个商标。这部分可以和第四步同时处理，因为自己注册商标需要较长时间才能完成审批。

4. 试水淘宝

由于天猫的门槛较高，笔者建议没有电商基础的公司先将淘宝作为试水和练兵的地方。通过淘宝来磨合团队，并测试市场对自己产品的反馈。

5. 入驻天猫

当淘宝店铺的盈利可以满足电商团队的支出，并获得持续的增长时。也就证明了未来有机

会，去申请入驻天猫吧！

5.2.3　品牌公司，供应链完备、资金雄厚

笔者有幸参与过几家公司天猫团队的搭建过程，虽然各公司在处理相关事宜时有一定差异，但还是有很多相似之处。如果刚好符合上述的条件，那么希望下面的步骤能给你一点参考。

1．申请入驻

对于有实力准备大干一场的企业来说，快速入驻天猫是极有必要的，因为从申请到成功需要较长一段时间。

天猫入驻条件每年都会调整，且每个类目的入驻条件也不一样，商家可以根据自己的类目确定入驻条件后申请入驻。入驻的门槛在逐年提高，万一条件不符合，那么只能退而求其次选择淘宝企业店铺。

2．团队搭建

团队搭建应该和第一步同时启动，在等待入驻申请通过的同时，开始着手搭建团队。品牌公司在团队搭建时应该从企业中调一批人才和新招聘员工组建电商部门，做到新旧结合。当然，人员到位的同时，场地、设备也应该同步到位。

3．营销策划（市场策划）

一旦人员到位，就应该根据企业的情况来制定营销计划，特别强调，如果资金实力非常雄厚，那么整体营销重点可以从常规的销售转为拓展品牌。

4．推广计划

由于品牌店铺本身在线下有较大的影响力，为了能快速打开线上市场，应提前准备好推广计划，如果产品适合淘宝的几个活动平台，还可以尝试去参加活动，如聚划算、淘宝众筹、试用中心等。如果品牌实力确实强大，应该尝试与平台相关人员进行对接，如天猫类目小二，看是否能获得一定资源。

5．后台实操

一旦店铺入驻成功，那么后台建设应该在短时间内快速完成，如果申请把握较大，那么在在申请之初就应该将相关资料提前准备妥当。其实这一步对有实力的店铺来说比较简单，很多资料可以在原有基础上直接套用，也可以直接找一些有实力的第三方公司帮忙完成。

5.2.4　除了钱别的都没有的“土豪”朋友要开天猫

小心啊土豪，这类情况极度危险。虽然资金非常重要，但是如果只有资金，那就像抱着价值连城的宝箱，里面的财宝一定会被一堆坏人窥觊。这意思不是说真有人要对钱做什么违法的事，而是指由于创业者不明白，钱都花出去了却没效果。为了让钱都花在刀刃上，笔者建议各位资金充裕的商家按以下步骤操作。

1．去学习

报一个正规的中高端经理人课程，系统学习天猫开店的知识。如果感觉没有学到位，那么购买几本基础类的书籍再次学习。如果觉得准备还是不够充分，可以再找一些咨询师咨询几次，应该就差不多了。

2．定产品、定品牌

一般资本雄厚的朋友都有一些供应链关系，因此确定好产品后再直接购买一个商标，基本工作就完成了。

3．招人建团队

因为没有原始人才，这部分工作花费时间会比较多。当然可以直接找猎头招聘一两位高级的电商人才，但要特别注意，如果不能有效管理这些高级人才，店铺后期经营会比较麻烦。速度快、风险高的团队组建方式是直接招高级人才，速度慢、风险低的方式是招聘中低端人才，然后再从中提拔高级人才。

4．完成开店

由于品牌和资质不一定能满足天猫需求，笔者仍建议先尝试淘宝店铺。同时拍摄、作图、商品上架等工作尽量由团队内部人员完成，以帮助员工熟悉产品、品牌，以及店铺运营流程。

5.2.5　投资者、投机者的开店方法

目前此类商家事实存在且数量较多，商家先快速将店铺搭建起来，获取市场后进行抛售或融资。虽然各位读者不一定要这么做，但是了解一下这个神奇的方式也不错。

1．选商机

商机有时候是通过市场和数据调研获得，很多时候是突发奇想获得的。如果有可能的话，应尽量选一些热门的项目。

2．买买买

这类项目的特点就是快，所以如果能买到应直接买下。比如现有的天猫店经营一般，但是感觉有市场，即可询问商家是否愿意出售，愿意的话直接买下。这部分要注意评估价值。除了店铺，还可以买商标。买完的目的是继续卖，因此购买后要花钱找设计公司对店铺进行包装，找代理公司把店铺视觉全部升级，总之店铺能外包的应尽量外包以快速完成店铺建设。

还有一种方法是直接买下类似的淘宝店铺，注意购买时一定要将工作人员包括在内，这样可以直接把人员兼并下来。

3．品牌推广

要卖高价必须知名度高，因此推广是非常必要的。此外，准备卖掉的店铺销售报表要很漂亮。

4．卖出

选择一个好的卖出时机才能不愧对之前的投资。那么什么时机比较好呢？一般来说天猫店铺肯定比淘宝店好卖，店铺销售旺季前到销售旺季这个时间段容易卖个好价钱。此外，店铺的年份越久越好卖，虽然投资型店铺不可能持续太长时间，但是也不能太短，一般两年是比较合适的时间。

要卖出好的价格，除了找到合适的买家，能直接融资更好。为了容易卖出，做好一个漂亮而系统的店铺推介是完成交易的必要条件。

第二部分
起　　步

第 6 章 新手数据课

很大一部分读者听到数据是有挫败感的，感觉数据特别复杂，并且需要非常扎实的数学基础。其实新手店铺并不要求掌柜对数据有太深入地理解，一般初中的数学知识就够了，有些数据甚至都不需要什么数学能力。

实际上有很多软件可以帮助我们进行数据分析，还可以招聘专职数据分析人员，作为老板了解关键数据就可以了。

6.1 新手名词解析课

初开天猫或淘宝的掌柜可能对电商圈流行的很多名词还所知甚少，因此笔者在这一节对重点名词进行汇总说明，限于能力，笔者不可能对所有电商名词进行说明，欢迎各位读者向我反馈有价值的词语。

6.1.1 运营

运营这个词在电商圈是指管理和操作整个电商部门的工作，或某个需要做这些事情的岗位。其实这个词在其他行业并不是现在的意思，但由于历史原因，误解并成为了电商圈的专用名词，这种案例还有很多，笔者建议准备做电商的朋友可以尝试用概念清楚的名词代替，如市场管理、流程管理、店长、经理等。

6.1.2 宝贝（SKU）

宝贝就是指商品，买家和卖家一般都这么称呼。而 SKU 指的是某一个商品的尺码和颜色的最终规格，比如一款衬衫是一个宝贝，如果这款衬衫有 2 个颜色 2 个尺码，那么它就有 4 个

SKU。在经营开始后，SKU 能帮助店铺了解店铺商品的库存量及其他相关内容。

6.1.3　流量

"流量"一般指进入店铺的人数，为了更清晰解释进店的人数，可以把流量分为 PV、UV 和 IP。

PV 是指页面浏览量，和来的人数无关，只要看一个页面就算一个 PV，如果一个用户多次看同一个页面，要算作多个 PV。PV 除能反映店铺被看了多少次外，也能从侧面反映出哪个宝贝受欢迎以及页面设计是否能让人停留。

UV 是指用户量，一个买家就等于一个 UV，一段时间内一个买家多次登录你的店铺，仍然算一个 UV。如果一个人注册了两个号，用两个账号分别进入店铺浏览要算两个 UV。

IP 差不多和 IP 地址的意思一样，一般家庭都共用一个路由器，因此无论一家有多少个人上网浏览，都只算一个 IP。

以上三个数据中 UV 是最受应关注的。

为了便于卖家理解，现在很多数据软件标注的更加清楚明白，UV 就是访客数、PV 就是浏览量，如图 6-1 所示。

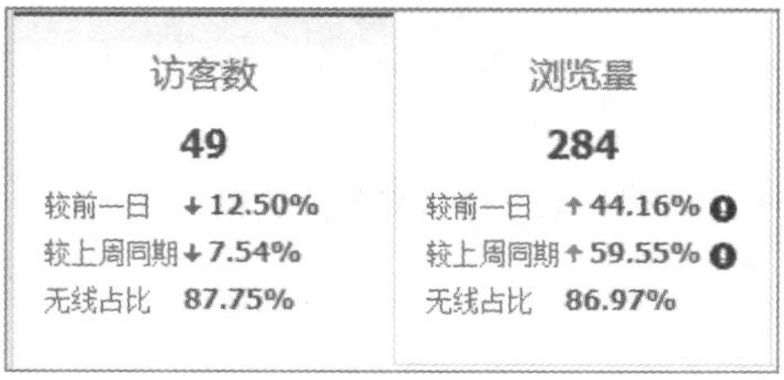

图 6-1　访客数、浏览量

6.1.4　销量

销量一般指的是卖出商品的数量。销售额是指卖出商品的金额。销售额实际上细分为两个数据：拍下金额和支付金额。拍下金额即买家点击购买后的金额，包括支付和未支付的。支付金额即拍下商品并支付的金额，这个金额是最应该关注的，因为这才是真正到手的钱，如图 6-2 所示。

图 6-2　支付金额数据

6.1.5　客单价

客单价是指顾客在店铺购买商品的平均单价。如果多个顾客购买不同价位的商品，客单价就是销售额除以顾客数量获得的平均值。客单价侧面反映了店铺产品的定价及顾客的购买能力。

提高客单价的方法不只是把产品定价提高，增加关联商品也是提高客单价的方法。如果能缩短商品购买周期，一定程度上也拉高了客单价，如图 6-3 所示。

图 6-3　客单价数据

6.1.6　转化率

转化率是指真正购买的人数与浏览页面人数的比例，转化率越高越好。由于品类之间的区别，转化率的差异非常大，对比转化率应以店铺本身作为最重要的衡量标尺，同行为次要标尺。另外转化率与产品是否应季有一定关系。比如 3 月份转化率为 5%，而 4 月份降为 3%，而同行及整个行业都没有这样的情况，那么一定是产品产生了问题，如图 6-4 所示。导致转化率降低的原因很多，可能是商品价格变化，也可能是天气问题等。为了让各位读者能更清晰地了解转化率，笔者会在后续的章节专门讨论如何提高转化率。

图 6-4　转化率数据

6.1.7　跳失率

跳失率是指顾客浏览店铺后离开页面的数据。这个数据笔者一般不太重视，因为无论如何顾客都会离开店铺。但是当某个商品或页面跳失率特别严重时，我们应该进行处理，对跳失率过高的产品一般有两种处理方式：一种是继续给该商品机会，调整描述内容、进行促销调价；另一种是直接抛弃这个商品，把这个商品的展示区让给其他商品，如图 6-5 所示。

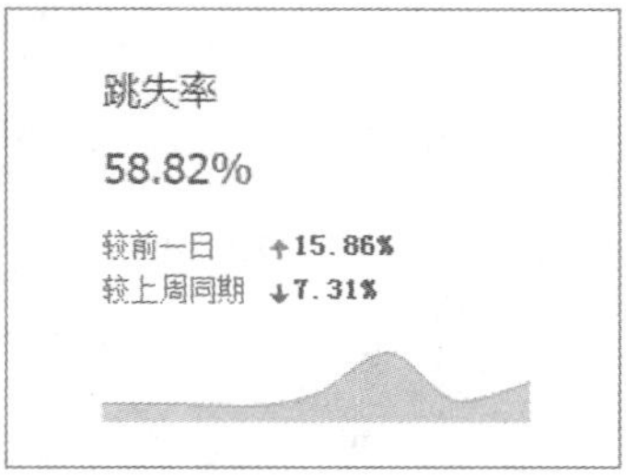

图 6-5　跳失率数据

6.1.8　停留时间

顾客浏览某个页面，在该页面停留的时间即停留时间，它反映了店铺页面的吸引度。看数据时尽量不要看单一数据，而应该浏览多个数据综合判断。比如停留时间较长，但是顾客不购买，则说明页面虽然内容很多，但是能拉动转化的内容较少。如果停留时间短，但是转化率高，则说明顾客愿意购买，那么停留时间短也没有太大问题。

很多数据工具既可以单独查看某个商品的停留时间，也可以统计全店的平均停留时间，如图 6-6 所示。

图 6-6　平均停留时长

6.1.9　PC/无线

PC 即电脑端，无线是手机端，由于用词习惯还没有养成，无论是笔者还是很多电商人士，都会比较混乱地使用这些词汇。比如把手机端叫作移动端，把电脑端叫作 PC 端。

很多数据工具会将两部分的数据分开统计，以方便卖家更客观地了解两方面的数据情况，如图 6-7 所示。

PC流量来源TOP5　　流量地图 >

来源名称	访客数（人）	下单转化率
淘宝站内其...	3	33.33%
	2	33.33%
淘宝搜索	1	0%
	5	0%
淘宝足迹	1	0%
	1	0%
店铺收藏	0	0%
	0	0%
宝贝收藏	0	0%
	0	0%

无线流量来源TOP5　　流量地图 >

来源名称	访客数（人）	下单转化率
手淘搜索	49	0%
	15	0%
手淘其他店...	8	0%
	4	0%
手淘其他店...	7	0%
	3	0%
购物车	4	25%
	4	33.33%
我的淘宝	2	0%
	4	0%

图 6-7

6.1.10　收藏

当买家浏览商品页面时，如果对这个商品暂时没有购买意向，但是感觉未来会可能购买，或仅仅是希望可以放在某个地方以方便以后查看，就会把商品加入收藏夹。

对卖家而言，加入收藏夹是有购买意向的指标。数据显示加入收藏和购买的常规比例在

10%～50%之间。也就是如果有 10 个人加入收藏，很可能会有 1～5 个人会最终购买商品。

除了收藏商品，还可以收藏店铺，如图 6-8、图 6-9 所示。

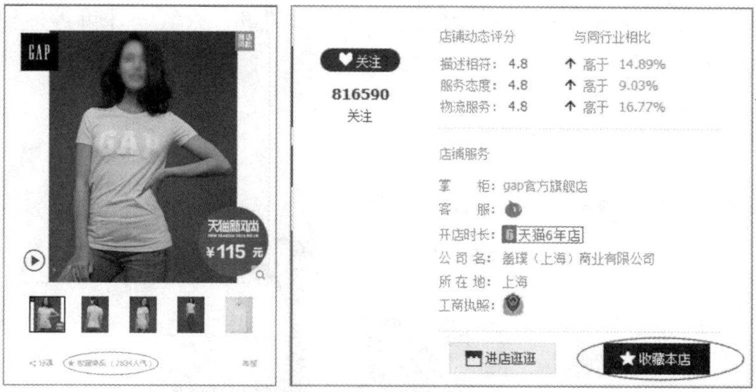

图 6-8　收藏商品和收藏店铺位置

图 6-9　商品收藏数据

6.1.11　加购（购物车）

为了方便购买而出现的购物车，在淘宝早期是没有的。不过现在淘宝的购物车已经是买家必不可少的工具了。卖家可以通过查看买家加购物车的数据，了解潜在购物需求。和收藏一样，加购物车也会有相应的购买比例，该比例要比收藏的转化率高，一般会在 40%～90%之间，如图 6-10、图 6-11 所示。

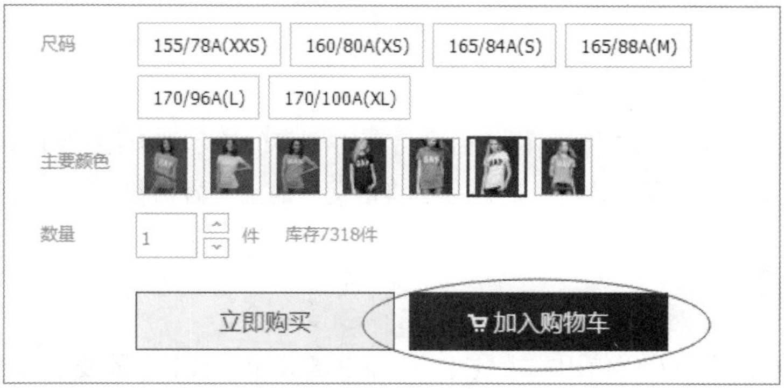

图 6-10　加入购物车

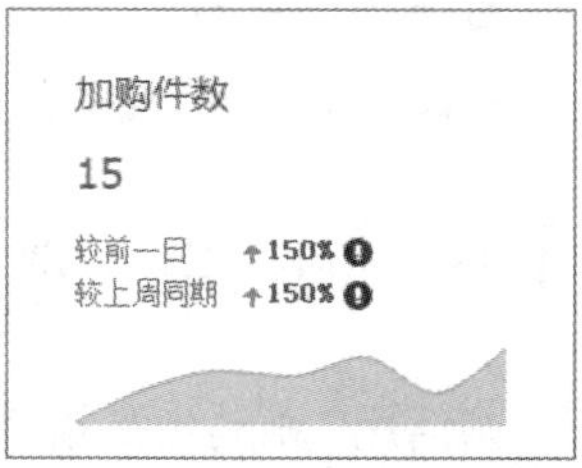

图 6-11　加入购物车数据

6.1.12 豆腐块

这是个比较形象的名词，专门指搜索页面前三格的宝贝。当搜索默认为综合排序时，这三格位置只有天猫店铺可以占据，这三家天猫店铺是系统经过综合考虑销量、人气、评价等多种因素，最终计算得出的，如图 6-12 所示。

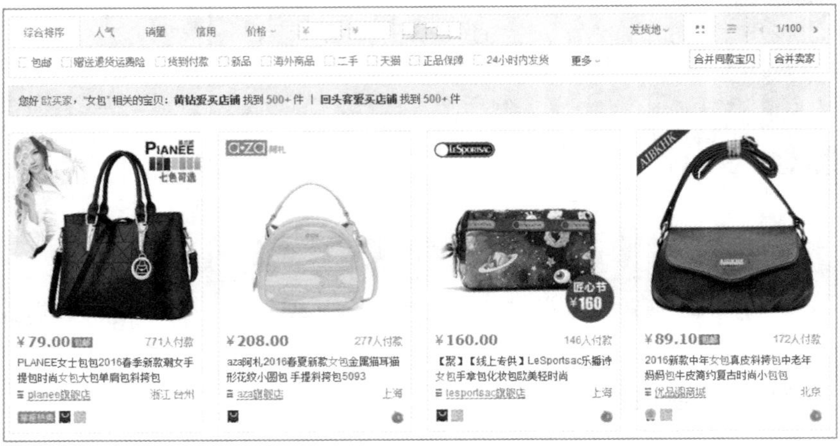

图 6-12　豆腐块商品

6.1.13 搜索排名

搜索排名是指搜索某个关键词后，商品获得的排名位置。

6.1.14 推荐位

每个店铺都有一定数量的推荐位，使用推荐位的商品将获得更多的展示和有限的排名位置。推荐位是根据店铺营业额及其他情况变化的，因此务必将最优质的宝贝做推荐位。

6.1.15 刷信用、刷销量

刷信用、刷销量是指通过虚假交易获得信用或销量的一种非正规交易手段，如果被查出来，买家将受到一定的处罚。由于很多第三方知道卖家有这类需求，所以经常把刷信用、刷销量作为一种付费服务提供给卖家。笔者在这里再次请各位注意，这类服务除有被查出的风险外，还有可能被一些第三方作为敲诈手段。

6.2　市场调研数据

很多读者听到市场调研可能会感觉非常高端，认为这部分内容一定非常难懂，其实并不是，通过一些简单直观的数据工具，我们能快速学会如何通过数据了解市场。

6.2.1　百度指数

百度指数，是一款以百度搜索关键词为统计对象的工具。可能读者感觉百度指数和淘宝、天猫关系不大，其实不然，该工具在实际应用中对各位读者是有一定帮助的。

作为非淘宝系的数据采集工具，百度指数采集的数据反映了整个市场、整个网络的数据状况，通过这些数据我们可以了解市场趋势、品牌状况、产品趋势等内容，对我们把握整个市场有很大的帮助，特别是对于新产品、新品牌的反馈帮助更加明显。

使用这个工具非常简单，在百度搜索“百度指数”，点击就能跳转到该工具页面。该工具是一个网页版本的数据工具，不需要下载或购买，可以在任何浏览器中使用，如图 6-13 所示。

图 6-13　百度指数页面

百度指数的使用方式非常简单，和搜索商品一样，填写某个关键词后进行搜索就能开始数据观测。不过该工具没有百度账号的话是不能使用的，所以在使用前需要注册一个百度账号。

比如你是生产护肤品的，那么直接搜索“护肤”就可以跳转到该词的数据界面，如图 6-14 所示。

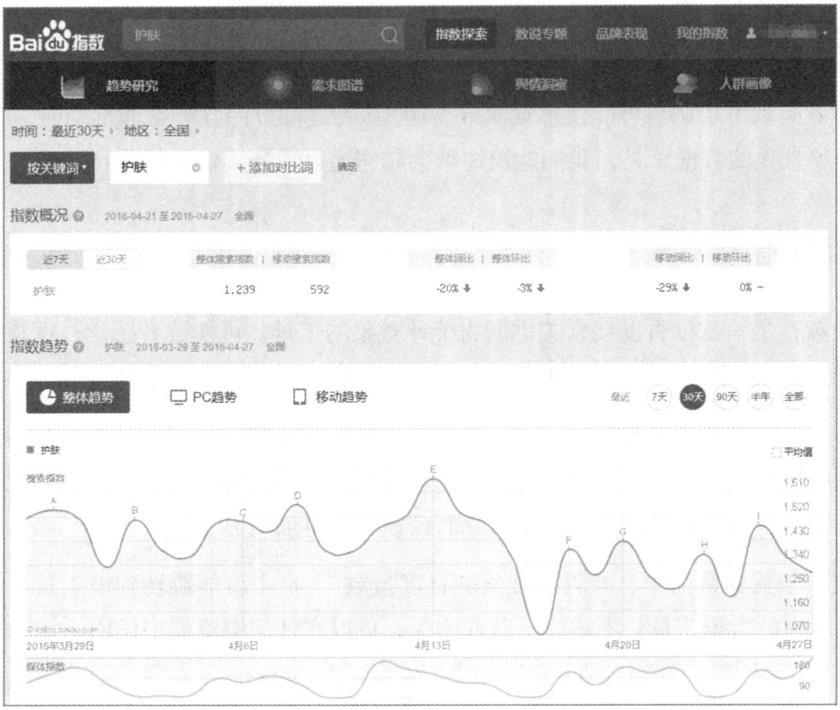

图 6-14 百度指数数据展示页

百度指数是依据百度搜索的数据得到的结果，不能直接等同于销售机会。该数据属于市场关注数据，从某种程度上来说也等于市场趋势数据。

百度指数功能分为四个方向：趋势研究、需求图谱、舆情洞察及人群画像，如图 6-15 所示。

图 6-15 百度指数功能模块

1. 趋势研究

该功能主要应用于查看某个关键词的关注趋势，指数概况可以快速了解数据的近期状况，如图 6-16 所示。

图 6-16 指数概况

指数趋势数据时间跨度可长达几年，用户可以通过选择时间来观测该时间段内的数据状况，也可以对 PC 端和移动端分开观测，还可以通过指向具体某一天来了解当天的搜索量，如图 6-17 所示。

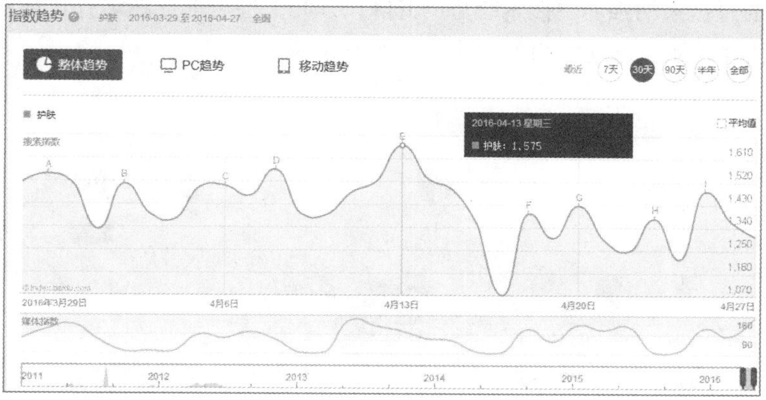

图 6-17　指数趋势

此外，指数趋势数据可以通过添加对比词来对比查看。这一功能可以用来同时关注几个相近数据来获得更客观的数据，也可以用来对比自有品牌和对手品牌，如图 6-18 所示。

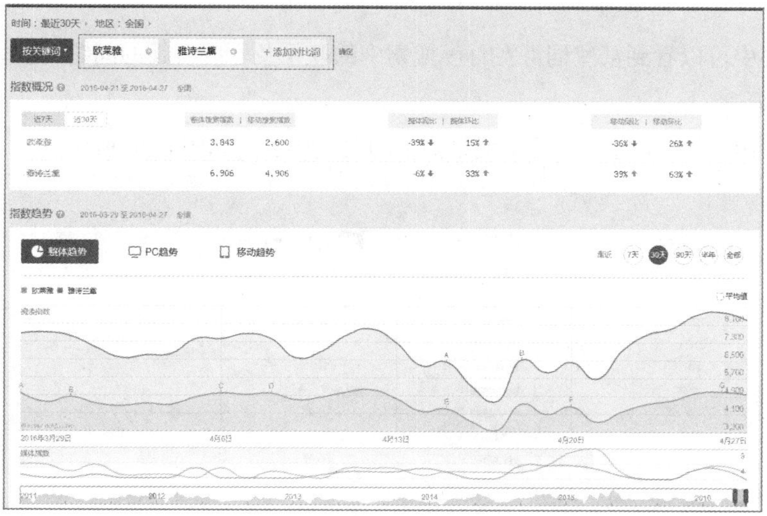

图 6-18　关键词对比

需要注意的是，一些小类词还没有被百度指数收录，如果你想让百度收录的话是需要付费的。

2．需求图谱

该功能非常符合电子商务用户的需求，通过该功能可以了解某个关键词的搜索趋势走向，通过需求图谱和相关词分类还可以了解某个关键词的相关词情况。

需求图谱通过搜索的强弱、搜索趋势的升降以及相关性可形成能够直观查看的图表，通过图表我们可以快速了解关键词的相关词状况，如图 6-19 所示。

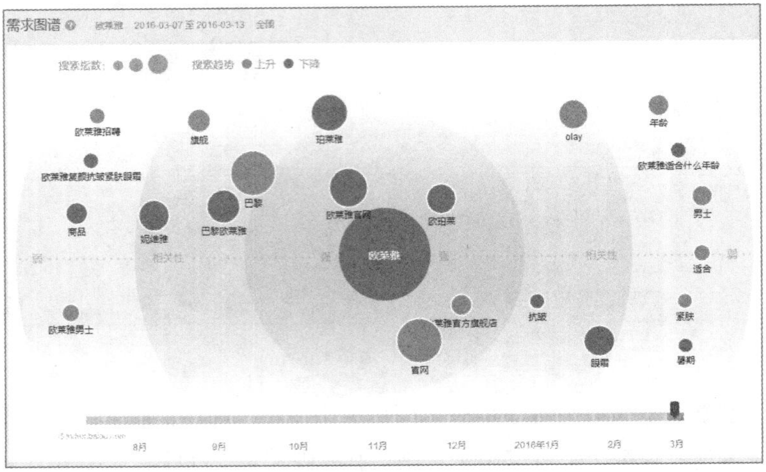

图 6-19　需求图谱

从图 6-19 中可以看到某些词汇在百度搜索中的联系及一些有趣的问题，这些关键词可以帮助进行市场研究。

需求图谱中的相关词分类，几乎就是淘宝的关键词了，如图 6-20 所示。

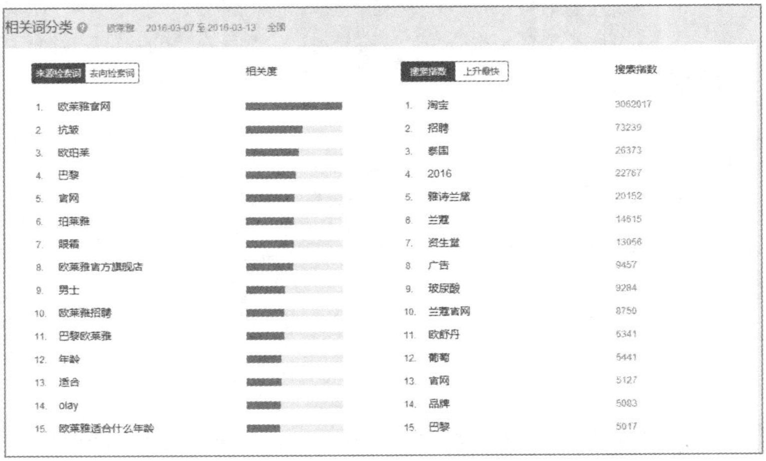

相关词分类　欧莱雅　2016-03-07 至 2016-03-13　全国

来源检索词 去向检索词		相关度	搜索指数 上升最快		搜索指数
1.	欧莱雅官网		1.	淘宝	3062017
2.	抗皱		2.	招聘	73239
3.	欧珀莱		3.	泰国	26373
4.	巴黎		4.	2016	22767
5.	官网		5.	雅诗兰黛	20152
6.	珀莱雅		6.	兰蔻	14615
7.	眼霜		7.	资生堂	13056
8.	欧莱雅官方旗舰店		8.	广告	9457
9.	男士		9.	玻尿酸	9284
10.	欧莱雅招聘		10.	兰蔻官网	8750
11.	巴黎欧莱雅		11.	欧舒丹	6341
12.	年龄		12.	葡萄	5441
13.	适合		13.	官网	5127
14.	olay		14.	品牌	5083
15.	欧莱雅适合什么年龄		15.	巴黎	5017

图 6-20　相关词分类

3. 舆情洞察

该功能主要作用于新闻方面的数据观测。这部分功能对于品牌商来说较为重要，可以通过该功能了解所在行业中的某些品牌在新闻舆情方面是如何操作的，如图 6-21、图 6-22 所示。

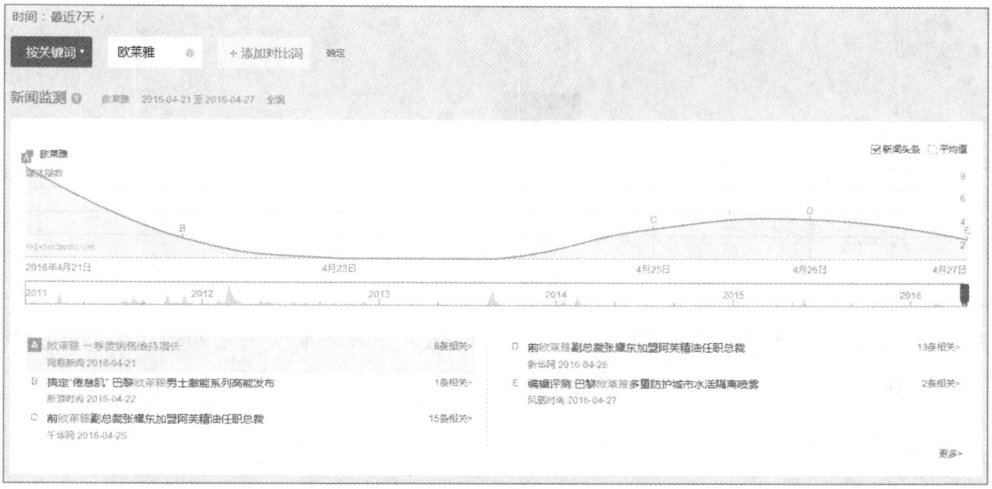

图 6-21　新闻监测

图 6-22　百度知道

4. 人群画像

该功能是百度指数中比较有趣的功能，通过地域分布可以了解产品、品牌在哪些区域受到关注会比较多，进而了解自己品牌或产品在哪些区域比较受欢迎。借助人群画像除可以在后期对热门地区调整推广力度外，还可以了解自己品牌的空白市场，如图 6-23 所示。

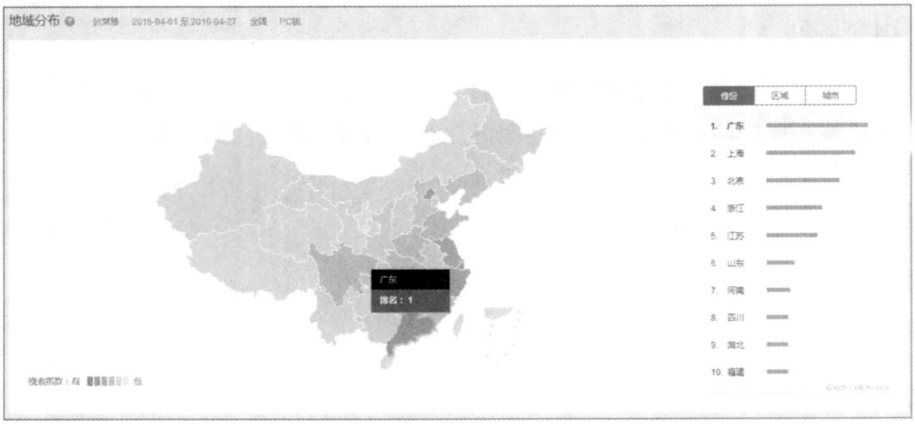

图 6-23　地域分布

此外，通过人群画像中的人群属性，可以简单地了解关注某些关键词的用户的年龄及性别情况，如图 6-24 所示。

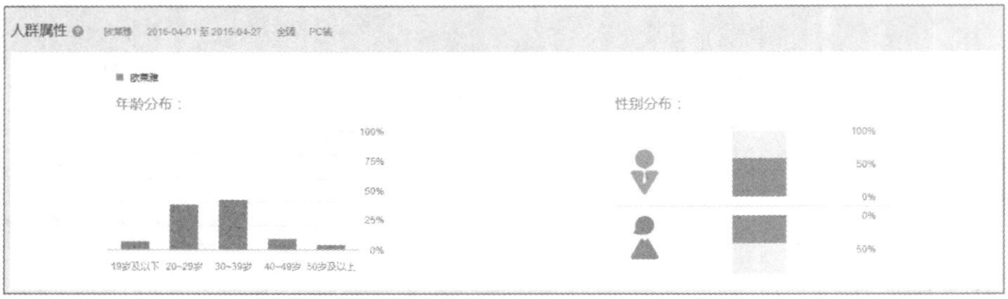

图 6-24　人群属性

数据的使用需要灵活变通，特别是像百度指数这类非销售数据，更需要多方面进行对比核实后才能确定数据代表的情况。比如人群画像功能中的性别，由于注册百度账号的男性比女性多，所以一般搜索数据中会有明显的男性用户比例偏大的情况。类似情况还有很多，各位读者一定要客观看待数据。

6.2.2　阿里指数

阿里指数是一款与百度指数非常相似的大数据工具，同样是以反馈市场趋势为主要功能。阿里指数以阿里电商为数据来源，数据更加贴近各位卖家的需求。

该工具使用方法非常简单，登录网址 http://alizs.taobao.com 即可开始数据之旅。阿里指数也是以网页形式呈现的，需提前注册淘宝或阿里巴巴账号才可使用，如图 6-25 所示。

图 6-25　阿里指数

阿里指数目前开通了两个功能：区域指数和行业指数。区域指数以研究地区市场为主要功能，对于产品单一的商家没有太大用处。

如果有市场研究方面的需求，或产品涉及多个品类，那么可以从区域指数方面去尝试观察，如图 6-26 所示。对大部分准备开店的读者来说，这个功能很有趣，但是并没有太大的实际作用，建议各位读者对区域指数不要做太深入的研究。

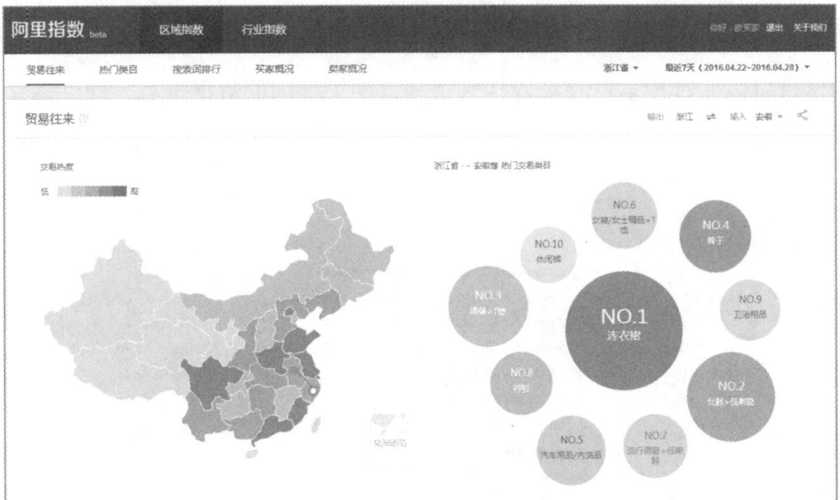

图 6-26　区域指数

贸易往来是指地区之间的销售状况，热门类目会针对某个省份进行分析，比如浙江省买得最多和卖得最多的分别是什么。搜索词排行功能可以了解该地区哪些关键词搜索量最大。而买家和卖家概况分别介绍了买家的年龄、性别、星座等情况及卖家的等级、类目等情况。由于该功能和新手卖家的需求不是特别匹配，本书不做过多介绍。

对于新手卖家来说比较重要的是行业指数这个功能。行业指数分为 4 个功能区：搜索词排行、热门地区、卖家概况、买家概况。通过右侧的类目选择，卖家可以选择自己的行业类目。不过有些类目暂时没有被收录，如图 6-27 所示。

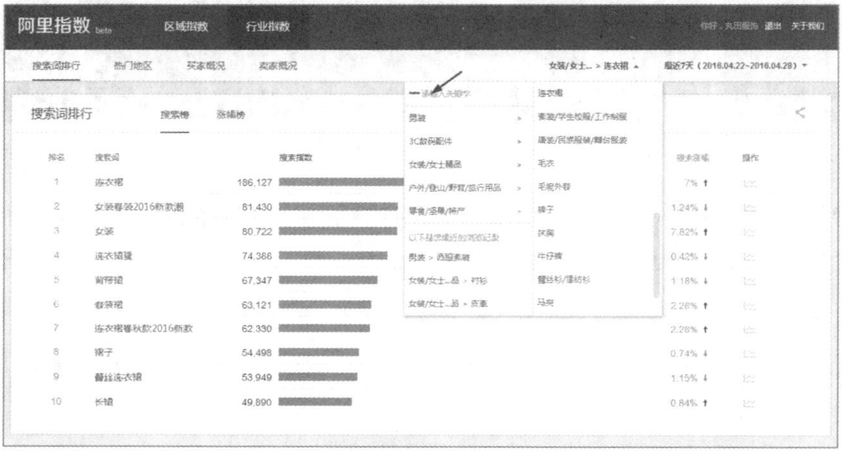

图 6-27　行业指数

搜索词排行可以通过搜索榜和涨幅榜来观测近期关键词的数据排名，搜索榜是固定期限内搜索最多的词汇的排行榜，涨幅榜是该期限内涨幅最多的关键词的排行榜，如图 6-28 所示。

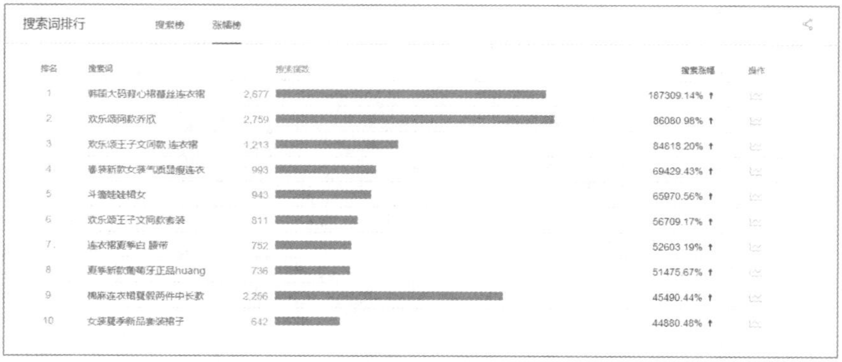

图 6-28　涨幅榜

搜索榜和涨幅榜这两个功能，首先可以帮助我们选款，即选择近期热门的商品来迎合市场；其次可以帮助我们来调整商品标题，以保证自家产品有更多机会被搜索到。此外，这两个功能还可以帮助我们选择直通车推广的关键词。

阿里指数中热门地区功能可以通过热买和热卖来快速了解某地区的市场情况，直观的大小区块和排名让热门地区一目了然。

其中热买代表了买家最热门的地区，而热卖代表卖出商品最热门的地区。比如热买中广东最高，那么代表广东的顾客是买这个产品最多的地区。如果热卖的地区是江苏，那么代表卖出该商品最多的地区是江苏，如图 6-29 所示。

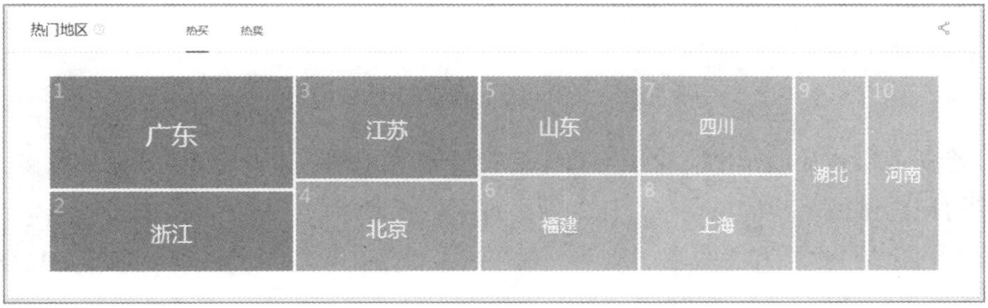

图 6-29　热门地区

通过热门地区，我们能针对热买地区实行定向的直通车投放来增加销售机会，通过热卖地区可以了解到主要对手在哪些地区，对比自己有没有地区优势。

买家概况和百度指数的人群画像基本类似，除性别和年龄比例外，还增加了星座占比和爱好（喜好度）。由于数据更加贴近消费者，所以该数据中的性别和年龄比较接近消费者的实际情况，如图 6-30 所示。

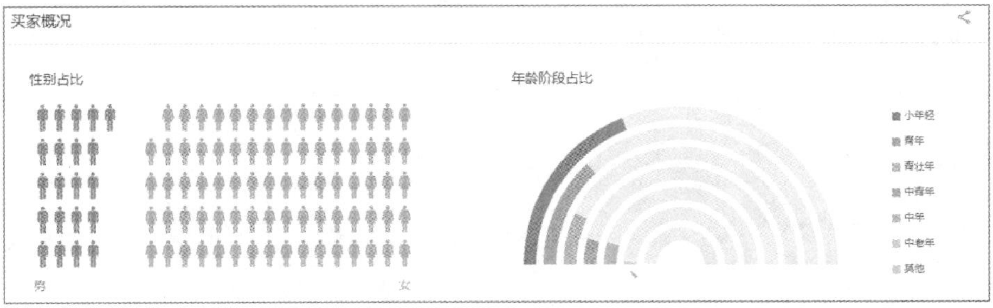

图 6-30　买家概况—性别、年龄阶段占比

虽然星座并不能算比较有用的数据，不过可针对某一星座来做一些有趣的活动。爱好数据可以帮助卖家了解消费者的一些整体状态，和其他商家做联合营销时可以选择与自己销售的产

品喜好度接近的那些商品，如图 6-31 所示。

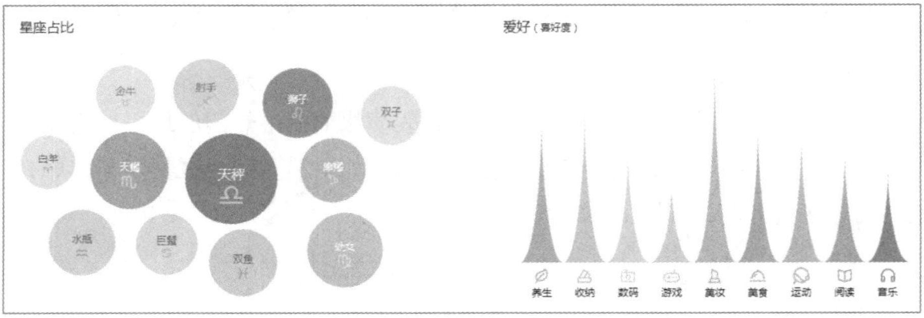

图 6-31　买家概况—星座占比、爱好

淘宝会员等级占比能帮助卖家了解自家购物群体是资深买家还是新手买家比较多。针对买家的级别可以尝试做一些信息调整，比如新手买家比较多的话，描述和页面多做一些相关购物说明。终端占比是 PC 端和无线端的比例，现在购买行为在无线端比较多，如图 6-32 所示。

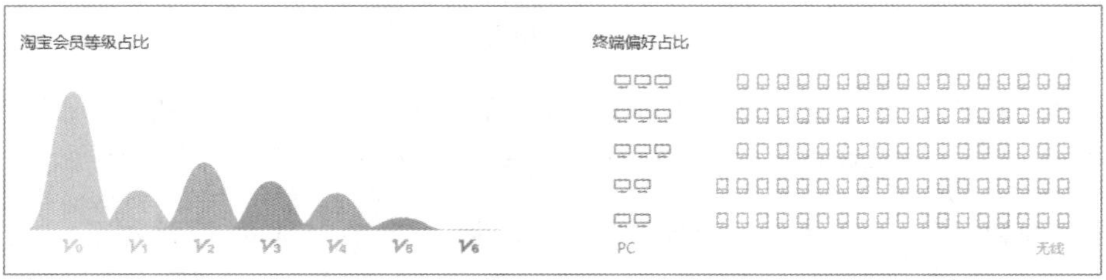

图 6-32　买家概况—淘宝会员等级占比、终端偏好占比

最后是卖家概况，主要给出了现阶段买家的星级和经营概况，通过这一数据能大体了解自己类目行业对手的状况，如图 6-33 所示。

图 6-33　卖家概况

通过以上两个工具，我们可以分别了解淘宝外部数据和内部数据的大体状况，也能了解市

场的整体状态。新手开店通常想开就开，不去做任何的市场调研，这其中除没有想到外，还有很大一部分是不会做。笔者希望通过对这两个工具的讲解，可以帮助各位读者快速地做出简单直观的市场调研。如销售的产品市场有多大、对手是什么样的、销售者是哪些人等。

如果想要更直观的数据可以尝试通过搜索类似词或类目词的数据来综合判断，如果希望数据更加有效可以制作表格，并摘录重要数据，再直接到淘宝网页面查看卖家状态以综合判断。

6.3　店内数据调研

在筹备开店、店铺开张没多久的时候，市场数据比店内数据更为重要。但是当店铺进入日常经营后，店铺数据就比较重要了，一旦开始使用店内数据，后期就基本离不开店内数据的观测了。本节给各位介绍店内数据的观测和应用。

6.3.1　数据工具——千牛

千牛作为当下店铺最主要的工具之一，基本上每家店铺都会使用，除客服沟通外，快速展示重点数据也是千牛比较实用的功能之一。当只需要看一些重点数据时，有了千牛就不需要再打开专门的数据软件去一项一项的查看了。

千牛工作台展示的数据以当天和前一天为主，这部分数据正好相当于一些企业的每日数据报表。通过这些报表能快速了解当天的经营状态。

千牛的 PC 端和移动端都有数据观测功能。掌柜通常比较忙碌且经常外出，通过手机快速掌握经营数据无疑极大方便了各位掌柜。这里重点介绍 PC 端的操作，千牛移动端操作更为简单，就不再重复介绍。

首先，打开 PC 端时系统会默认打开店铺数据页面，掌柜能方便、直观地看到各项基础数据，如图 6-34 所示。

没有特殊要求的话，千牛工作台默认展示的数据能满足大部分新卖家的要求。如果卖家对数据有更多要求，可以通过操作来增加某些页面的数据内容，如图 6-35 所示。

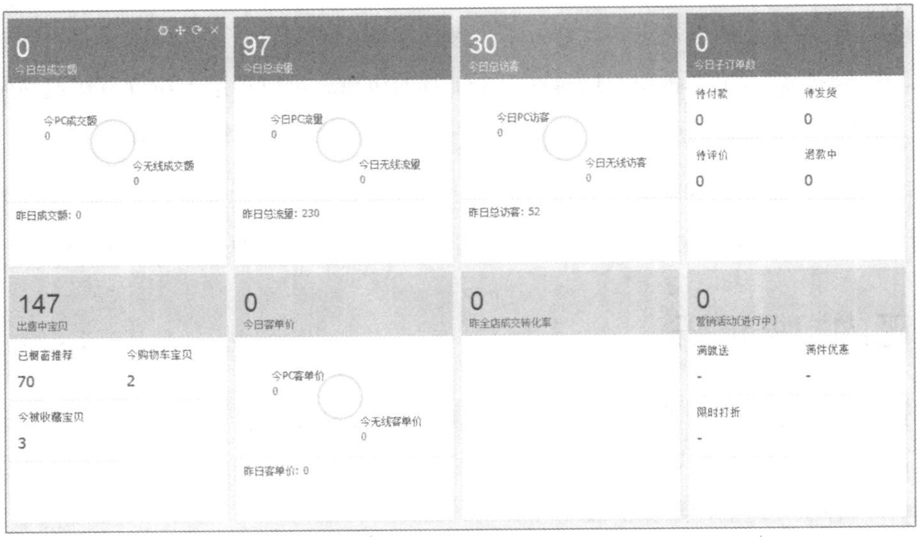

图 6-34　千牛工作台首页数据展示

图 6-35　数据添加

通过点击某一数据项，还可以快速链接到“生意参谋”这一数据工具。注意这时候并不会打开浏览器，而是直接在千牛平台展示。

除添加具体数据外，如果有需要还可以添加更多的数据模块，如图 6-36 所示。

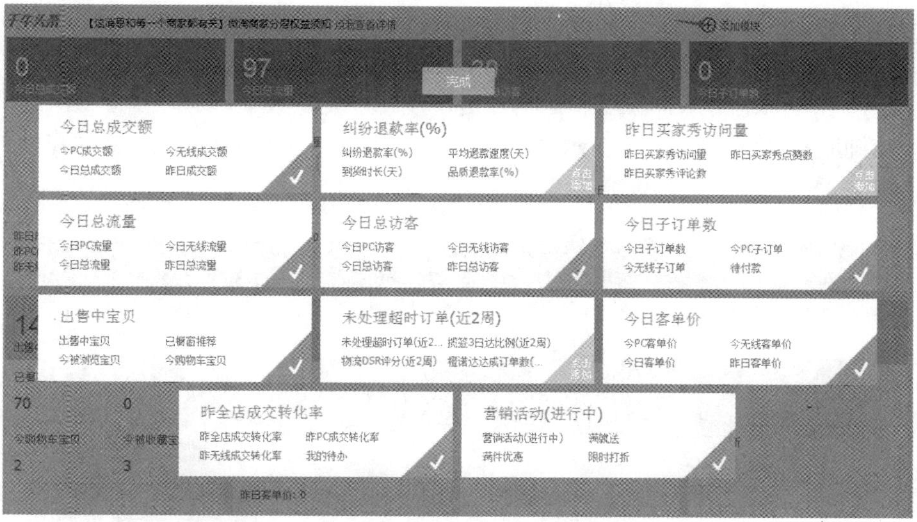

图 6-36　添加数据模块

对于负责日常管理的店铺管理者来说，这部分数据快速且直观。管理者早上查看昨天的数据，晚上查看当日的数据，基本上就能了解这两天的经营状况。

这些日常数据是对店铺运营与管理的实际展现。日常数据不需要太高深的分析方法，基本上成交额就是卖了多少，访客就是来了多少人，转化率就是来的人有多大比例是购买的，这些数据直观并且简单。

通过这些数据我们就可以对店铺的近期运营进行监控，主要检验前期自己制定的目标是否达到。比如前期对店铺某个方面进行了调整，但是不确定该操作是否正确，那么通过观察近期数据就能快速得到答案。

如果我们需要更加具体和详细的店铺数据，那么就需要更加全面的数据工具，下面笔者给各位介绍开店后最为重要的数据工具——生意参谋。

6.3.2　数据工具——生意参谋

早期淘宝数据工具繁多，很多工具功能类似但因为不是同一个渠道得到的数据，经常出现数据采集过程繁琐、数据不准等问题。在笔者撰写本书时，淘宝已经将很多数据工具集合为一个。这个工具就是“生意参谋”。生意参谋无论对淘宝店还是天猫店都是免费的。只是其中更高级的数据需要通过购买来查看，类似 APP 的内购。作为新手店铺来说，生意参谋的免费数据已经能满足绝大多数卖家的需求。

1．首页

只要店铺顺利开启，就能在后台看到生意参谋的入口，点击即可进入生意参谋的首页，如图 6-37 所示。

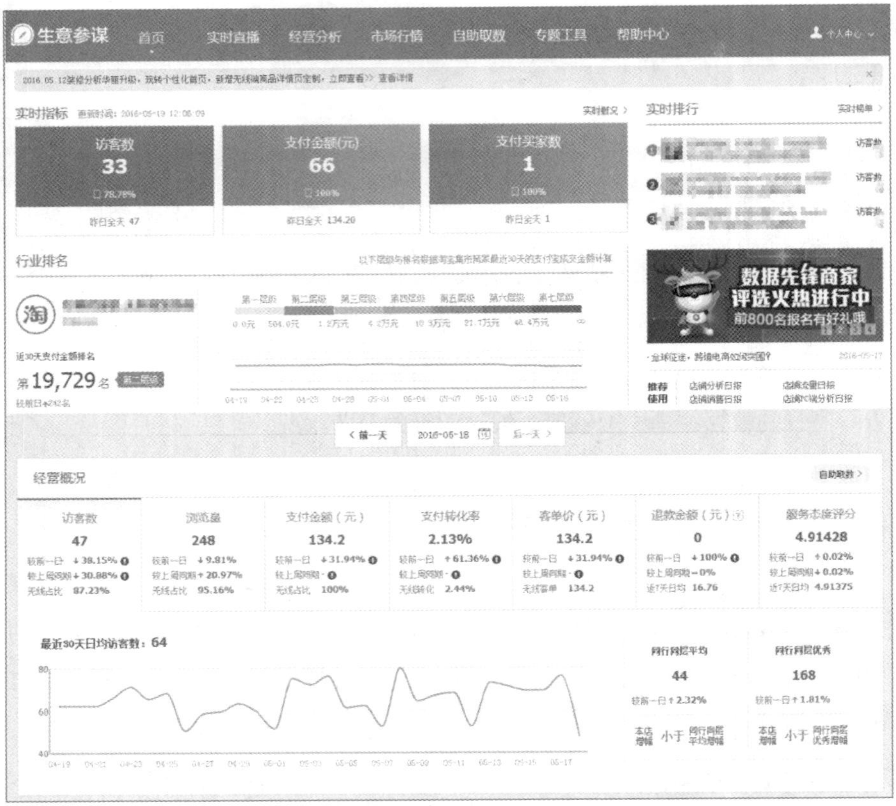

图 6-37　生意参谋首页部分

在生意参谋的首页，我们可以快速获取店铺的关键信息。

实时指标即当天各时段的访客、支付信息，可以和昨日的数据进行对比。

行业排名和实时排行可以快速了解店铺处于整个行业的什么位置，以及店内商品的排名，还可以通过调整日期来了解更多信息。

经营概况是整个店铺最重要的信息内容，这些信息基本上就是千牛平台首页展示的内容，如访客数、浏览量、支付金额等信息，掌柜还可以通过自助取数来获取自己关注的数据信息。

此外，近 30 天的访客数以直观的图表展现了店内的流量走势。

在生意参谋首页的下面还有流量分析功能，该功能更具体地展示了店铺的流量数据内容，其中跳失率、人均浏览量、平均停留时长可用于判断现阶段店铺的购买意向和浏览情况，如图 6-38 所示。

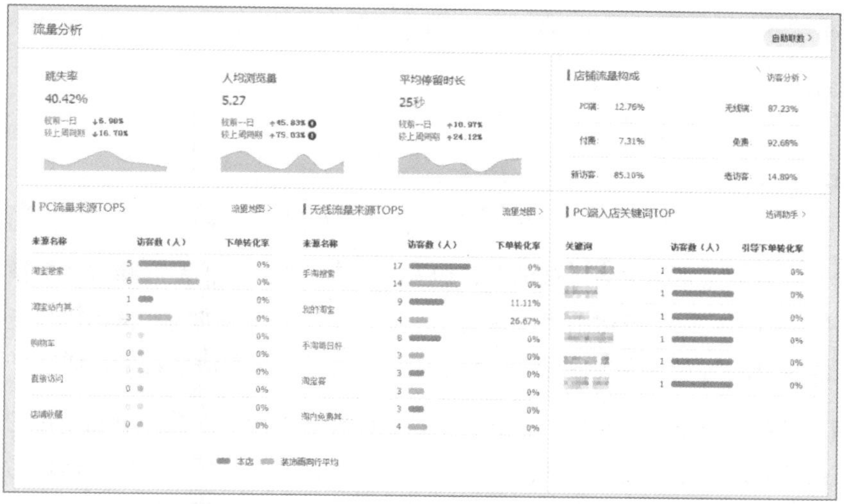

图 6-38　流量分析模块

跳失率越高表明购买意向越低，而人均浏览量代表店铺的产品丰富程度，如果你的店铺商品本身不需要太丰富那么该数据没有太大的参考价值。平均停留时长可以帮助判断顾客对你的商品是否有足够的兴趣，不过如果转化较高，那么该数据就不是特别具有参考价值。很多时候商品转化高了之后，停留时间反而会缩短，这是因为买家会快速决定要买你家商品，不会花太长时间来浏览页面。

店铺流量构成这部分数据可以与全网流量来源进行对比，现阶段 PC 端流量大幅低于无线端。付费和免费流量可以作为店铺健康值考虑，如果付费流量比例过高那么流量成本也一定过高。新老访客比例是店铺顾客黏度的衡量指标，因为商品属性的差异，这一比例并没有一定标准，结合自身运营目标来看即可，如果做了老顾客召回等类似活动，那么这个数据可以作为衡量活动效果的重要指标。

两个客户端的流量来源数据分别展示了店铺流量具体是从哪里来的，可以作为店铺后期调整流量的参考。PC 端入店关键词对商品标题和直通车选词有一定参考价值。通过上述数据模块还可以进入更细化的数据分析项中，如访客分析、流量地图、选词助手等。

接下来的商品分析模块会对商品进行多方位的分析，商家可以通过这些分析了解自己商品的表现，如图 6-39 所示。

图 6-39　商品分析模块

其中加购件数就是指当天店铺被消费者加入购物车的件数，商品收藏次数即被消费者加入收藏夹的件数，这两个数据虽然不代表有销售，但是印证了商品的潜在销售机会，这两个数字越高越好。详情页跳出率和前文中的跳失率是同样的意思，是指消费者离开详情页的比例。

被访问商品数、被下单商品数、被支付商品数同样代表商品的被浏览和销售的数据。全店有异常商品是指数据变化幅度过大的产品，虽然该数据并不十分精准，但可以作为参考，点击“查看异常商品”可以直接进入具体的异常商品页面。商品销售排行是根据商品的销售情况做出的客观排序。每日的商品排序能帮助商家选择店铺的优质商品进行综合运营。

在接下来的模块中，交易分析、服务分析、营销分析给出了一些独有的数据分析内容，如图 6-40 所示。

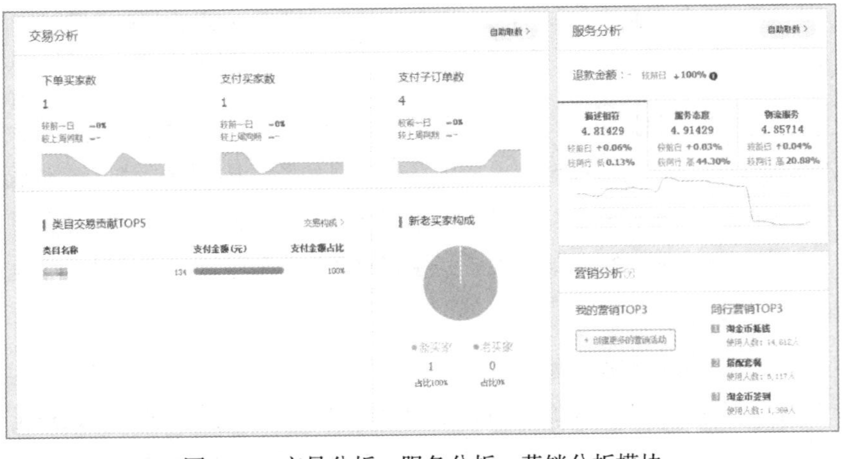

图 6-40　交易分析、服务分析、营销分析模块

交易分析，就是分析下单支付的综合数据，另外还有交易类目及新老顾客构成，当交易数量越多时，该数据越有价值。

服务分析是针对买家的动态评分进行分析的数据，该项分析有助于店铺提升某一方面。如描述相符过低，那么就有必要调整宝贝描述了。

营销分析是对店铺营销活动进行的分析，可用于分析哪类营销活动更受消费者青睐。

首页的最后一个模块是市场行情，该模块主要分析店铺所属类目的行业数据，如图 6-41 所示。

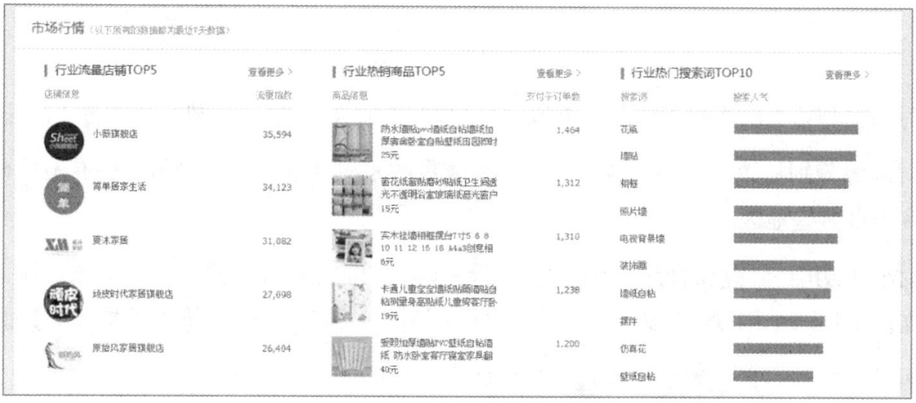

图 6-41　市场行情

市场行情以整个类目进行分析，给出行业流量店铺、行业热销商品、行业热门搜索词的前几名。热门店铺和商品可以帮助店铺进行对比查找不足，行业热门词的排行可以帮助店铺进行类目的选择。

上述内容为生意参谋首页的内容，除了首页外生意参谋还有 6 个功能区块，如图 6-42 所示。

图 6-42　生意参谋的功能导航区

2. 实时直播

“实时直播”是生意参谋中作为日常数据查看的主要模块，其中包括多个子功能，分别能查看和分析各类店铺的实时数据，如图 6-43 所示。

实时直播左侧的功能区块分为三个部分，分别为：实时分析、数据作战室和实时工具。实时分析作为实时直播的主要功能又分为实时概况、实时来源、实时榜单和实时访客 4 部分。

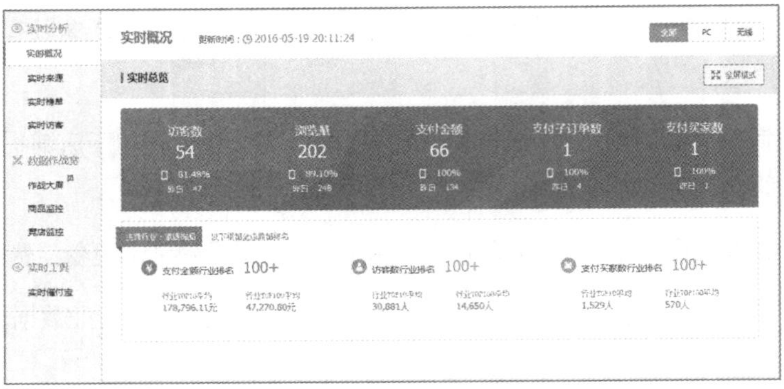

图 6-43　实时直播

实时概况与首页的实时指标基本类似，只是数据更为具体。实时趋势是市场分析的主要功能。

实时来源分别从 PC 端和无线端分析每个流量的来源并进行细化。另外还有地域分布功能分析顾客来自哪些地区。

实时榜单功能和首页的行业商品销售排行一样，功能是给商品进行排序。该排序分别有访客数和支付金额两个维度。另外每个维度还对浏览量、访客数等数据给出了具体的数值。

实时访客功能可以查看所有来过店铺的顾客的页面浏览情况。

数据作战室下面的多个功能需要购买才能使用，一般而言数据作战室比较适合店铺参加大型活动或参加聚划算时使用，如图 6-44 所示。

图 6-44　数据作战室的商家应用场景

3. 市场行情

生意参谋的“市场行情”功能也是需要购买才会开通的。市场行情是用于分析整个市场的行业分析。该功能基于淘宝的数据进行分析，比阿里指数和百度指数更具分析价值，各位读者可以根据自己的需求确定是否进行订购，如图 6-45 所示。

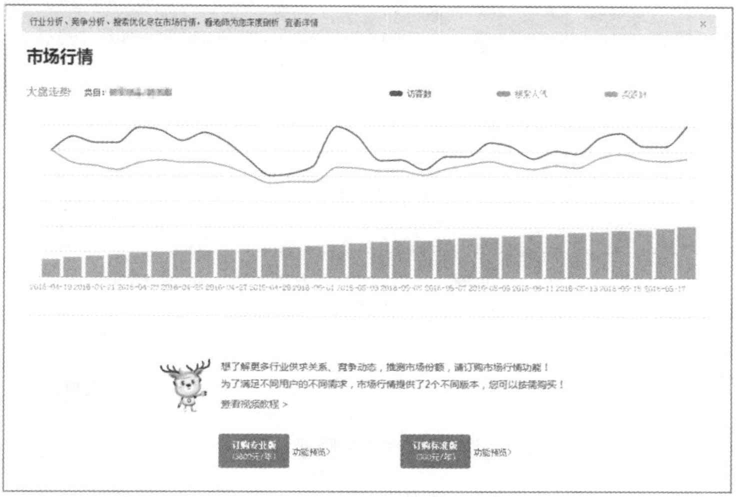

图 6-45　市场行情

4．自助取数

生意参谋中的“自助取数”功能也是一个非常有用的数据工具。其中“我要取数”功能可以通过勾选项目和选择时间等方式对自己有需求的数据进行快速采集，如图 6-46 所示。

图 6-46　我要取数

作为新手来说，过多的数据反而让我们无所适从，通过选择自己认为重要的数据得到的报表，能让新手更加适应数据工具，通过预览可以立即看到自己选择的数据项目，如图 6-47 所示。

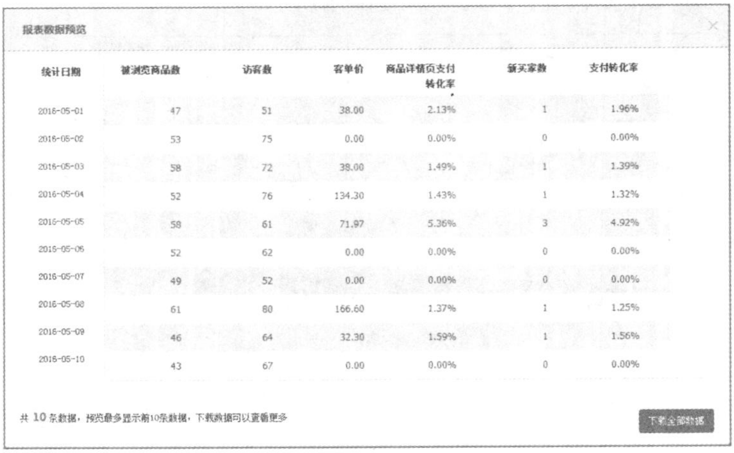
报表数据预览

统计日期	被浏览商品数	访客数	客单价	商品详情页支付转化率	新买家数	支付转化率
2016-05-01	47	51	38.00	2.13%	1	1.96%
2016-05-02	53	75	0.00	0.00%	0	0.00%
2016-05-03	58	72	38.00	1.49%	1	1.39%
2016-05-04	52	76	134.30	1.43%	1	1.32%
2016-05-05	58	61	71.97	5.36%	3	4.92%
2016-05-06	52	62	0.00	0.00%	0	0.00%
2016-05-07	49	52	0.00	0.00%	0	0.00%
2016-05-08	61	80	166.60	1.37%	1	1.25%
2016-05-09	46	64	32.30	1.59%	1	1.56%
2016-05-10	43	67	0.00	0.00%	0	0.00%

共 10 条数据，预览最多显示前10条数据，下载数据可以查看更多
下载全部数据

图 6-47　报表数据预览

为了让商家能进行多次分析、综合分析，通过“加入我的报表”功能可以对店铺某一阶段的数据进行多次采集，从而在“我的报表”功能中进行综合分析。

如果新手商家不知道自己采集哪些数据比较合理，那么可以选择“推荐报表”，选择推荐报表中现有的某个报表模型，直接点击“开始取数”即可，如图 6-48 所示。

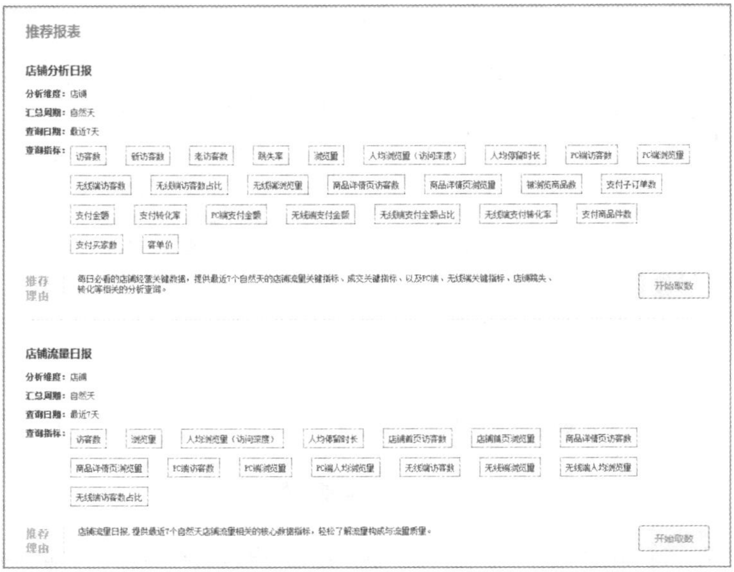

图 6-48　推荐报表

5．专题工具

生意参谋的“专题工具”中准备了多种类型的数据工具，只是有多个工具是需要购买才能使用。如“竞争情报分析”工具就是需要订购的，该工具主要用于流失顾客的综合分析，以帮助店铺掌握顾客流失的情报，了解顾客流失到哪些店铺，以及购买别家的哪些商品，如图 6-49 所示。

图 6-49　竞争情报—竞品分析

“选词助手”以店铺关键词、行业关键词分析为主要功能，能帮助店铺进行宝贝名选词、直通车关键词选词，另外还能针对某个行业关键词进行具体分析，这在新产品取名，以及分析已经确定名字的商品时特别有效，如图 6-50 所示。

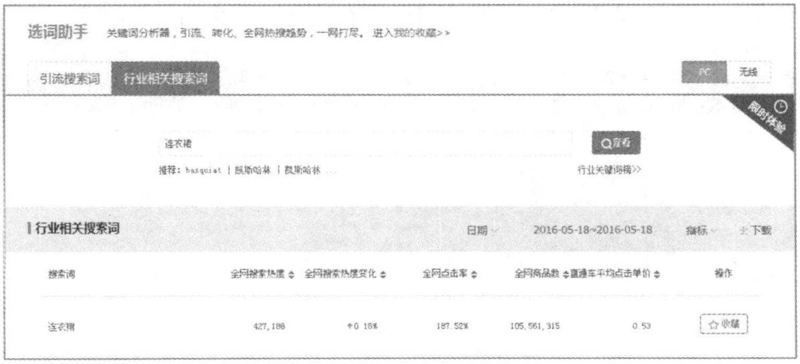

图 6-50　选词助手—行业相关搜索词

行业排行是首页市场行情的更高级版本，其包含了热销商品榜、流量商品榜、热销店铺榜、流量店铺榜、热门搜索词、飙升搜索词这六个方面的排行数据，如图 6-51 所示。

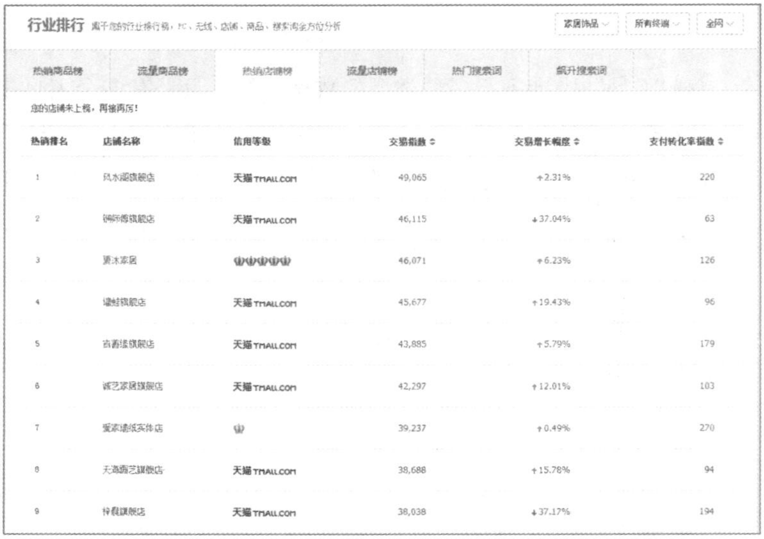

图 6-51　行业排行

榜单数据在店铺早期并没有太大的实际作用，新店可以借助其了解优秀店铺或优质商品，为新店树立参考和学习对象。等到自己店铺进入榜单时，这些数据就非常有意义了。

该功能中的热门搜索词、飙升搜索词也是帮助我们对商品命名及直通车选词的工具之一。

6．帮助中心

数据分析在实际工作中是较为枯燥的，使用工具也有一定难度，各位读者在实际使用中可能遇到种种问题。生意参谋中最后的“帮助中心”就是为了让各位更好地了解工具而存在的。帮助中心有视频和图文等多种类型的教程来帮助各位卖家，如图 6-52 所示。

图 6-52　帮助中心—视频课程

第 7 章
电商团队课

虽然天猫店铺与淘宝店铺都是网上开店，但很多地方的区别非常大。简单来说就是天猫店是以企业方式运营的，而淘宝店是以个体方式运营的。大部分天猫店铺是由人员岗位配备齐全的天猫团队来运作，而淘宝店铺的运作则多种多样，有个人、有夫妻店、有组建的小团队，还有很多试水电商的企业。如果想把天猫店铺开好，要先建立一个小规模的团队。

现在有很多传统线下企业逐步把店铺搬到线上，也有很多之前的草根淘宝团队准备到天猫开店。每个人都有各自的观念，每个店铺也都有自己的运营方式。笔者根据大多数电商的发展历程，给各位分享一般天猫团队的人员配备情况，在实际团队建设时各位应按照自身的实际情况进行调整。

7.1 新店人员配置与架构

企业的管理和运营没有统一的标准，笔者只是给各位分享一些经验，希望读者能根据自己的情况进行理解。

一般电商企业的基本部门包括：产品部、销售部、市场部、运营部、设计部、推广部、物流部等，每个部门都会根据店铺的需求配备相应的人才。

1. 产品部

该部门与传统行业的产品部类似。不过由于电子商务快速、及时反馈的特性，产品部需要根据销售情况，对产品的生产、设计、采购等环节进行合理地判断，让产品更加迎合天猫买家的真实需求。

有产品开发和生产能力的企业，产品部主要职能是产品设计与生产。产品由第三方供给的企业，产品部门的主要职能是采购产品。一般产品部的岗位设置如图 7-1 所示。

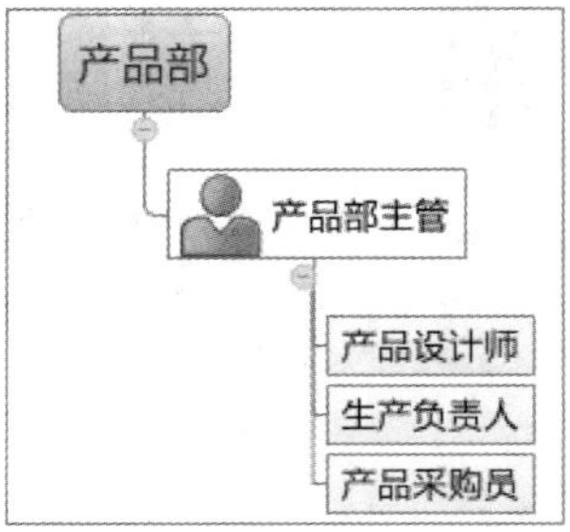

图 7-1　产品部人员配置

产品设计师，主要负责产品的设计，现阶段很多传统行业是对已经生产的产品进行销售，销售的产品与实际需求脱轨较为严重，配置该人员后对企业打造爆款、降低库存有明显的作用。

生产负责人，除主动处理线上订单的生产需求外，该岗位还应能协调整个工厂的生产节奏，让产品的生产与实际销售紧密结合，保证爆款的供给量，同时控制滞销款的生产量。该岗位职责与传统的车间主任职责类似。

产品采购员，没有生产能力或生产力不足需要进行采购的电商企业应该设置这一岗位。该岗位主要负责产品采购，其职责与“生产负责人”一样，需要根据线上的实际销售状况进行采购，

2. 销售部

直接面对消费者的销售部，除处理订单的销售外，还需对客服服务体验负责，做好一切与顾客沟通的工作。销售部主要岗位如图 7-2 所示。

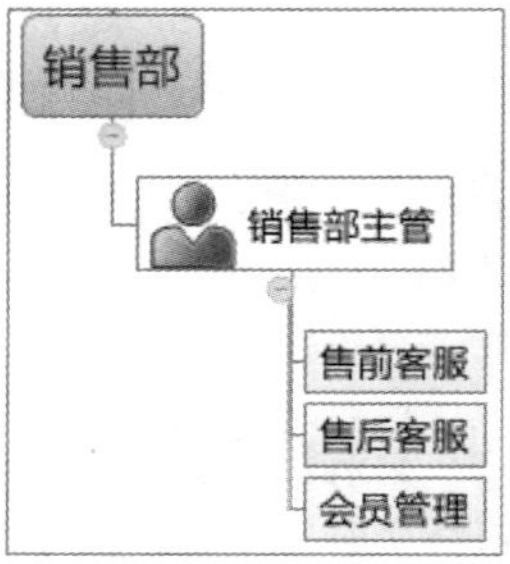

图 7-2　销售部人员配置

售前客服，接待线上客户订单，促成交易。

售后客服，接待线上客户售后问题，解决纠纷。

会员管理，对店铺会员进行分级、维护、分析。提升客户黏度，促进二次消费，并通过系统对一般订单进行催付提醒、发货提醒等工作。

3. 市场部

该部门与销售部的区别主要是市场部负责市场的拓展，并不像销售部一样直接面对消费者，而是通过参加活动、策划活动等方式来增加整个店铺的市场份额。市场部还可以配备数据分析人员来配合整个企业的销售，市场部主要岗位如图 7-3 所示。

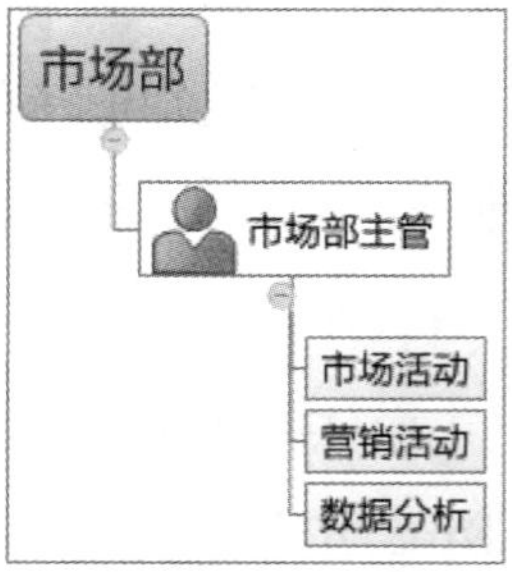

图 7-3　市场部人员配置

市场活动，报名淘宝、天猫的官方活动，报名互联网上能对店铺销售及开拓市场起到帮助的活动。并对活动的整个流程进行跟踪及监控，保证各部门人员

全力配合。

营销活动，策划并发起店内的营销活动，并跟踪活动流程，保证各部门人员配合。同时负责营销工具的操作设定。

数据分析，熟悉相关数据工具，能通过数据工具了解市场、行业及竞争对手的各类相关数据，并结合店铺自身各类数据进行分析。通过对数据的分析给出各岗位结论及建议。

4．运营部

运营部负责店铺常规工作运营，运营在电商行业的定义至今还不是很明确。有的企业运营部是什么都做，有的企业运营部类似项目管理部门，一般运营部的主要岗位如图 7-4 所示。

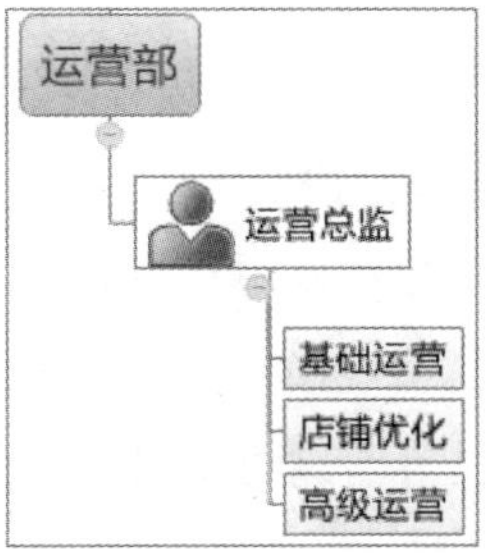

图 7-4　运营部人员配置

基础运营，很多公司配有基础运营这一岗位，该岗位工作涉及面广，内容涵盖线上店铺的各类基础操作。该岗位工作职责很可能与其他岗位重合，如公司岗位不全，部分基础工作没有人去做可以设置该岗位。

店铺优化，该岗位工作职责是在原有的基础上对店铺进行优化，提升整个店铺的运作能力。具体工作包括：宝贝关键词优化、上下架时间优化、店铺转化率优化、店铺视觉优化等，在自身能独立操作的情况下直接进行优化操作，在需要其他岗位配合时有效监督其执行到位。

高级运营，该岗位工作职责是通过各类数据对运营大方向进行把控，岗位职责包括：全年运营计划、季度产品计划、店铺爆款的选择及滞销款的淘汰等。部分企业也给予该岗位一定的推广权限。

5．设计部

设计部为负责整个店铺视觉效果的部门，在公司中占据重要地位。该部门主要负责整个店铺、各个宝贝以及各类视觉工作，部分公司还会为该部门配备文案。部分公司由于设计部门的队伍强大，也承担一些产品包装、店铺宣传画册，甚至是公司内部环境的设计工作，设计部的主要岗位如图 7-5 所示。

图 7-5　设计部人员配置

设计师，负责对店铺的视觉形象进行把控，如品牌视觉、店铺色系、营销展示等，同时对店铺装修模板、产品描述模板进行设计，还会对店铺海报、钻展图片、直通车推广图片进行设计制作。

此外，还会参与制定设计规划，指导美工制作等。

美工，是配合设计师进行图片制作的工种，主要负责基础及重复性较高的视觉及排版工作。除图片制作外还负责宝贝的发布及一些图片的修改。

文案，该工作实际上分为两种：一种是最基础的文案，主要为产品及店铺收集文字资料并在产品发布时给美工提供完整的文字信息；另一种是较为高端的文案，需要写出产品卖点、营销文案、网络软文等创作度和营销度较高的文字工作。有时候这个岗位也会设置在市场部或运营部。

6. 推广部

推广部是店铺运营中后期的中坚力量，主要负责店铺流量的引入。流量引入的方式多种多样，当规模达到一定标准时甚至应针对一个推广工具设定专门的岗位，如直通车专员、钻展专员等。这里笔者按较为常规的岗位分配形式进行讲解，一般推广会设置两个岗位，如图 7-6 所示。

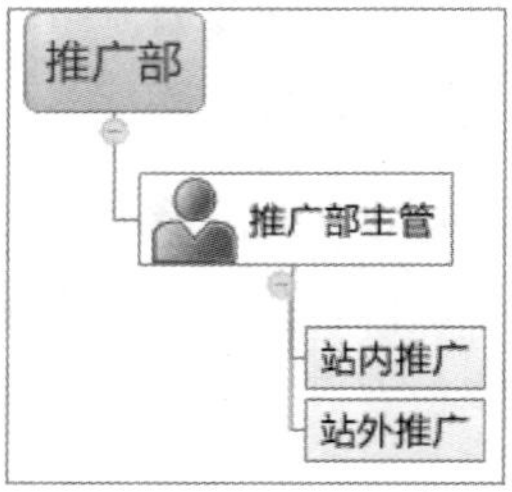

图 7-6　推广部人员配置

站内推广，负责天猫及淘宝站内工具的推广操作，主要工具为直通车、淘宝客、钻石展位。也负责与天猫及淘宝进行大额广告签约，以及淘宝站内的其他推广。

站外推广，负责非淘宝网的其他网站的推广，包括网页广告购买、搜索排名购买、名人软文推荐、网络推手合作等外网推广工作。

7. 行政部

经过对众多网店观察，笔者发现忽视行政部门是一个普遍现象，而没有为电商配备行政人员导致发展遭遇瓶颈的案例也很多。传统企业都有行政部门，因此很多企业开展电商后的行政工作仍由之前的行政部门兼管，导致电商部门与行政部门沟通不畅。而没有做过公司的草根电商从业者对行政工作更加忽视，很多公司在几十人的规模时仍然没有配备任何行政人员。笔者建议有条件的话还是应该尽量配备一定的行政人员，行政部的岗位设置可以参考传统行业，如图 7-7 所示。

人事，该岗位主要负责人员招聘、解聘、公司考勤纪律等事务，基本根据传统的人事岗位要求招聘就可以了，如人事工作较少可以让人事兼一些文员的工作。

图 7-7　行政部人员配置

财务，财务清晰对一个公司非常重要，电商企业的财务工作与传统企业类似，因此按照一般财务人员的要求进行招聘即可。该岗位也可以让外部财务人员兼职。

总务，该岗位也和传统行业一样的，是对公司进行全面支持的岗位，主要负责内部的后勤工作。

8．物流部

主要负责商品的保管和产品的发放。该部门对人员要求不是特别高。基本传统企业都有设置，电商企业根据电商物流特性稍作修改进行设置即可，人员配置如图 7-8 所示。

图 7-8　所示物流部人员配置

仓库管理，和传统的仓管管理基本一样，负责对仓库中的商品保管、存放、整理等工作。

包装质检，对出货的商品进行质检后包装发货，如该商品是已检商品，则只需要包装岗位。

商品配送，大多数电商商品都由快速公司配送，一般不需要单独配备该岗位。只需要在公司设立一个与快递公司沟通的人员。

为了方便各位读者理解，笔者在这里对以上岗位进行了汇总，如图 7-9 所示。

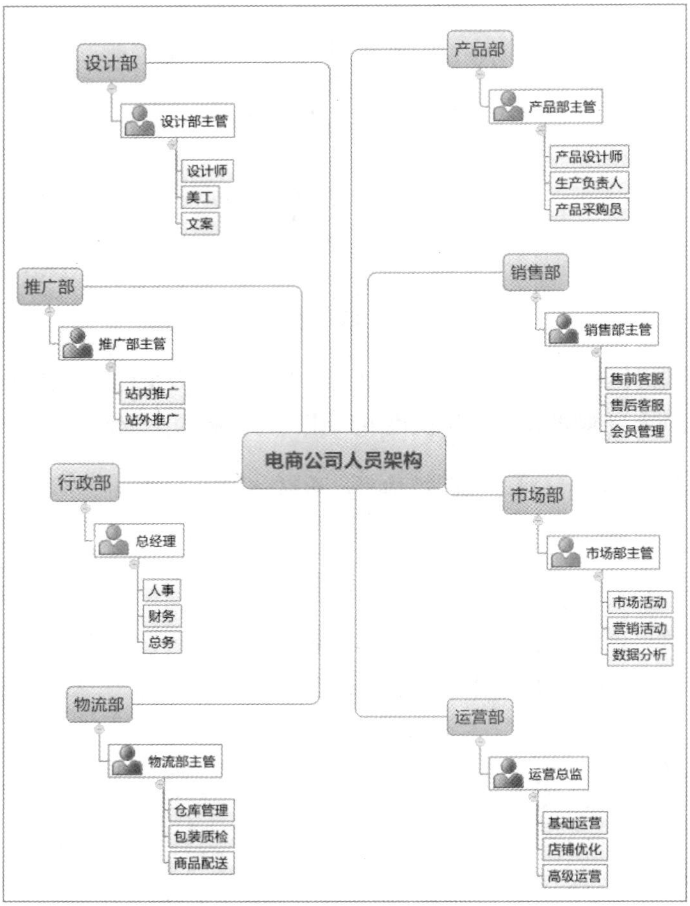

图 7-9　电商公司人员架构汇总

7.2　人员配置

在对公司进行架构设计时，我们必须根据自己的实际情况对各个岗位进行筛选，仅保留自己需要的岗位，并调整部分岗位的职责来适应自己。对每个部门应设立一个部门主管，主管可以是单独设立，也可以由工作人员兼任。

部分公司由于规模、公司特性等原因需要一人多岗，比如客服兼职文案，推广兼职运营等，这类情况在店铺运营初期非常普遍，笔者建议新店铺在初期尽量一人多岗以缩减人数。

特殊情况也可以对岗位进行临时调动。比如在活动期间客服人员紧张时，可以安排熟悉客服工作的其他员工进行临时替补，在发货高峰期仓库人员紧张时也可安排其他员工进行临时替补。

7.2.1　根据发展定配置

1．初创期团队人员配置

店铺刚发展起来时人员配置形成的团队，笔者称之为初创期团队。初创期团队人员配置适合筹备期、试水期的电商团队。初创团队人员配置如下，小型团队也可以参考。

产品部任意职位　1 名（根据实际情况配备 1 人，负责产品相关）

销售部售前客服　2 名（兼售后客服）

市场部市场活动　1 名（报名官方活动及策划店内活动，可兼职）

运营部基础运营　1 名（兼站内推广，简单操作直通车推广）

设计部美工　2 名（发布产品及装修店铺）

物流部综合职位　1 名（初级可将仓库所有的事务交给 1 个负责）

人员总数 8 名

初创期团队的人员配备是为未来店铺的发展打基础，团队早期一岗多职是非常普遍的情况，但岗位之间的职责界定应尽量清晰，以便各个人员知道自己的主要方向。团队早期最重要的岗位是美工和客服，其他岗位可以延后处理。

2．发展期团队人员配置

在店铺经过一段时间的运营出现明显的发展趋势，人员无法满足经营需求时，我们就要进入下一个阶段，笔者称这一阶段的团队为发展期团队。发展期团队人员配置如下，8 人以上的中型团队也可以参考。

产品部任意职位　2 名（根据实际情况配备 2 人，负责产品相关）

销售部售前客服　4 名（根据老顾客的积累可安排一名兼职会员管理）

售后客服　1 名

市场部市场活动　1 名（可兼职）

营销活动　1 名（可兼职）

数据分析　1 名（可兼职）

运营部基础运营　1 名

店铺优化　1 名

设计部设计师　　1名（提升店铺整体视觉，协调美工工作）

美工　　2名

推广部任意岗位　　2名（较常规的配置是站内、站外各一名。）

物流部综合职位　　2名（根据实际情况配置两名仓库人员）

人员总数20名

发展期团队的人员配置已初具规模，岗位人员各司其职。此时，管理者应该对各个岗位的工作流程不断进行梳理，以保证店铺稳步发展。这期间市场部的人员非常重要，推广岗位是此期间最重要的岗位。

3. 成熟期团队人员配置

当团队不断发展、人员不断扩张、人数超过50人时，笔者认为其就变了成熟期团队。各公司成熟期团队的人员架构差距非常大。公司注重推广则推广人数较多，公司重视视觉则视觉人员较多，笔者在这里以常规服装类店铺为例给各位读者进行讲解，请各位读者根据自身实际情况进行调整。成熟期团队人员配置如下。

产品部

产品部主管　　1名

产品设计师　　2名

生产负责人/产品采购员　　2名（根据实际情况调整）

销售部销售部主管　　1名

售前客服　　10名

售后客服　　3名

会员管理　　1名

市场部

市场部主管　　1名

市场活动　　1名

营销活动　　2名

数据分析　　2名

运营部运营总监　　1名

基础运营	1 名
店铺优化	2 名
高级运营	1 名
设计部	
设计部主管	1 名
设计师	2 名
美工	4 名
文案	1 名
推广部	
推广部主管	1 名
站内推广	2 名
站外推广	2 名
行政部	
总经理	1 名（负责综合内部管理，也可以叫店长）
人事	1 名
财务	1 名
总务	1 名
物流部	
物流部主管	1 名
仓库管理	5 名
包装质检	5 名
商品配送	1 名（可兼职）

人员总数 60 名

成熟期团队的人员配置的实际情况与上述案例很可能不一致，各位可以以上面的架构作为参考。以判断自己是否有遗漏的岗位，是否有不必要的岗位。

为了让各位读者更能容易理解三个阶段的岗位配置，笔者将三个阶段的岗位配置制成了一张表格，如表 7.1 所示。

表 7.1 电商团队人员发展配置参考表

<table>
<tr><th>部门</th><th>岗位</th><th>初创团队</th><th>发展团队</th><th>成熟团队</th></tr>
<tr><td rowspan="4">产品部</td><td>产品部主管</td><td rowspan="4">1</td><td rowspan="4">2</td><td>1</td></tr>
<tr><td>产品设计师</td><td>2</td></tr>
<tr><td>生产负责人</td><td rowspan="2">2</td></tr>
<tr><td>产品采购员</td></tr>
<tr><td rowspan="4">销售部</td><td>销售部主管</td><td></td><td></td><td>1</td></tr>
<tr><td>售前客服</td><td>2</td><td>4</td><td>10</td></tr>
<tr><td>售后客服</td><td></td><td>1</td><td>3</td></tr>
<tr><td>会员管理</td><td></td><td></td><td>1</td></tr>
<tr><td rowspan="4">市场部</td><td>市场部主管</td><td></td><td></td><td>1</td></tr>
<tr><td>市场活动</td><td>1</td><td>1</td><td>1</td></tr>
<tr><td>营销活动</td><td></td><td>1</td><td>2</td></tr>
<tr><td>数据分析</td><td></td><td>1</td><td>2</td></tr>
<tr><td rowspan="4">运营部</td><td>运营总监</td><td></td><td></td><td>1</td></tr>
<tr><td>基础运营</td><td>1</td><td>1</td><td>1</td></tr>
<tr><td>店铺优化</td><td></td><td>1</td><td>2</td></tr>
<tr><td>高级运营</td><td></td><td></td><td>1</td></tr>
<tr><td rowspan="4">设计部</td><td>设计部主管</td><td></td><td></td><td>1</td></tr>
<tr><td>设计师</td><td></td><td>1</td><td>2</td></tr>
<tr><td>美工</td><td>2</td><td>2</td><td>4</td></tr>
<tr><td>文案</td><td></td><td></td><td>1</td></tr>
<tr><td rowspan="3">推广部</td><td>推广部主管</td><td></td><td rowspan="3">2</td><td>1</td></tr>
<tr><td>站内推广</td><td></td><td>2</td></tr>
<tr><td>站外推广</td><td></td><td>2</td></tr>
<tr><td rowspan="4">行政部</td><td>总经理</td><td></td><td></td><td>1</td></tr>
<tr><td>人事</td><td></td><td>1</td><td>1</td></tr>
<tr><td>财务</td><td></td><td></td><td>1</td></tr>
<tr><td>总务</td><td></td><td></td><td>1</td></tr>
<tr><td rowspan="4">物流部</td><td>物流部主管</td><td rowspan="4">1</td><td rowspan="4">2</td><td>1</td></tr>
<tr><td>仓库管理</td><td>5</td></tr>
<tr><td>包装质检</td><td>5</td></tr>
<tr><td>商品配送</td><td>1</td></tr>
<tr><td colspan="2">人员总计</td><td>8</td><td>20</td><td>60</td></tr>
</table>

7.2.2　根据特性定配置

下面笔者根据店铺特性分别说明常规型、工厂型、设计师型三种店铺的人员配置情况，笔者这里只列出各类型店铺的重点岗位配置，不再详细描述各岗位职责。

1．常规型店铺

常规型也就是现阶段较为普遍的常规网店，其人员配置情况如图 7-10 所示。

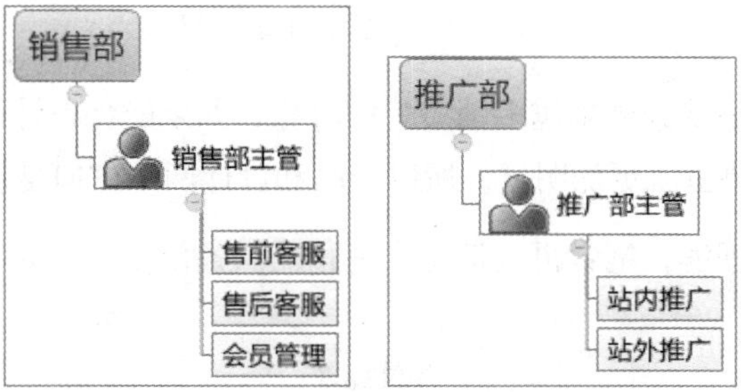

图 7-10　销售部和推广部

常规店铺的经营以销量和流量为主要关注内容，所以人员配置的主要方向是销售和推广。

2．工厂型店铺

工厂型是拥有工厂的网店，这类店铺的货源和供应链强大，重点部门如图 7-11 所示。

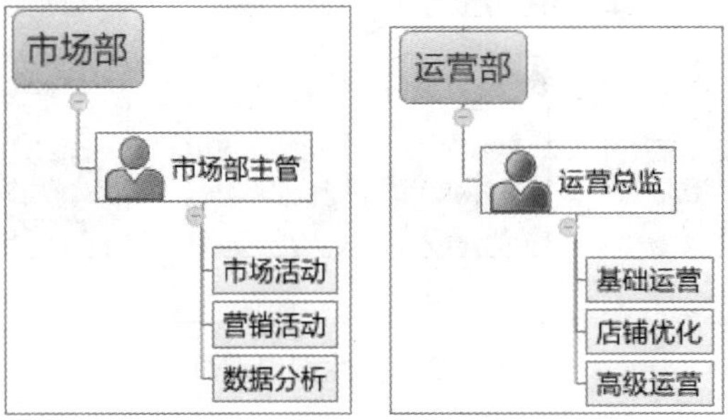

图 7-11　市场部和运营部

拥有强大供应链优势的网店在产品和传统销售方面存在优势，应该优先考虑的是快速打开市场并搭建店铺架构，所以人员配置应以市场和运营为主要方向。

3．设计师型店铺

设计师型是掌柜自己是设计师，或者拥有自己设计团队的店铺，其重点部门如图 7-12 所示。

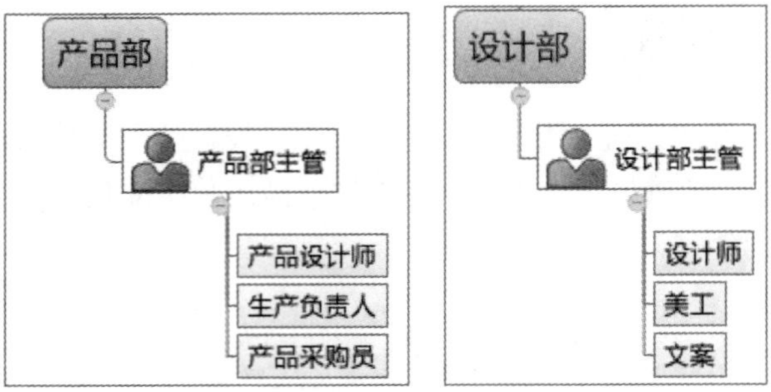

图 7-12　产品部和设计部

在天猫，设计师店铺受到越来越多消费者的青睐，如果能将设计师团队本身的优势强化体现出来的话，店铺的优势也就更加明显，所以产品和设计两个方向是重点。

为了方便各位读者理解，笔者再次汇总了一张图供各位参考，如图 7-13 所示。

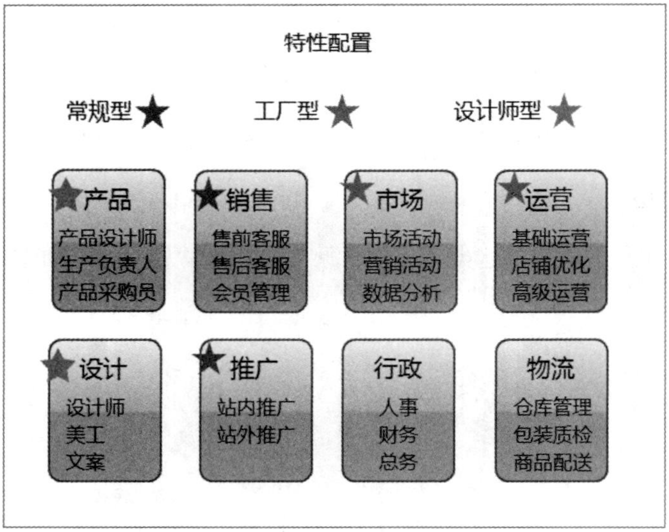

图 7-13　特性配置汇总

笔者这里不再对行政部门和物流部门做特殊介绍，这两个部门按照常规店铺配备人员即可。以上是以店铺特性分别介绍人员配备的情况，但实际情况各式各样且无法预料。希望各位读者从自身的实际情况及发展目标两个方面出发来全面考虑人员配置和组织架构搭建。

7.3　员工到岗及相关配备

无论是传统企业转型电商，还是准备正规化经营的草根电商，人才都非常重要。笔者在与电商企业交流培训中发现，很多企业主、老板都认为目前人员招聘非常困难。通过百度的搜索结果能直观感受到这一巨大的需求，如图 7-14 所示。

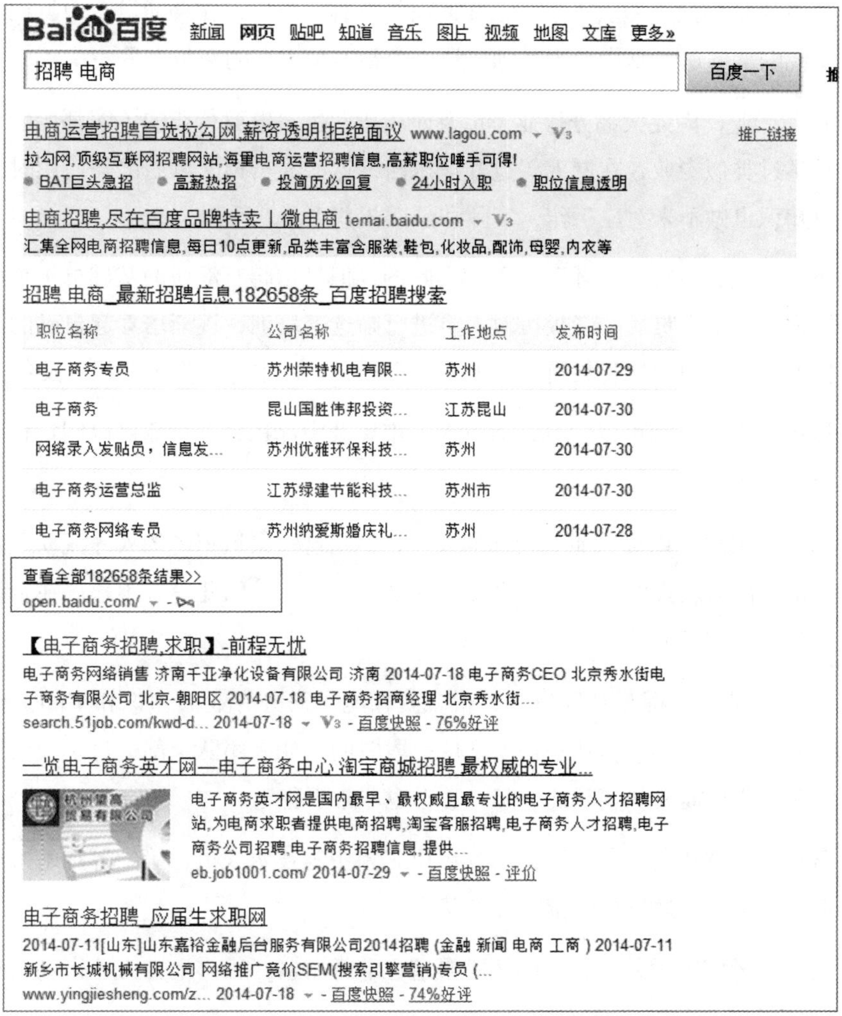

图 7-14　百度搜索“招聘 电商”

7.3.1 招聘渠道

想要招到优秀的人才，首先要调整观念。企业主都希望组建一个非常厉害的团队，然后自己什么都不用干企业就可以正常运转，但人才是不会在自动聚集过来的，因为人才本身就是稀缺资源。

现实中笔者比较倾向的做法不是招人才，而是招普通员工，在普通员工中发现人才、培养人才。这里所说的普通员工是指较为基础、技术含量不是很高的岗位人员。

电商是新兴产业，因此大部分待业人员及应届毕业生对电商行业的了解都比较少。好一点的情况也只是学过类似专业，在网上买过几样东西，这些人员招来以后准备使用时会发现，很多人没有相应知识也做不来对应工作，实际和预期相差十万八千里。

所以一下子就招到目标“人才”是不切实际的，但是招聘有潜质的基础员工是可行的。当招入一批有潜力的基础人员后，老板可对人员进行筛选、培训，逐渐培养起自己的团队。到哪去招这样一批人呢？常规的招聘渠道有当地人才市场、人才中介、猎头公司以及各类院校。

初期阶段这几个渠道都可以尝试，通过人才市场及中介招聘，企业可以制定较多的要求，以便招到有经验的人员。

猎头公司这一渠道可以提供能力较强的人才，但是这一渠道招聘的人才流动性较大，很多公司利用猎头招到能力较强的人员，但没多久就又被猎走了，因此笔者不建议在企业初期去招一个高层次的管理或技术人员。

院校能提供的基本上都是基础员工，很多院校电子商务专业的知识和实际工作差距非常大，加之学生从院校状态到工作状态需要适应一段时间，如果团队全部通过院校渠道招聘会产生非常多的问题：工作需要从零开始学起，心态也非常不稳定。

综上，各位读者在进行人员招聘的时候可以先招中等技术人员，等中等技术人员到岗一段时间趋于稳定后，再尝试通过校园招聘补充基层人员。

除常规的线下招聘渠道外，线上的招聘渠道也非常丰富，很多地方人才市场会建设自己的招聘网站，如图 7-15、图 7-16 所示。

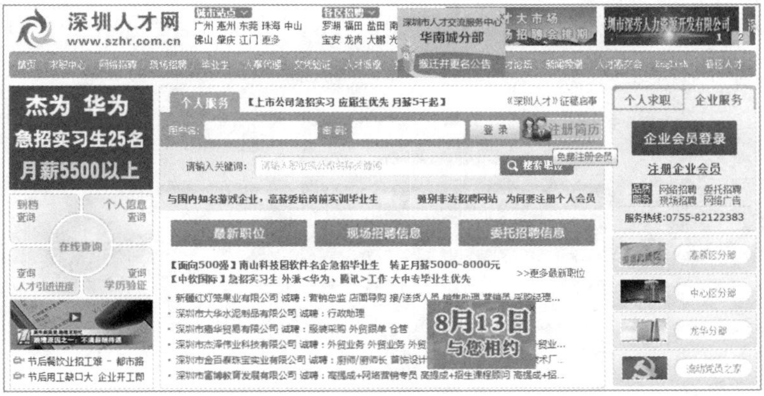

图 7-15　招聘网站示例

图 7-16　招聘网站示例

图 7-17　招聘网站示例

很多线上人才招聘网站如前程无忧、赶集网、58 同城等，也都可以进行招聘，如图 7-17、图 7-18、图 7-19 所示。

图 7-18　招聘网站示例

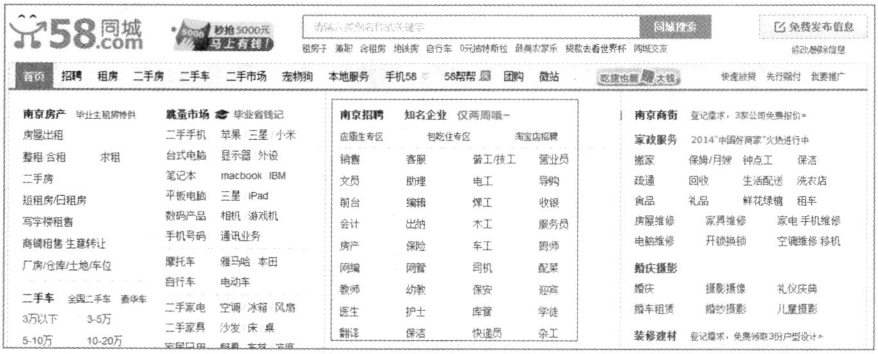

图 7-19　招聘网站示例

此外，淘宝网也为自己打造了人才平台——淘工作，如图 7-20 所示。

图 7-20　淘工作平台

丰富的线上平台提供了大量的人才信息，大中型城市以及电商发展较为迅速的地区，可以多尝试在线上进行招聘。但是绝大部分乡镇或电商发展一般的地区，线上招聘效果相对会差一些，笔者建议这些地区的店铺先在线下人才市场进行招聘。

7.3.2　岗位流程

人员招入以后，我们接下来要做的是选人。这里给读者介绍两个常见的招聘误区，希望大家尽量避免。

第一个误区是很多公司即将开业，希望一下子把所有员工都招到位，结果新员工一到岗，一起培训，一起工作，最后又一起离职，留下老板一个人。为了避免类似现象，除不要一次招齐所有人员外，朋友或同学一起应聘也切忌都要，遇到这样的状况，无论这些人多优秀，最好只选其中一个。

第二个误区是公司开业后马上招高级人员，比如运营总监、视觉总监等。这些岗位对人员忠诚度的要求高过对技术的要求，所以最好是内部培养。而且目前大部分人员无法达到高级岗位的要求，笔者见过很多公司的运营总监都是只懂皮毛，甚至只会发布产品，这样的人招进来以后对工作效率、团队团结都是百害而无一利，所以高级岗位应尽量在公司成熟后再从内部提拔。

各个岗位招聘应该提出什么要求、什么标准呢？很大一部分新店铺并没有写招聘需求的经验，这里给各位一个偷懒的方法，招聘需求可以通过参考别家店铺的招聘要求来做。首先选择一个类目相似的店铺，然后查看他们的招聘内容，再根据自己的实际情况稍作调整，比如你希望客服是女性，希望美工会手绘，那么在招聘需求里添加即可。

7.3.3　新人入岗流程

1. 入岗流程

人员招聘入职后，我们需要一个基本的入岗流程。常规的入岗流程是根据《劳动法》的规定，选择 1 ~ 3 个月的试用期进行试用。

笔者在这里给各位分享基本的入岗流程。

第一阶段：了解公司

学习公司文化

学习公司规章制度

熟悉公司产品

该阶段可自学和培训结合，时间为 1 ~ 3 天

结束后进行考核，查看该员工的学习状况。

第二阶段：工作态度

仓库工作—帮忙打杂

客服工作—帮忙接待简单客户

数据采集—采集运营所需要的数据并制表

该阶段主要考验员工工作态度、细心、耐心等因素，工作时间为 1 ~ 3 周。

结束后各部门对其评分。

第三阶段：适应岗位

根据其应聘岗位，公司安排一位老员工进行“老带新”

该阶段为半实操阶段，主要看其实际工作状态如何

结束后老员工对其评分，工作时间为 1 ~ 2 个月

掌柜应根据各阶段状态决定是否继续聘用。

以上是基本的入岗流程，也就是试用期流程，各公司可根据实际情况调整。除该部门内容外，每个岗位也应该设立基本的工作流程。

2. 客服工作流程

该流程为普通客服一天的工作流程，仅供参考。

第一步：查看前日工作

查看是否有昨日遗留工作，或售后问题。

第二步：登录千牛平台

登录后，礼貌回复所有离线留言后顺序接待客户。

第三步：处理评价

发现优秀评价及秀宝贝，上报；发现中差评，尝试沟通解决。

第四步：更新资料

整理、收集客服常规问答及快捷回复，整理产品知识等资料

第五步：填写工作日报

按照要求填写当日工作情况及相关数据。

注意事项：离开座位 5 分钟以上将旺旺挂起，并启用自动回复，上机后恢复正常。

3．美工工作流程

美工工作项目较多，流程各有不同，这里给出美工两项重要工作的一般流程：商品图片制作流程、店铺图片制作流程。

（1）商品图片制作流程

第一步：商品主图制作

根据已挑选完成的图片，进行构图裁剪、添加 Logo 等，以符合店铺整体风格。

第二步：商品描述页制作

根据店铺的运营要求，制作每个季度的描述模板。一年四次描述模板制作，具体制作时间根据实际情况调整，美工予以配合。

第三步：商品图片保存

美工收到的图片，应进行归档和整理。

（2）店铺图片制作流程

第一步：店铺装修模板设计

每季度一次店铺装修设计更新，内容包括但不限于：店铺排版设计，店铺海报模板设计，宝贝展示模板设计等。应制作一套完整店铺装修至店铺页面，等待市场反馈。

注意：实际设计图片时应根据当期完成的模板及标准进行操作。如市场反应不理想，应及时重新制作页面以符合市场需求。

第二步：店铺页面图片制作

根据第一步的装修标准与模板，进行每一张图片的设计制作。

第三步：店铺相册整理

图片上传后，都会存储在淘宝店铺相册空间。为了让空间使用更加便捷方便，产品图片必须按照款号上传至空间。装修图片应根据时间和页面进行分类，上传前务必将图片命名好，如产品则命名为产品货号。同时定期整理店铺相册，对过期产品、无用的产品及时进行删减。

4．数据岗位工作流程

数据岗位实际上分为数据采集和数据分析两部分，数据采集是数据岗位较为常规的工作，很多时候数据分析会交给其他岗位工作人员处理。数据采集由于其工作特点，采集的数据涉及面很广，比如市场数据、流量数据、销量数据、售后数据等。

这里给出市场数据采集的一般工作流程给各位参考。

第一步：市场趋势

以生意参谋及淘宝主页面为工具对市场关注、销量、转化等内容的变化趋势进行采集，根据表格进行填写。

第二步：同行趋势

以魔方、淘宝页面、同行店铺为基础，进行一定时间内销量、销售额、UV、转化等数据的采集，根据表格进行填写。

第三步：宝贝排序

以销量排名为主要采集对象（在标题优化中采集的对象要包括综合、人气等排名），通过搜索各宝贝主要关键词，对排名进行一一采集，根据表格进行填写。

5．推广工作流程

推广工作方式、方法较多，最普遍的工作是直通车设置。因此这里给到的流程为直通车推广流程。

第一步：图片设置

与美工进行沟通使其了解图片作用，让美工对推广页面进行比对分析，针对不同宝贝进行图片的制作美化。与美工对接，根据图片的反馈进行修改。

第二步：关键词设置

采集关键词数据进行分析，选取质量、价值比较高的词进行设置。

第三步：标题设置

根据现有格式进行标题的设定及优化。

第四步：地域设置

通过采集销售地域数据以及魔方市场地域数据进行对比，对投放地域进行设定。

第五步：时间设置

采集销售时间数据、赤兔询单时间数据、魔方市场时间段数据进行分析对比，设定投放时间段模块，根据不同时间优化调整活动。

7.4 店内管理

对于准备开天猫店的读者来说，开店前的筹备非常重要。但是如果希望店铺开业后能顺利经营下去，那么店铺的管理必不可少。

大多数情况下，店铺整体运作和发展都把握在店铺老板或店长手中。老板或店长系统化地了解自己的工作，能让店铺开启之后走得更加顺畅。

7.4.1 数据跟踪

前文我们提到过数据工具的基本知识及看数据的基本方法，作为店铺管理层，需要关注的数据量是比较大的，但并不是时刻关注所有数据，应该根据各阶段的实际状况，查看比较重要的数据。

1. 店铺数据

店铺数据包括交易数据和流量数据，一般而言掌柜每天都应该去快速查看这些数据，除通过生意参谋来查看具体数据外，通过手机千牛来快速查看当天的数据更符合新手掌柜的需求，如图 7-21 所示。

图 7-21　手机千牛

2. 排名分析

在运营店铺时，为了达到目标，需要查看自己的排名及竞争对手的排名，以及相关的一些数据信息，如以下数据信息。

行业排名 TOP100 店铺

自身店铺排名

店铺重点宝贝排名

通过实际数据可以知道所处行业的整体状况，及自身店铺在行业中的位置，以上数据都可以通过生意参谋来查看。

3. 品牌分析

如果是品牌店铺，那么下面的品牌数据也应该关注。

品牌热销排行

品牌详细、整体情况、行业分布、热销宝贝排行

品牌热度（搜索量）

4．行业数据

行业数据并不需要天天去查看，一般而言一个季度查看、分析一次即可，如果时间允许的话一个月查看一次更好，行业数据包括如下内容。

市场分析（分析市场、竞争对手等）

关键词：类目关键词单独搜索/对比搜索

关键词分析（帮助制定及优化产品标题、直通车关键词等）

行业搜索指数、行业成交指数、地域及人群

5．店内各类数据

店内数据需要经常查看，特别是店铺有一定改善或调整时，更需要去查看店内数据，如商品描述调整时，需要跟踪调整前后的数据变化。店内数据包括如下内容。

宝贝分析

流量分析

销售分析

装修分析

推广效果

实际数据一般应天天进行查看，其中宝贝、装修、推广数据还可以做成效果跟踪表格，跟踪数据的变化。

6．客服数据

客服作为店铺的接待人员，跟踪客服数据有助于提高客服的效率、效能，还可以提升店铺的服务水准及接单转化率，客服数据包括如下内容。

店铺总绩效、询单客单价、询单成功率、询单工作量等

客服之间绩效对比、客单价对比、成功率对比、工作量对比等

掌柜可以通过赤兔名品查看这些客服相关数据，通过数据对客服团队进行调整。如果是多

人的客服团队，还可以通过优胜劣汰来优化客服团队。

7. 其他数据

除以上数据工具外的其他新数据工具应该时时跟进与学习。

7.4.2 视觉规划

本书后面章节中会专门介绍视觉建设，这里笔者先给出视觉规划的大纲，作为管理层管理店铺视觉时的参考。

1. 品牌形象

LOGO 应用

色系搭配

个性风格

字体标准

文案写作

2. 图片摄影

影像风格

拍摄计划

3. 视觉展示

店铺规划

描述规划

海报规划

推广规划

通过大纲，管理层可以针对某个事项进行解决、制定规划，从而让店铺视觉不再混乱。

7.4.3 人员规划

在本章前三节我们提到岗位架构设置和管理建议，这里对这些内容再次进行梳理，以便各位管理层能对应好自己的工作。

1．岗位需求

店铺架构

岗位职责

2．等级管理

实习生

试用期

正式员工

高级员工

管理层

3．职能配比

人员发展规划（什么阶段招什么人）

离职调岗规划（什么情况开除，什么情况调岗）

7.4.4　产品体系

店铺一旦正式运营起来，店铺的产品系统就开始起到非常重要的作用。

笔者在这里先给出产品的整体规划思路，本书后续章节会专门讲解新店铺的商品准备和发布等相关内容。下面所列的工作大部分需要在店铺开业前完成，其中产品定价应该最早完成。

1．产品配比

品类搭建

爆款选款

差款淘汰

2．产品附件

包装

礼品

购物袋

贺卡

其他

3．产品定价

常规售价

促销价

7.4.5 岗位跟踪

作为店铺的管理人员，每天的工作并不是某个具体事项，而是对每个环节进行监督和检查，保证每个环节顺利进行。下面笔者列出了各位管理层一些常规的跟踪查看事项，希望能让各位店主顺利运营好整个店铺，抓住自己的工作重点。

1．主要宝贝跟踪

宝贝流量观察：搜索排名、来源分析

宝贝质量观察：单品销售情况、单品转化、收藏量、购物车数量、单品退换货情况

根据实际情况进行综合协调处理。

2．页面跟踪

装修页面查看：文案、图片、价格

点击链接查看：分类、导航、优惠券

主打宝贝查看：内容、描述、评价

热力图查看：全页面点击量、热力点击位置查看

根据实际情况，进行综合协调处理。

3．客服跟踪

赤兔数据查看：询单转化、接待量等

聊天记录查看：低转化客服聊天内容查看

反应速度：标准话术（个性签名、快捷回复），行业知识

服务态度：表情应用、产品推荐、问题处理、耐心程度

根据实际情况，进行综合协调处理。

4．售后查看

售后查看：聊天查看、主要退换原因查看

DSR 及退货率：查看 DSR 评分与退换货

退换货单报表查看：查看退换货原因

发货速度：快递选择、快递包装

产品质量验证：退换货速度跟踪

根据实际情况，进行综合协调处理。

5．仓库查看

产品库存查看：发货速度查看

产品描述优化：宝贝清仓处理、发货流程查看

根据实际情况，进行综合协调处理。

6．客户体验（CRM 查看）

品牌调性体验：包裹打开体验、产品使用体验

店铺活动体验：会员互动体验（微信、微博、微淘、后院、帮派）

各类短信提醒：祝福短信、催付、催收货好评

根据实际情况，进行综合协调处理。

7．推广查看

直通车查看：导入流量数、推广花费、投入产出比

钻展查看：导入流量数、推广花费、投入产出比

淘客查看：淘客招募数量、淘客流量变化

外网广告：导入流量数、推广花费、投入产出比

根据实际情况，进行综合协调处理。

8. 互动查看

QQ 群、微信群：内容发布情况、会员新增及会员流失状况

微淘、微信、微博、贴吧

根据实际情况，进行综合协调处理。

9. 无线端

无线端装修查看

无线端流量跟踪、无线端销售跟踪

无线端推广、无线端活动报名

根据实际情况，进行综合协调处理。

10. 促销跟踪

使用状况：促销工具的使用和时间期限情况查看

满就送、优惠券、搭配套餐等相关功能操作情况跟踪及查看。

促销效果：通过数据查看每次促销的效果

根据实际情况，进行综合协调处理。

以上内容为店铺管理者应该时时注意及跟踪的综合工作内容。各位读者可根据自己的实际经营状态进行调整与修改。争取做到把控全局，让店铺顺利运作。

7.4.6 项目活动

1. 营销活动

店铺活动报名

店铺活动策划

年度活动规划

月度活动计划

2. 项目策划

店铺项目策划

店铺项目执行

无论是活动还是项目，我们都需要从开始到结束保证这些工作的顺利运转。送给各位读者这句话：没有目标和执行的计划都是浮云。

7.5　场地设备

现在电商从业人员大部分是 80 后、90 后，随着时间的推移，90 后越来越多。90 后人群在招聘和管理上与以往的员工有所不同，在招聘时需要对现阶段的员工心理进行了解，从员工角度了解他们是如何选择用工企业的。

现阶段 90 后是如何选择企业的呢？笔者在培训及演讲中多次问过这个问题，大部分企业主和老板的回复是：钱。90 后缺不缺钱？我们不说结果先来说下经常见到的情况，孩子在某个单位上班受了委屈，然后回家抱怨这也苦那也累、老板偏心、同事使坏等，结果很多家长立马说别去上班了，爸妈养你。好了，至此我们可以发现很多 90 后可以不赚钱，因为有爸妈养。目前这一现象普遍存在于全国各地，受了委屈立马辞职，甚至连之前的工资都不要的也大有人在。

既然不是钱，那么 90 后要什么，前途？自由？福利？尊重？实现自我……其实这些都是员工想要的。目前很多员工和 70 后、80 后老板不是同一个维度去思考问题，比如谈到前途，笔者见过很多公司的女员工对公司的晋升机制完全不感兴趣，写的新年愿望甚至是找个有钱的白马王子。

自由、福利、尊重等也确实是问题，但是当下的现状没有办法照顾到所有员工的这些需求。不过有一个是很多公司忽视，但是店家能做到方面——办公场地。

7.5.1　场地建议

很多 90 后的孩子看着韩剧、港剧长大，这些影片里的工作环境都非常豪华、工作服非常漂亮、白领感非常强。这无疑拉高了 90 后人群对办公环境的心理预期。但很多电商公司在一个居民楼里创业，办公室同时是居家环境，应聘的员工怀着对未来的美好憧憬来到公司，结果看到完全相反的画面，自然不愿意在这里上班。如果再看到在岗员工散漫、办公桌乱七八糟、家里老人小孩都在公司干这干那，更不会决定留下来。笔者见过很多公司由于环境问题导致员工入职的第一天直接辞职走人。

另外一种情况是传统行业转电商的公司，新建了电商部门，虽然地方挺大也挺正规，但是空有一堆办公桌，却没几个人上班，桌上、墙上空空如也，乍看一幅快倒闭的样子。这种情况也会让人不敢来上班。

改变办公环境是值得使用的吸引人才的方法之一。办公室可以是家庭环境也可以是工厂环境，但是必须整洁并带有一些文化建设，比如公司的 Logo、产品图片的海报、公司的文化墙等。有条件的话还应准备一些绿植、摆件。

虽然绝大部分公司很难做到谷歌那样，但是略微改变环境还是能做到的。如果想让年轻的员工愿意呆在你的公司，除环境外，还应适当增加一些额外的福利，如免费的饮料水果，如果感觉成本太高，可以以低于市场平均价的售价销售给员工。

环顾身边的朋友，特别是年轻一代，表现自我是他们的典型特征，从以前的 QQ 空间到现在的微博、微信，无论是出去吃饭，还是新到某个公司去上班，发个朋友圈之类是非常普遍的行为，如果公司的环境值得员工发，且员工的朋友都羡慕点赞，这就说明公司的环境做到位了。这时候，公司不仅能够留下已经招聘的员工，甚至能吸引更多的人才。

公司初期招聘靠环境，中期招聘靠福利，后期招聘靠文化。希望各位读者能从尝试改变环境入手，让自己的招聘更加容易。

初期公司场地究竟该多大，并没有具体标准，通常能维持公司 2 年的发展就足够了。一般每个员工 8 平方米左右的办公空间是比较舒适的面积，如果公司准备在两年后达到 20 人规模的团队，那么公司差不多需要 160 平方米的办公空间。如需要仓库堆货，应根据实际货物情况选择仓库。

确定大小后，需要对办公区域进行粗略分配，比如客服团队和仓库团队较为嘈杂，安排在开放性的办公区域比较合适；美工、推广及运营等岗位需要动脑且工作较为安静，可安排在办公环境较为幽静的区域。

条件允许的情况下还可以根据岗位划分办公室，将客服和仓库安排在靠近门口的位置，美工、推广、运营等岗位安排在同一间房间。行政和财务比较私密，尽量安排单独的小房间。同时安排一间会客、会议多功能的房间，用来面试或组织一些公司会议。

很多传统老板很喜欢大的办公室，笔者认为在员工对环境比较满意时，给自己宽敞的办公室无可厚非。但如果员工空间局促不堪，老板办公室却巨大无比，这对员工难免会造成一定的打击。

7.5.2　设备准备

公司办公区域的安排与分配应与年度的人员发展联系起来，如今年准备招收某些岗位和聘用某些人才，那么应提前将这些办公区域准备好。办公场所确定后与人员配套的硬件设备也应尽量提前到位。

由于电商岗位的工作特点，基本每个岗位都需要配备电脑。一般来说，美工因为需要使用设计软件，所以电脑的配置应该稍高一点。客服可根据实际工作状况进行配置，如果接待压力较大也应适当提高配置，但一般不需要特别好。运营、推广、仓库工作虽然岗位很重要，但对电脑的要求不高。

所以在购买电脑设备时，美工应购买相应的专业电脑，其他部门采购一般电脑即可。当系统和团队达到一定程度时，有的公司会安装 ERP 系统，这时候还需要购买相应的服务器。

仓库主要起到保管商品的作用。如果是传统企业转成电商，实际上不需要改变太多，只要升级自己之前的仓库即可；如果是草根电商，则应尽量实现专业化的仓库摆放，做好选择货架、对货架进行编号等系统性的工作。各位读者可以参考宜家家居的提货区，他们做的就非常科学，如图 7-22 所示。

图 7-22　宜家家居家居自提区

除了基本的硬件设备，每个岗位的特殊性决定其需要配备一些专业设备。如仓库员工因为需要打印订单和发货单，需要多台打印机，店铺早期使用喷墨打印机即可，随着店铺的发展，当订单增多且需要打印发票、物流单等单据时，就需要配备针式打印机，如图 7-23 所示。

图 7-23　仓库用打印机

当 ERP 系统建立起来后，还需要配备专门的扫描枪、摄影头等设备。

如果企业拍摄需求较大，需要设置摄影部门，那么摄影相关的设备也成了必须。常规的单反相机基本能满足一般商品的拍摄需求，同时注意配备其他摄影器材（摄影灯、摄影棚等）即可，如图 7-24 所示。

图 7-24　摄影部门设备相机、摄影棚

一般而言摄影器材越好，最终效果也越好。但是通常只要能满足自己的使用需求即可，没有必要选择最好的设备和器材。

现在很多企业已经开始出现了视频要求，因此也会配备摄影机。由于美工需要调色，可按照实际情况多配备一台显示器，这样对后期的色差会有一定改善。

如果公司经济条件允许，还应该配备更好的办公设备以给员工更好的工作感受，比如某手机企业就给公司员工配备了专门的人体工程学椅子。

整个公司的设备配备齐全后，应注意准备相应的学习资料、书籍及宣传标语，这些将有利于改善公司整体的文化氛围。如果想要进一步提高公司的福利，还可以设置休闲区，并且在休闲区配备咖啡机、小冰箱、微波炉等设备，以方便员工生活，同时采购一些水果、饮料、小食品以给员工家的感觉！

第 8 章 电商产品课

线下店铺开张时，我们经常会看到放鞭炮、摆花篮、拉横幅等让路人驻足停留的做法，同时为了让新店生意红火，很多新店铺会在开张时准备特别商品以吸引顾客。网店开张的形式虽然与线下有很大不同，但道理相通，想要实现开门红，第一批上架的商品尤为重要。

天猫对新店铺及新商品有一定的流量扶持，这实际上就等于线下新店开张时放鞭炮让更多的人进来，一般过了一定时间流量扶持会逐渐减少，因此必须好好把握。

8.1 首发商品选款

顾客大多都是通过商品进入店铺，如果第一批商品能有一定销量，其对店铺接下来的发展帮助巨大，销量增长也代表了一定程度的流量增长。

选择自己首发商品的第一步是了解整个市场状况，也就是外部数据。第 7 章介绍了市场数据调研和对手数据调研的方法，这时候我们要将其应用到选款中去。

8.1.1 行业数据调研

首先，应通过淘宝指数进行多次搜索以了解行业的大致倾向，比如店铺主营男士正装类服装，那么通过对阿里指数或百度指数进行多次搜索比对，就可以得出最有机会的市场品类，如图 8-1、图 8-2、图 8-3、图 8-4 所示。

通过对行业数据仔细对比研究，可以得出近期发展趋势较好的品类，如各类数据都显示近期“衬衫”这一品类发展较好，那么考虑衬衫这个品类作为首发商品就比较合适。此外，通过观察上述阿里指数中的数据，还能发现近期涨幅较大的细分类目和关键词，如“西裤”的多个关键词有大幅度的增长。

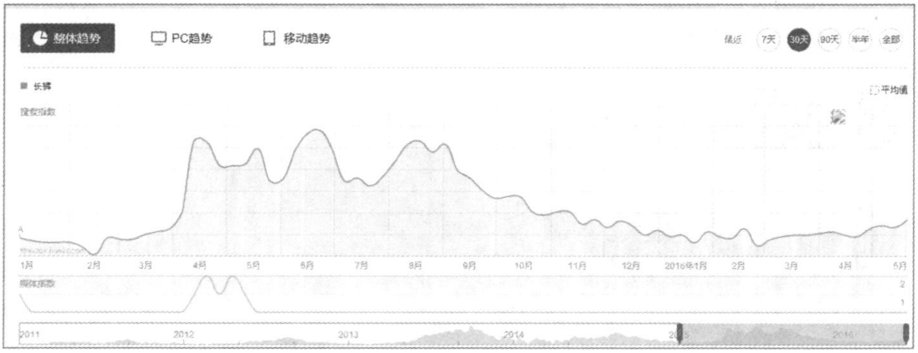

图 8-1　百度指数——“长裤”数据

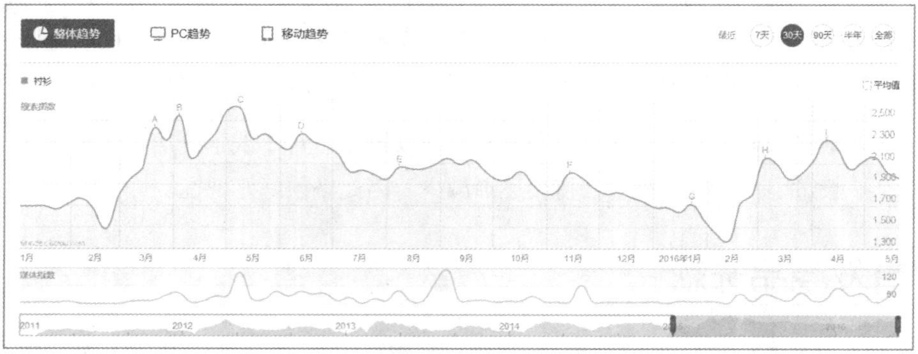

图 8-2　百度指数——“衬衫”数据

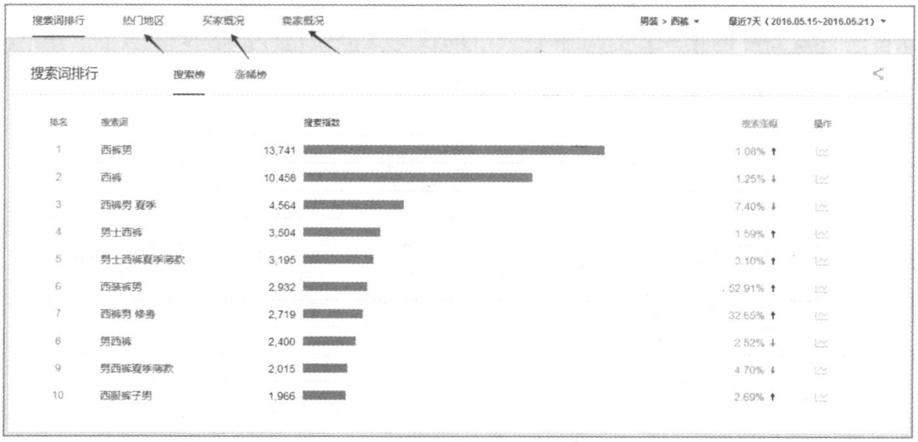

排名	搜索词	搜索指数	搜索涨幅	操作
1	西裤男	13,741	1.08% ↑	
2	西裤	10,458	1.25% ↓	
3	西裤男 夏季	4,564	7.40% ↓	
4	男士西裤	3,504	1.59% ↑	
5	男士西裤夏季薄款	3,195	3.10% ↑	
6	西装裤男	2,932	52.91% ↑	
7	西裤男 修身	2,719	32.65% ↑	
8	男西裤	2,400	2.52% ↓	
9	男西裤夏季薄款	2,015	4.70% ↓	
10	西服裤子男	1,966	2.69% ↑	

图 8-3　阿里指数——“长裤”数据

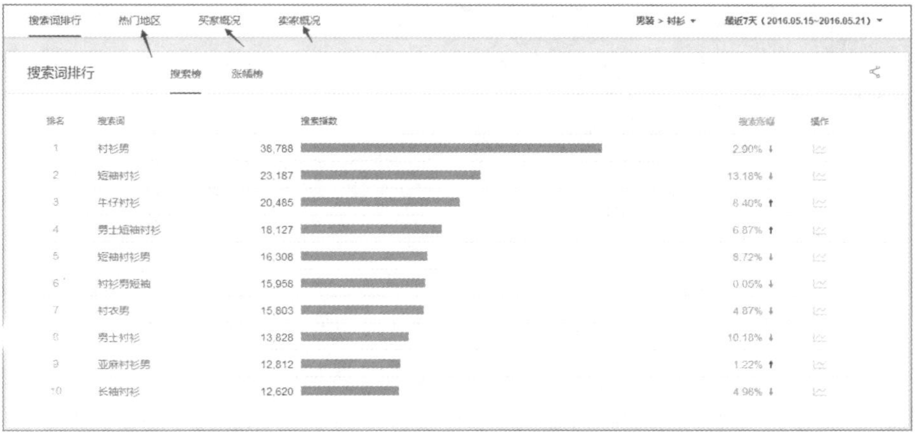

图 8-4　阿里指数——“衬衫”数据

需要注意的是，应通过多个数据进行综合对比，再根据自己产品的实际情况选择合适的品类，而不应该单独看某个数据就决定。

确定市场品类后可以通过阿里指数的更多功能来查看更多相关数据，如图 8-5 所示。

笔者建议在观察阿里指数的基础上，同时进行淘宝关键词的搜索，让数据更加直观可信，如图 8-6 所示。

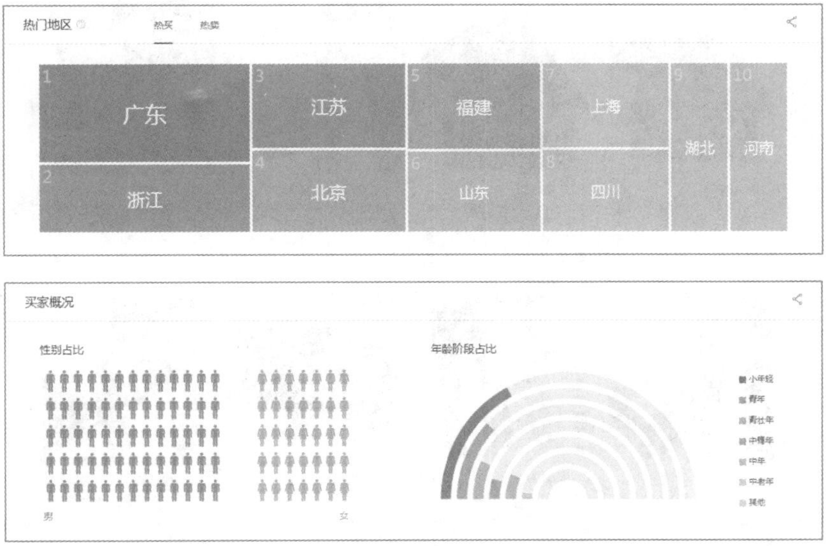

图 8-5　阿里指数更多相关数据

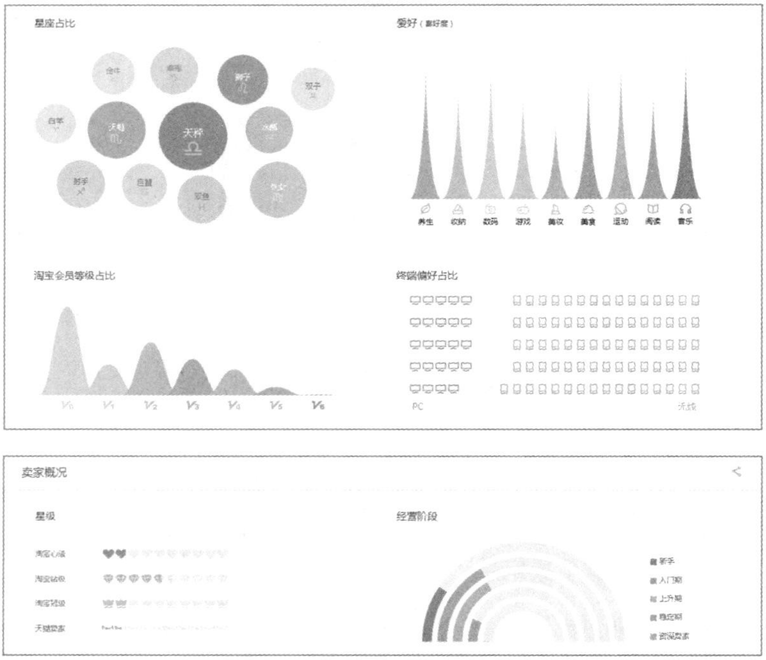

图 8-5 阿里指数更多相关数据（续）

图 8-6 淘宝搜索结果

从淘宝实际的搜索中能发现，搜索“长裤 男”这一关键词时，列出的最热卖宝贝中大部分是单价很低的牛仔裤，这时候需要进行综合判断。一般情况下，这类数据表明低价类牛仔裤确实有很好的销售潜质，但同时竞争压力也非常大。

在进行数据观测时要记得查看具体的相关品牌、商品以及属性，以帮助进行款式的选择。

除上述内容外，在生意参谋查看现有行业对手的相关数据也很有必要，通过行业排行和市场行情可以查看整个行业及目标对手的数据状况，如图 8-7、图 8-8 所示。

图 8-7　生意参谋—行业排行

图 8-8　生意参谋—品牌排行及品牌详情

8.1.2 消费者调研

除调研行业数据外，和产品息息相关的另一项调研是消费者数据调研。通过阿里指数可以了解潜在顾客的性别、年龄等状况，如通过年龄数据来查看哪个年龄段的顾客喜欢西裤这一类目，哪个年龄段人群占比最高，如图 8-9 所示。

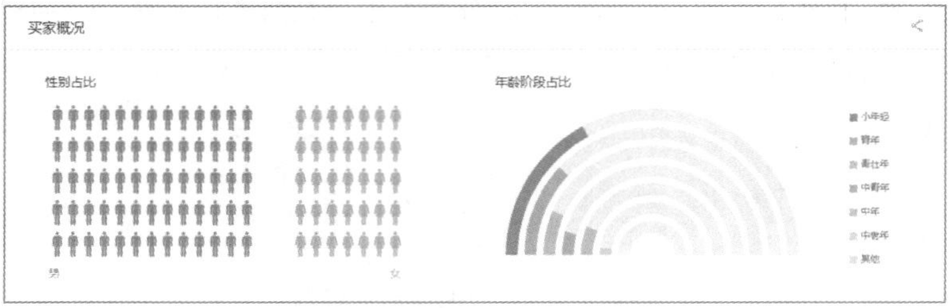

图 8-9 阿里指数—性别占比和年龄阶段占比

通过性别占比我们了解到男裤的消费者有一部分是女性，因此我们可以假设购买者是以礼品或代买方式来消费的，商品中出现一些送礼或者产品包装信息将会有助于这部分消费者进行购买行为。

通过年龄阶段占比我们知道喜欢搜索西裤的消费者实际上并没有我们想想中那么老，西裤最大的消费群体是年轻人，据此可以尝试选择较为年轻的款式，或者以年轻人喜欢的方式来展示商品，也许市场机会能更大些。

通过爱好（喜好度）数据，能得出喜欢西裤的人基本也是音乐、运动、数码、养生爱好者，如图 8-10 所示。

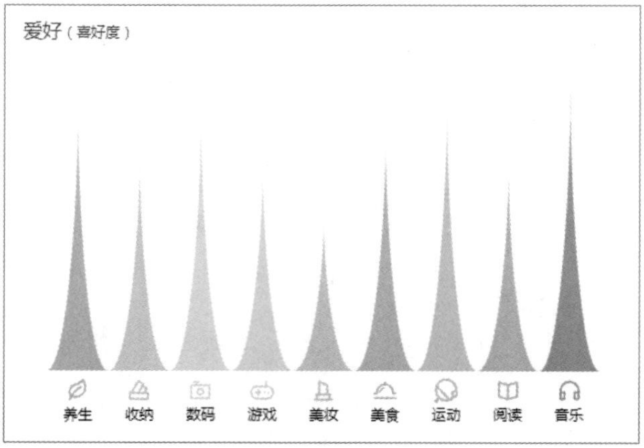

图 8-10 阿里指数—爱好

数据有助于我们了解顾客群，根据这些信息我们可以有针对地调整店铺方向，如品牌视觉等。如果我们要找一些合作商家，数据也可以告诉我们找哪些商家合作会比较符合我们的消费群体。

通过查看本类目的会员等级以及终端偏好，我们可以确定消费者的其他一些状况，如图 8-11 所示。

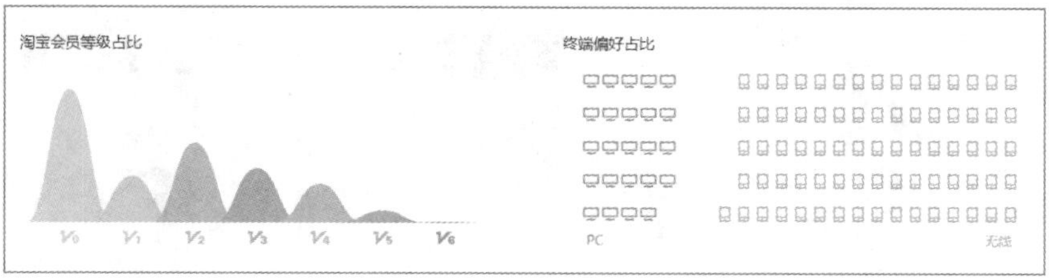

图 8-11　阿里指数—淘宝会员等级占比、终端偏好占比

通过数据我们可以得到该类目的 V0 和 V2 两块数据是占比较大的数据，该部分数据 V 后面的数字越大意味着消费者在淘宝消费的级别越高，即该消费者越成熟，图 8-11 的数据表明新手和中等消费者是最大的群体，因此店铺后期的建设和产品描述应尽量以这部分人群为目标客户来考虑，应尽量把产品信息和购物说明设置得比较清楚。

现阶段大部分行业类目都是无线端流量较大，图 8-11 的数据也表明了这样的结果。因此在设计店铺描述时应尽量将手机端作为重点。

除了通过“阿里指数”，还可以通过“生意参谋”得到类似数据，我们的目的是了解行业、对手、顾客三个方面。

了解外部因素后，接下来必须对内部因素进行分析。内部因素的第一个是现有的资源，拥有工厂资源的店铺一般都有相对熟悉的生产线，如上文讲的男装，虽然市场倾向于做男装长裤，但工厂生产男装长裤并不是最拿手的，这时候就需要进行衡量。

如果自身没有产品设计能力或产品设计周期较长，那么选择现有产品比较合适。如果拥有设计团队，那么可以根据现有市场和对手的产品来新设计一批新商品来适应市场。

除资源外，自身的弊端也需要清楚，比如线下店铺商品与线上有冲突，或店铺有一批库存需要清理，在首次上新的时候需要考虑避开各类问题。

在进行选款时，建议各位读者先进行一次数据汇总，尝试用数据板的形式进行分析。实际操作时可以把各项自己需要的数据打印、张贴在白板上，汇总所有数据，经过权衡以确定自己需要的款式。

8.1.3 产品定价

选款完成之前需要同时做的工作是产品定价，如果不是已有线下店铺且价格必须统一，那么需要从多个方面去准备以确定产品定价。

首先，为了让店铺完整统一，应尽量将店铺的价格尾数统一，如图 8-12 所示。

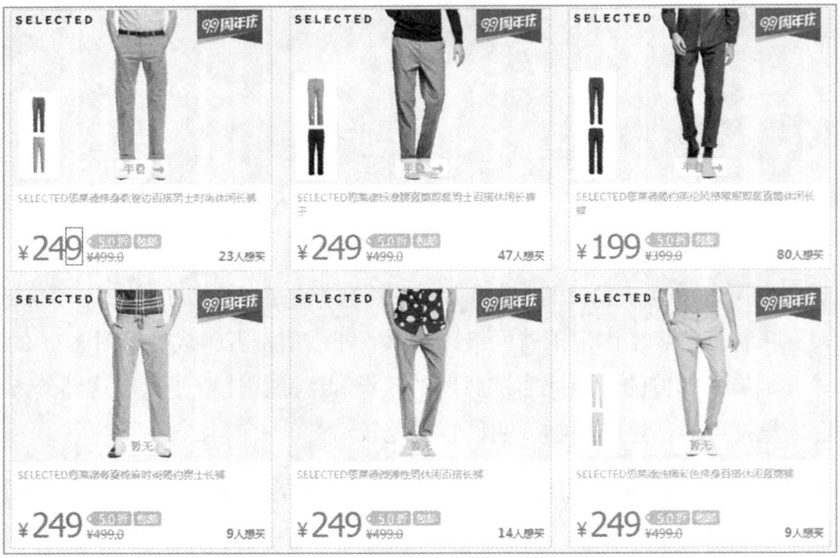

图 8-12 店铺商品价格尾数统一

产品价格的尾数可以选择 5、8、9、0 这 4 个数字，应用较为广泛的是 9。由于国人的消费习惯，其他数字会给人不正规的感觉。实际应用时各位可根据自己的经营理念确定尾数。

定价中市场价格是很多读者忽视的一环，生意参谋中有市场价格数据可供参考，如图 8-13、图 8-14 所示。

会员等级

淘宝等级	访客数	占比	下单转化率
V0会员	17	24.63%	5.88%
V2会员	13	18.84%	7.69%
V3会员	12	17.39%	8.33%
V4会员	11	15.94%	9.09%
V1会员	6	8.69%	16.67%
V5会员	4	5.79%	25%
V6会员	1	1.44%	0%
未知会员	5	7.24%	20%

消费层级

消费层级(元)	访客数	占比	下单转化率
0	44	66.66%	0%
0-0.0	20	30.30%	0%
10.0以上	2	3.03%	100%

图 8-13 生意参谋的访客分析—会员等级、消费层级

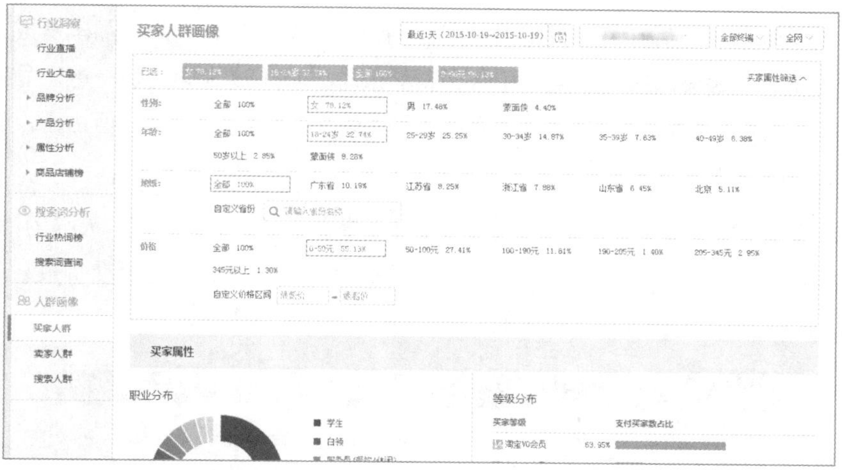

图 8-14　生意参谋的市场行情—买家人群画像

综合汇总这些表格，基本就可以确立一个可供参考的市场价。此外，也可通过直接进行关键词搜索，在淘宝首页查看销量排名靠前产品的价格以了解市场单价，如图 8-15 所示。

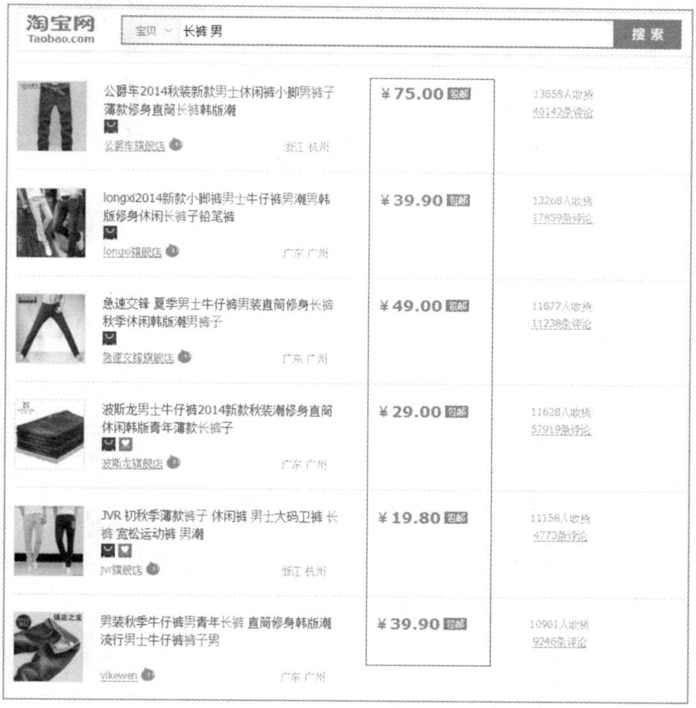

图 8-15　直接搜索得出客单价数据

全面客观了解市场价后，需要牢记的是产品的成本。除了最常见的产品本身成本外，我们还要注意其他成本，如天猫扣点、销售税务、物流成本、员工成本等。每一笔产品销售都应考虑所有的直接、间接成本，笔者经常看到有些店铺虽然商品销售的不错，但由于没有计算间接成本，最终店铺的收入却很少。

让店铺快速爆发的方式除常规的运营外，还可以报名天猫的各类活动，天猫的活动非常多，但几乎每个活动都有活动门槛，所以在定价时必须考虑这个产品今后是否准备报某个活动，如果准备报的话，定价时需要提前留出余地，如图 8-16、图 8-17 所示。

名词注释

1、成交最低价： 指活动商品自2014年9月15日至2014年11月10日期间有成交记录的商品拍下价格的最低价（淘金币价、店铺优惠券、全积分兑换、积分加钱购、秒杀、试用、万人团、预售价格、会员专享价、商品优惠券除外）。

2、专柜价： 指商品的价格标签上的商品原价；或物价局等国家法定机构核定的价格；若无前述两种价格，仅有天猫线上销售且标注"价格"的商品，则"专柜价"是指在2014年9月1日至2014年11月10日期间，该店铺在天猫商品详情页面标题下方所展示"价格"（做过促销优惠的，以促销前的价格为准）的最低价。

3、50%OFF： 指商家在专柜价的基础上向消费者让利50%。

4、虚拟类目部分商品： 手机号码/套餐/增值业务；移动/联通/电信充值中心。

5、母婴大件类目： 童床/餐椅/儿童安全座椅/童车（推车，学步车、自行车、三轮车、电动车、扭扭车）。

6、家具大件类商品： 住宅家具、商业办公/家具类目：高于0.6立方米或大于20公斤。长期绑定"免费配送安装"协议圈定类目商品及定制类商品除外，点此查阅。

7、建材大件类商品： 卫浴陶瓷（浴室柜、坐便器、淋浴房、台盆）、地板、瓷砖、油漆、涂料、门、电线、基础建材大件商品，高于0.6立方米或大于20公斤灯具和安防。

8、汽车配件部分类目： 指轮胎、轮毂类；另外整车自提。

9、运动户外大件类商品： 跑步机/大型健身器械、踏步机/中小型健身器材、自行车整车、电动车/电动车配件。

10、包物流： 指包含商家发货至消费者确认的收货地所在的地级市物流提货点的费用（地级市到买家收货当地的物流点费用需商家与买家协商而定）。收货人负责将商品从物流提货点提至收货地址 。

图 8-16　双 11 对于价格门槛的要求

商品要求

1. 历史成交数

   1.1 商品历史有效订单成交件数大于20件

2. 价格

   2.1 报名商品的活动价不得高于商品30天最低价（可排除聚划算），商品折扣力度大更优，通过一淘比价

   2.2 商品一经提报，不接收区间价；

图 8-17　双 11 对于活动价格的要求

最后需要进行考虑的是店铺自身希望的盈利底线，比如希望有 30%盈利，所有成本 70 元，那么盈利价格就需要在 100 元左右。

由于线上销售产品的价格需要时常波动，所以盈利时间的把控非常重要。根据前期的数据调研，我们可以知道自己产品最热卖的时间段，这一时间段是我们需要真正去把握的，如图 8-18 所示。

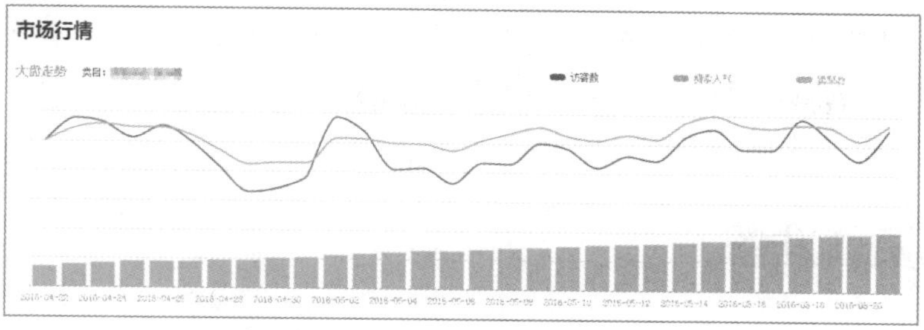

图 8-18 市场行情—大盘走势

一般对比数据是通过上一年的销售数据对比本年度的销售数据。假设 9 月初是全年销售量最大的月份，如果这一时间能得到销售盈利，那么实现全年销售盈利基本就不会有太大问题，而前期和后期销售的价格可以进行适当的增减。天猫较为常见的运营方式是前期低价进入市场，在销量最高阶段前慢慢提价，以便让销量最高的点价格也最高。

以上为商品定价的内容，为了让商品销售得更好，我们需要考虑商品首发时间，如果能像线下店铺一样有一个整体活动就更好了，如某店铺开张大促，50 款秋装全新上市等类似的活动。

8.1.4 新店筹备

进行新店开张活动的第一点是时间的把控，比如 9 月份是男装长裤的热销期，为了在市场上占据有利的时机，选择 7 月开张比较有把握。如果等到 9 月再开张，这时市场已接近尾声，很多产品销售的量已经非常大，竞争将非常残酷。

如果时间确实没有办法改变，那么进行品类的改变就非常有必要，如 9 月份开张的店铺主打商品可以尝试秋装和冬装混合，非服装类的卖家可以通过数据曲线了解自己行业的淡旺季。

确定好时间后，商家接下来需要确定首批商品的款式。行业不同，每个类目相对合理的首批上新数量也不同，一般数量是同行平时上新数量的 2 ~ 3 倍，或是自己全年产品数量的 30% 比较合适。假设女装每次上新 10 款，那么新店开张上线 30 款新品就非常有必要，如果是上新较慢的产品，则一次上新 10 款左右也可以，如果自身上新能力比较特殊可以根据自己的情况再进行调整。

首次上新不建议一下子把准备的所有新品都放上去，因为首批新品不一定能被市场接受，通过观察首批新品的市场反应，再将准备好的第二批、第三批进行上架比较稳妥，一般在 2 个月内把准备好的新品全部上架比较合适。

在确定上新时间和数量后，应安排美工准备产品资料和后台装修，以便在决定上架的时间能够将产品迅速发布。

产品上架一个阶段后，我们需要通过二次选款来进行产品的优化。第一批产品上架后一定会出现数据突出和数据较差的产品，这时需要根据数据及实际销售情况进行优胜劣汰，不断调整商品方向，让自己的商品越来越符合市场需求。

8.2 商品资料准备

互联网将产品展示给未知的顾客，依靠的是各类资料的介绍。因此商品的基本资料、商品的图片文案、商品特有的卖点等资料都应在前期尽量准备好。

很多店铺没有注意资料收集的流程，有的商品在发布时才进行资料收集，有的拍摄后才进行资料收集……这都是非常不合理的。为了让产品资料能顺利配合店铺的整个运作流程，笔者建议各位掌柜尽量在产品发布前完成资料准备工作。

8.2.1 商品资料登记

首先需要准备资料的是商品的基本资料。由于天猫类目众多，产品各不相同，笔者无法一一说明，本书仅以部分商品为例。

在产品发布时，无论是哪种商品都需要选择特性，比如服装的元素、适合的年龄等，如图 8-19 所示。

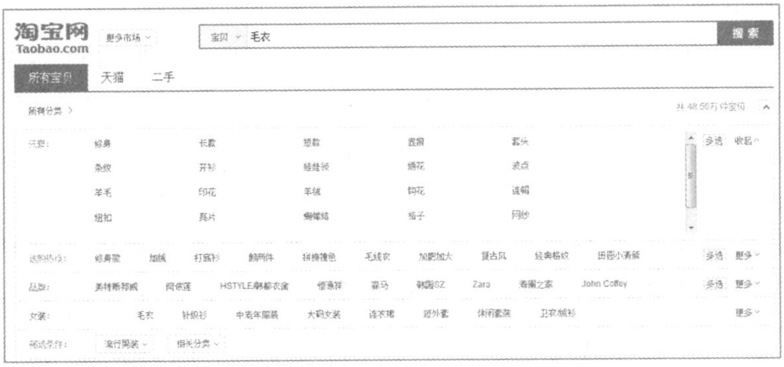

图 8-19 产品特性选项

为了让店铺前期工作井井有条，店铺应有专门负责商品发布的工作人员。这并不是指单独一个人只负责商品发布，而是指商品发布应由该人员专门负责，该人员也可同时兼任其他工作。

有了产品发布专员后，前期资料准备完整后应给予该岗位人员。这样产品发布专员能更加准确、更加快速地完成发布工作。

各类资料中首先需要准备的是基本资料，针对每一件商品应制作商品资料登记表，该表格应尽量涵盖以下内容。

商品名

商品售价（吊牌价）

所属类目（尽量准确到最下级类目）

型号（货号）

产品规格（颜色、尺码、规格等）

产品其他属性

以上仅罗列基本内容，有的类目（如服装类）有更多选项（如风格特性等），应尽量提前准备完整。

除了这部分资料，商品的周边资料也需要收集完整。这其中部分是需要店铺准备好的资料，如证明产品为正品的证书、资质证明等，如图 8-20 所示。

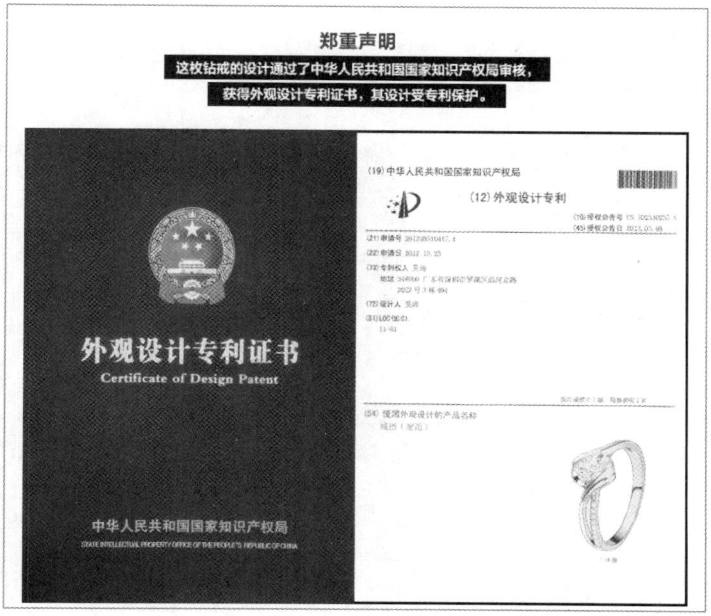

图 8-20　相关证书

产品的材质特性等专业性文案，功能及使用说明类文案也需要准备好，如图 8-21 所示。

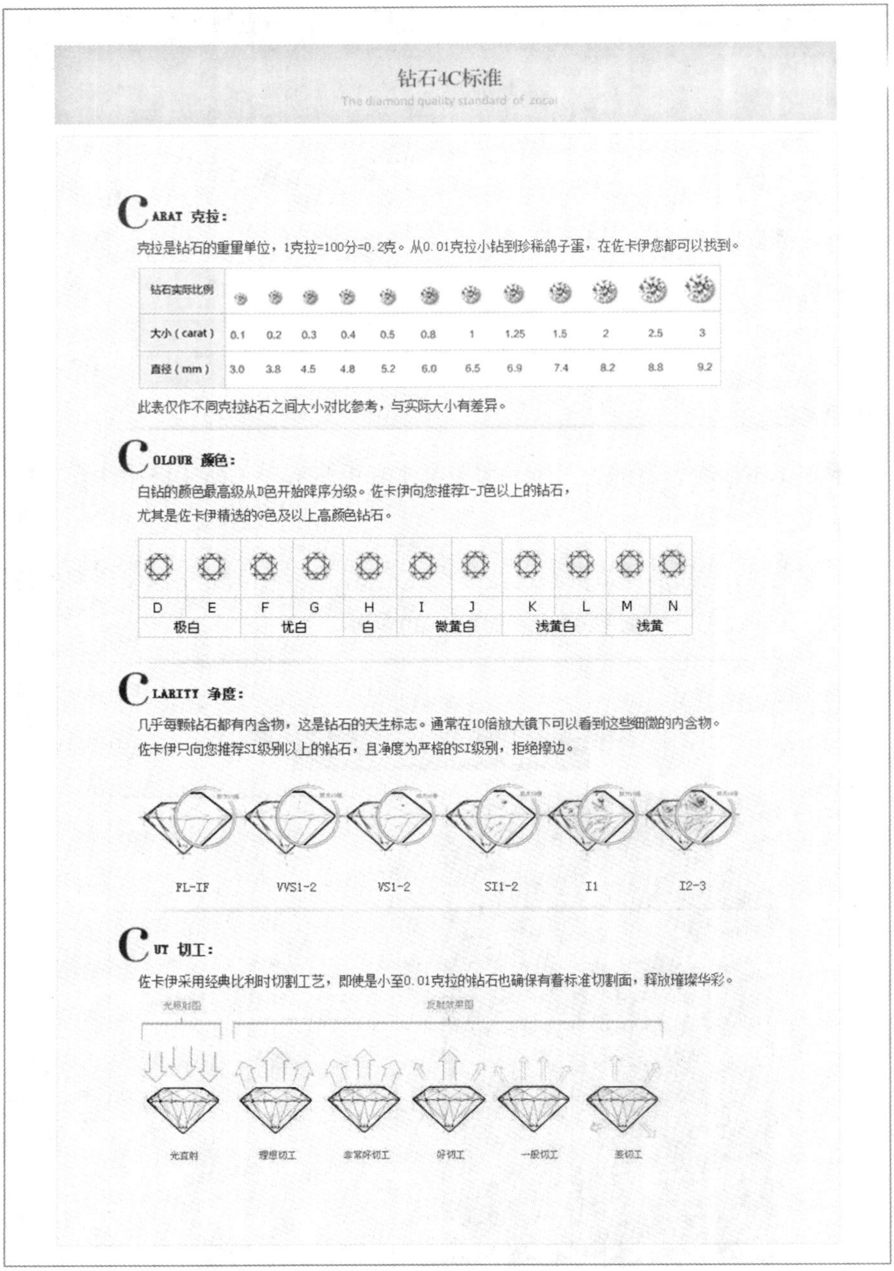

图 8-21　专业性文案

如果是多件商品公用的资料，准备一份即可。如不是共用的，则应一一准备好不同产品的资料。

很多店铺为了让描述页面更加完整、充实，还准备了以下内容：常见问题答复、搭配推荐、帮助中心、物流包装、品牌故事等。各位可根据自己所属的类目进行资料准备。如果不是特别清楚首批商品发布需要准备什么资料的话，可参考同类目优质商家的描述内容。这里建议各位读者参考而不是抄袭。在选择优质商家时，可选择那些在天猫经营多年的知名品牌店铺，这些店铺的内容更加专业。

8.2.2　商品卖点挖掘

资料准备完成并归档后，下一项工作就是卖点的分析和挖掘，每个商品都有各式各样的优点，可以先从现有的资料中找出商品特性。如产品有非常多的特性，可以先进行罗列，再对产品特性进行排列，将最优质的特性放最前，如图 8-22 所示。

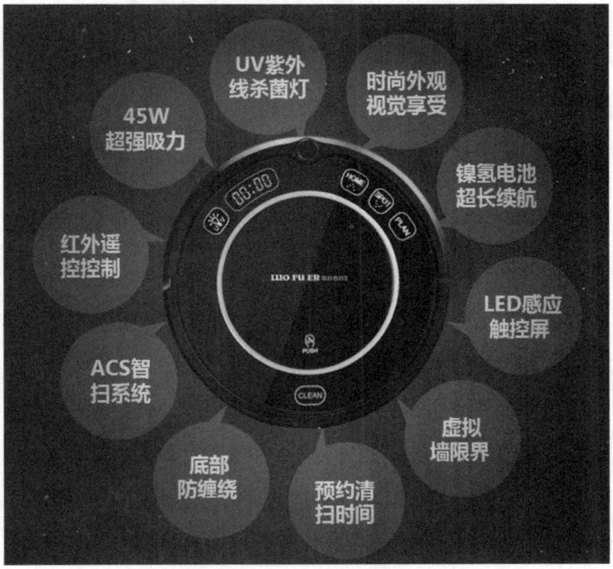

图 8-22　商品特性

每个商品都有特性，有的特性很明确，有的特性需要挖掘。对于的商家来说应尽量挖掘自家产品特性，当需要补充其他特性时才去参考同行卖家的特性。特性展示时应尽量做到“人无我有，人有我优”。

特性分析、罗列完成后，应站在买家角度对每一个特性进行利益挖掘，如图 8-23 所示。

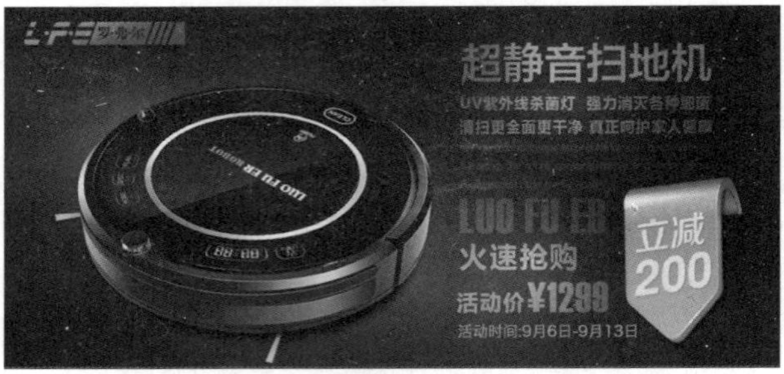

图 8-23　产品海报中展示出了产品的主要特性

在店铺海报、推广图片、活动报名图片中，可以将最想展示的卖点放在最明显的位置，然后根据实际需求补充卖点。

8.2.3　图像资料准备

上文提到的都是文字类资料，如果要对产品进行更有力地说明，图像类资料必不可少。优质的图片会有助于商品的销售。

优质图片的基础是拍摄，除了一些特殊商品，几乎所有的商品都有拍摄需求。由于商家本身的资源不同，拍摄的方式也有所不同，一般来说有以下三种形式。

自建拍摄团队

产品外包拍摄

部分外包部分自拍

视觉外包部分内容在第 3 章中以有详细地解答，这里不再赘述。

如果拍摄量较大、或有较多特性化的拍摄需求时，笔者建议各位商家自建拍摄团队，自建拍摄团队需要准备以下内容。

1. 场地

应根据产品的情况准备相关的摄影场所，大型商品需要较大的摄影棚，首饰类等小件商品则仅需要一个小空间。服装类拍摄如需要模特，空间也应尽量大一些。产品需要外拍的（如服饰类），可以不自建场地，而是在当地寻找一处适合自己风格的拍摄地进行拍摄。目前有相当多的店铺是这样做的。

由于产品的需求不同，摄影棚的搭建也有较大差异，各位可参考网上的资料进行搭建，也可向摄影师寻求建议，如图 8-24 所示。

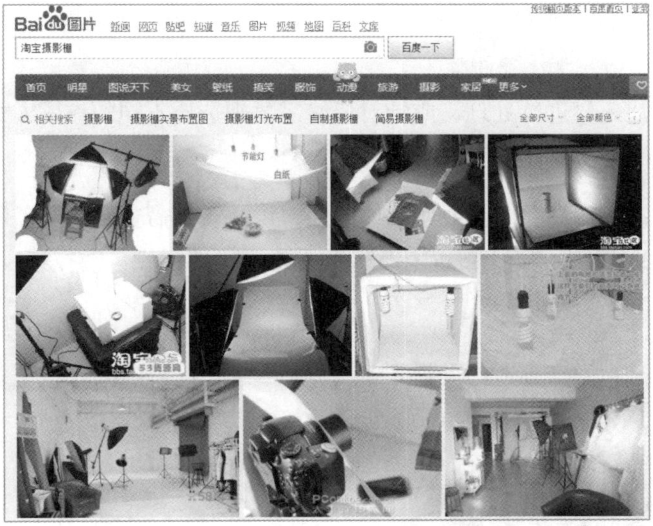

图 8-24　摄影棚参考

2．设备

好照片需要好的照相机。选购相机时并不是越贵越好，而是应从自己的需求出发，笔者建议大家多去逛逛摄影设备的论坛，如要拍摄小件商品则选购拍摄细节拿手的相机，拍摄服饰类商品则选择拍摄人像较好的相机，拍摄产品色彩丰富的商品则选择色彩表现度好的相机等。

相机的种类繁多、价格差别巨大，如卡片机、单反相机、单电相机等。在资金充裕的情况下应尽量购买一台操作性强的单反相机。如果对拍摄要求不高，甚至可以直接用手机拍摄。

除相机外，灯光的选择也非常复杂，由于拍摄的自由度较高，灯光的规格也非常多。摄影灯的选择也应按需选择，购买前可以尝试咨询销售灯具的卖家，条件允许时应尽量选购一些品牌拍摄灯具。

如有需要还可以选购一些拍摄背景和道具。拍摄大型商品的可以选购背景架及相关背景布，或搭建一些室内的场景，购买一些道具以配合店铺商品拍摄。

选择摄影师方面，如果比较着急的话可以选择有一定拍摄经验的摄影师，如果不是特别着急则可以选择一些美术类专业学生。当然学生一定要是摄影的爱好者才行。

如果店铺产品拍摄需求不多，一次性拍摄就能解决店铺大部分的图片需求，这种情况下将产品拍摄外包是比较合适的。

在发布产品和装修店铺时，图片是需要通过官方的图片空间来储存的。图片空间操作非常简单，官方有相关教程。

3. 图片制作

拍摄完成的照片还要进行处理，应针对最终需要来选择不同的作图方式。图片一般会应用在产品、店铺、推广三个部分。

产品图片即店铺发布商品时需要用到的图片，也是店铺需要最先准备的图像资料。包括商品发布时需要用到的主图、颜色图、描述图。其中产品主图和颜色图在第一屏就会展示给顾客，如图 8-25 所示。

图 8-25　产品展示第一屏

图片发布时应注意天猫商品主图及其他图片发布的规则，这些要求应该在发布前仔细了解清楚，如图 8-26 所示

天猫商品主图发布规范

主图必须为实物拍摄图，图片大小要求800*800以上（自动拥有放大镜功能）；
主图必须为白底，展示正面实物图；主图不许出现图片留白、拼接、水印，不得包含促销、夸大描述等文字说明，该文字说明包括但不限于秒杀、限时折扣、包邮、*折、满*送*等。
每个行业对主图要求会有不同，具体建议查看对应行业标准。

图 8-26　天猫商品主图发布规范

商品主图务必根据天猫的要求进行制作。根据类目的不同，天猫对主图的要求也不同。一般产品可以发布 5 张图片，女装类可以发布 6 张，官方建议第一张为正面图，第二张为背面图，其余为不同部分的细节图，第六张为模特正面照。各位读者在发布前需清楚自己类目的标准，一般发布界面会有提示，如图 8-27 所示。

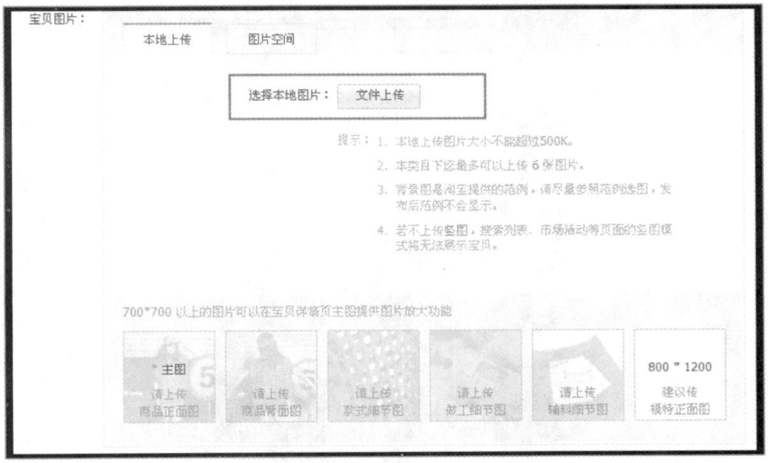

图 8-27　天猫主图发布界面

相比主图，描述图片的制作更加自由化、个性化，内容也不尽相同，有的商品描述只有短短一页，有的则长达几十米。

宝贝描述的内容一般为产品图片及资料的完整展示，主要包括：品牌介绍、产品展示（模特图）、产品展示（场景图）、产品展示（实拍图如服饰类平铺、摆拍等）、产品展示、细节图、产品详细资料（如尺码材质等相关信息）、关联推荐、卖点阐释、同行对比、包装展示、附加价值（如送礼、限量、收藏等）、帮助中心、客户评价等。

以上内容仅作为参考，读者应根据实际需求选择自己需要的内容进行填充。宝贝描述的长度和内容没有统一标准。各位读者不必寻求一种准确的方法。

一般女装类目的图片会有模特上身照和宝贝平铺照等多个维度的照片，而护肤品则会有产品图片、效果图片等多个维度的图片。在制定拍摄计划时，一定要提前将这些内容和拍摄计划准备全面。这部分内容可参考第 3 章的内容。

商品描述的长短、逻辑排序、文字内容、图片展示都没有一定的规定，可以尝试做比较长内容，也可以将商品描述做得简单而直接，只要符合店铺需求、迎合消费者的需求即可，如图 8-28 所示。

图 8-28　不同的商品描述

店铺图片作为店铺的品牌形象，可以在宝贝图片中选择部分来使用，如果资金允许，应该单独拍摄一组照片用作店铺装修。店铺图片整体风格应该在与宝贝图片一致的基础上，尽量突出品牌形象，如图 8-29 所示。

图 8-29　店铺图片海报

店铺图片可以参考实体店铺中的海报进行拍摄，选择店铺主推产品或形象产品作为店铺图片，有助与店铺未来产品的发展；一些个性和有故事的照片也可以在店铺推广中使用。

推广图片主要用在两个地方，一个是直通车图片，另一个是钻石展位图片。这两个推广区域对照片的要求相当高，但很多店铺在前期并没有设计好专门给推广用的图片，而是让店铺设计师对店铺原有的图片进行加工生成。这种方式好处是由设计师或美工操作比拍摄一组来的方便，坏处是设计师及美工会花费较多的时间来进行处理。

如果提前策划了推广图片，那么在推广时就比同行拥有更多的优势，因为修图效果和直接拍摄的效果相差还是比较大的。这些推广图片在使用过程中如果发现效果不好时，应重新拍摄，重新拍摄比让店铺设计师加工一张图片更简单、更方便。

8.3　店铺商品发布

完成商品图片资料后，下一个流程就是商品发布，商品发布是网店基础工作之一。商品发布比较简单，基本上通过几次的学习就能掌握。

8.3.1　发布方式

如果商品较少，那么直接用卖家后台发布产品即可，天猫和淘宝官方都有详细的发布教程，卖家只需要按照官方的教程逐步操作就能完成商品发布的流程，如图 8-30 所示。

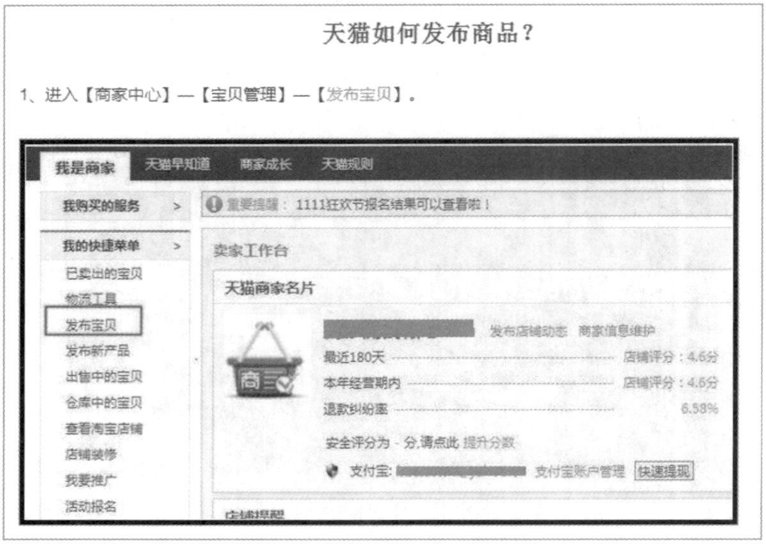

图 8-30　天猫发布商品教程

如果商品数量较多，商品上新和修改比较频繁，使用后台发布商品的方式效率就比较低，此时可以用“淘宝助理”这个软件实现批量发布，如果店铺某些商品需要批量修改，“淘宝助理”也可以做到的。

到 http://zhuli.taobao.com 这个网址下载、安装后，即可使用“淘宝助理”，目前“淘宝助理”发布商品的功能是免费的。“淘宝助理”发布商品的操作方式和天猫官方的发布方式略有不同，淘宝助理官方页面给出了操作教程，如图 8-31 所示。

图 8-31　淘宝助理

8.3.2　发布流程

为了让商品发布的流程顺利进行，笔者制定了简单的商品发布流程。因为每个店铺的实际情况千差万别，读者可以根据实际情况来修改、优化商品发布流程。

第一步：商品分析

确定准备上新的商品后，就应该开始上新的流程。上新流程的第一步是分析商品，即针对本次上新的商品进行详细地分析，每个品类都有自己产品的分析重心，笔者无法列出所有分析方法，仅举部分案例希望给各位读者启示。

女装商品在上新之前，应该找几位身材不同的员工进行试穿，了解该女装哪类身材上身效果较好，适合什么样的皮肤，适合什么样的脸型，应该如何搭配等。同时分析面料是否易皱、粘毛，及面料手感等综合情况。如果是护肤品或化妆品则需要让员工亲自体验产品的使用方法、使用体验、最终效果等。食品应该试吃，数码产品应该试用。

第二步：上新登记

如果商品不多，通过上述的体验后，把相关分析内容直接登记在电脑上即可。如果商品较多，那么建议制作专门的上新登记表，将每款商品信息登记好，这样后面的流程会更加顺利。

登记的内容除了上面的商品分析，还应登记描述和发布需要的其他内容，如女装的详细尺码规格、面料、图案、上身效果、洗涤方式等。这样登记以后，在发布商品时只需通过这个表格就能完成选择和文字类工作，再加上制作好的图片，整个发布流程会更加轻松简便。

第三步：描述策划

很多掌柜把描述策划的工作交给美工，这其实是一种不负责任的行为。描述策划是非常重要的工作，描述中的详细文案、描述块面的次序等内容应该是负责营销和市场的人员来做的。

另外描述内容中涉及的图片，需要哪些角度、需要哪些细节等内容应该在描述策划中体现，以便商品在拍摄时有所依据，不会因随意拍摄造成重复工作。

第四步：商品拍摄

有了描述策划中的产品拍摄要求，无论是自己拍摄还是找外面的公司拍摄就都有了基准线。再次强调，在实际拍摄过程中，前几期务必让描述策划的相关人员跟随拍摄，跟拍能让最终拍摄的效果与策划的要求更加接近。

第五步：商品修图

为了让店铺的商品图片有更好的效果，商品拍摄完就应该安排再次修图。有的读者可能知道很多拍摄公司在拍摄后会进行后期修图，而且部分公司确实修的不错，但是拍摄公司给的照片还是需要后期调整，因为图片裁剪的角度、细节图片的重点、整套图片的色调等内容和店铺的需求还是有所不同，应尽量找专人将图片修整到较为完美的效果后再进行下一阶段的工作。

有读者可能会担心图片修饰过头，导致买家购买后出现售后问题。避免这些问题的方法是把握好修图的度，这个度非常微妙，没有任何标准，可以参考同行较为优秀的图片。

如果产品颜色较为鲜艳，为了避免色差可以通过多个显示器对比检查。

除描述图片外，还需要商品主图和颜色选项的图片，这些图片可以是修图的人制作，也可以是描述的人制作，只要保证资料齐全即可。

第六步：描述制作

在描述策划和已经修好的图片这个基础上进行描述制作，实际上已经非常方便了。一般美工在这些材料的基础上都能顺利进行描述制作。如果商品较多，且希望商品描述较为统一，那么描述制作前可以先要求美工制作一版描述模板，并且在完成之前进行确认，应保证最终确定的描述模板能使用半年以上，通过模板来制作商品描述会更加便捷和方便。

第七步：商品发布

完成上述工作后，就可以进行商品发布了。为了保证每个环节都能顺利运转，整个商品的发布过程可以由专人跟踪负责。当流转到商品发布这个过程时，应该保证资料齐全，发布用到的每个图片都应制作完成且放置到专门的文件夹，文案和数据应保存在文档文件中。

有了上面的资料，发布已经变得非常简单。需要注意的是，为了配合店铺的整个营销计划，新品的上下架时间和商品推荐位应另外安排人员负责，商品发布人员将商品发布至仓库即可。

第三部分

崛　　起

第 9 章 视觉建设课

视觉建设是整个店铺建设流程中直观体现店铺是否专业、是否成体系的部分。客服工作通过员工个人完成，推广及发货工作没有特定的流程和标准，这些岗位的员工如果能用心工作，即便工作体系有一些小问题从外部也看不出什么。但视觉不一样，有经验的人一眼就能看出来某个店铺是否建立了完善的视觉体系。想要建设好整个视觉体系，单单招聘几名优秀的设计师、美工是不能把事情做好的。完善的视觉体系需要从线下端开始建设，再以线下为基础延伸到线上。

9.1 线下视觉和品牌视觉

9.1.1 线下公司视觉现状

在经营网店时笔者发现大部分线上店铺的视觉系统存在问题，甚至很多顶级商家也存在问题。在接触了实体店以后，笔者又发现很多公司、企业、工厂的视觉体系也都存在问题，体系杂乱、视觉系统陈旧等问题不一而足。有些公司线下专卖店一套系统，线上网店一套系统，如果不是商标一致，别人肯定会以为是两个企业。还有些公司沿用七八年前甚至十几年前的视觉体系，一直没有更新，已经完全和时代脱节。

线下是线上的基础，没有标准的线下视觉体系，也不可能有完善的线上视觉体系。在整个视觉体系中，店铺装修、宝贝描述等视觉系统，只是全部视觉系统中的一小部分，我们一般称完整的视觉系统为多媒体系统。

没有标准化的视觉体系对店铺后期经营有非常严重的影响。首先，混乱的视觉体系无法让顾客建立品牌感，自然无法有效地记住店铺；其次，混乱的视觉体系会带给顾客廉价感，体系越混乱，顾客感觉商品越廉价，如果商品定价高，视觉却不到位，自然会影响店铺的转化率。

除对顾客有影响外，混乱的视觉体系也会影响到公司的内部运营和管理。当公司内部环境及办公系统比较混乱时，员工会对公司做出负面评价，间接影响员工的工作效率和忠诚度。此外，混乱的视觉体系会严重影响设计及整个公司的工作效率，因为没有明确的标准，设计工作会随意而混乱；与美工关系密切的推广、运营等岗位也会受到一定的牵连而降低效率。

为了避免上述问题，建立标准的视觉体系十分必要。鉴于大部分读者对视觉体系可能并不太了解，而现有设计公司的视觉体系又太过于庞大。因此笔者截取视觉体系中最重要的部分进行说明，希望可以帮助新手快速、简单地理解视觉体系的相关内容。

9.1.2　Logo 标准

在整个视觉体系中，应该最先制定的标准是 Logo 的应用标准。

这里各位读者需要了解商标和 Logo 的区别：Logo 是一个图形或文字标识；商标是通过注册后获得法律保护的标识，商标可以是纯文字也可以是图形。两者有时候是相同的，也有时候是不同的。比较常见的情形是以商标为基础，对 Logo 图形进行再设计，通过 Logo 的变化、变形来适应市场的变化。

天猫的入驻要求中对商标有明确的规定：没有商标一律不能入驻天猫；刚刚注册的商标也不符合要求。读者可以到天猫入驻规定查看关于商标的具体要求。

Logo 的设计千变万化，不同设计师最终完成的结果也不尽相同。Logo 的设计需要考虑到后期的应用，用色、图形细节等会对未来产生影响。如果 Logo 的用色较多，那么后期所有的印刷制品的成本都会上升；如果细节较多则应用在小区域时会模糊。

确定 Logo 的图形和标准后，应对 Logo 的相关后续内容确定标准。首先确定 Logo 的最小尺寸，由于 Logo 的应用范围较广，应该确保 Logo 在最小尺寸应用时也清晰可见，如图 9-1 所示。

ZARA　ZARA

图 9-1　Logo 示例

确定最小尺寸后，Logo 的颜色标准也应随即确定，部分品牌 Logo 的颜色会随着设计师的喜好而改变，这会让企业的形象随意，显得企业很不正规。一般而言，Logo 一旦确定，则颜色不应因媒介的改变而改变。为了适应一些特殊情况，Logo 可设定备用色系，并明确规定什么情况使用备用色系。同时注意不要出现为了在某个地方放一个 Logo 导致 Logo 拉扁、拉长、变形等问题。此外，还应保证 Logo 在黑白、灰度情形下仍有良好效果，避免出现彩色效果很好，但是黑白效果一塌糊涂的状况。

除上述情况外，还需要分析 Logo 与品牌风格是否一致，Logo 的字体设计是否具有辨识性。很多 Logo 设计会对现有品牌 Logo 进行借鉴，切记不可将借鉴变成抄袭。

Logo 应用标准应形成一个文档，分发到设计单位和个人，供其在今后的工作中参考。文档描述应包括但不限于以下媒介。

事务用品：办公用品、名片、笔记本等

包装用品：产品包装

旗帜制服：员工工作服、企业旗帜、横幅等

媒体应用：如网站、网店、微博、微信等

广告招牌：平面宣传、户外广告、网站广告、电子邮件等

室内外环境：公司内部环境、办公区域、户外环境等

交通工具：公司各类车辆

其他用品

Logo 的实际应用应有规则可查、有标准可言，如果出现一些规则中没有的问题，应该按照近似规则进行处理。

9.1.3 色彩标准

色彩没有标准往往会最快、最直观地产生问题，因此，建立品牌或店铺的色彩标准非常有必要。

注重品牌的店铺往往色彩做得非常严谨，有明确的色彩体系。如星巴克、肯德基、麦当劳等，可以看到这些店铺在全国各地的颜色应用都是统一的，合理的色彩让品牌辨识度大增，能加深消费者印象，帮助消费者记忆。如看到大片绿色很容易让人联想到星巴克，而一大片红色很容易联想到肯德基，如图 9-2 所示。

图 9-2　色彩标准案例

建立色彩标准有很多规范和要求，不过鉴于不是呈交有关机构而只是帮助企业建立色彩体系，建立色彩标准并没有想象中那么困难。可以从 Logo 中提取出主要颜色作为标准颜色之一，并无规定色彩标准要用多少种颜色，为了方便笔者建议尽量使用三种以内的颜色，也可以简化成一种颜色，甚至只用黑白色。

确定好标准颜色后，为了强化标准，可以用 RGB 色号或其他方式来给颜色确立标准。因为实际上红色与红色、绿色与绿色之间的区别也非常大，标准色号能避免同种颜色不同深浅的问题。除 RGB 外有些公司也会用到专业的潘通色卡来确定颜色标准，用什么标准并无关系，只要在后期使用的时候保证相关人员有标准可用就好，如图 9-3 所示。

除彩色外，在实际中黑白灰的应用范围也非常广泛。如果对灰色深浅有特定的要求，也应标注好色号。

每个品牌的用色要求不同，大多数品牌颜色的应用都有固定的比例，这可以保证网页在被浏览时候给人一种统一的美感。可以制作一个百分比表格，然后将确定的色彩比例填入，这样就能比较直观地看到色彩标准了。这样的表格可以自己做，也可以安排设计师来做。特别强调，在店铺装修和描述中，色彩应用应保持克制，除童装和玩具等特殊类目的店铺外，一般店铺的色彩应尽量精简。

	OrangeRed	255 69 0	#FF4500		Tan4	139 90 43	#8B5A2B
	Red	255 0 0	#FF0000		Chocolate1	255 127 36	#FF7F24
	HotPink	255 105 180	#FF69B4		Chocolate2	238 118 33	#EE7621
	DeepPink	255 20 147	#FF1493		Chocolate3	205 102 29	#CD661D
	Pink	255 192 203	#FFC0CB		Chocolate4	139 69 19	#8B4513
	LightPink	255 182 193	#FFB6C1		Firebrick1	255 48 48	#FF3030
	PaleVioletRed	219 112 147	#DB7093		Firebrick2	238 44 44	#EE2C2C
	Maroon	176 48 96	#B03060		Firebrick3	205 38 38	#CD2626
	MediumVioletRed	199 21 133	#C71585		Firebrick4	139 26 26	#8B1A1A
	VioletRed	208 32 144	#D02090		Brown1	255 64 64	#FF4040
	Magenta	255 0 255	#FF00FF		Brown2	238 59 59	#EE3B3B
	Violet	238 130 238	#EE82EE		Brown3	205 51 51	#CD3333
	Plum	221 160 221	#DDA0DD		Brown4	139 35 35	#8B2323
	Orchid	218 112 214	#DA70D6		Salmon1	255 140 105	#FF8C69
	MediumOrchid	186 85 211	#BA55D3		Salmon2	238 130 98	#EE8262
	DarkOrchid	153 50 204	#9932CC		Salmon3	205 112 84	#CD7054
	DarkViolet	148 0 211	#9400D3		Salmon4	139 76 57	#8B4C39
	BlueViolet	138 43 226	#8A2BE2		LightSalmon1	255 160 122	#FFA07A
	Purple	160 32 240	#A020F0		LightSalmon2	238 149 114	#EE9572

图 9-3　色号参考表（部分）

颜色会带给人直观的感受，如红色代表热情，绿色代表自然，蓝色代表冷静等，在使用颜色时应根据颜色特性合理安排，在食品类目多使用红色，在家居、环保、文具等与自然相关的产品多使用绿色，在数码电器等类目中多使用蓝色等。

为了让色彩和品牌更加契合，在确定色彩前可以多做一些色彩与人心理的调研。如直接拿某种色彩让一些朋友来猜测销售的产品，查阅网上关于色彩的描述，或对一些现有品牌的用色进行分析。

9.1.4　字体标准

除了色彩，字体对整个视觉也有明显的影响，目前淘宝和天猫绝大多数店铺的字体都存在问题。造成问题的根本原因是没有确立标准，导致字体应用随意、毫无规则，如图 9-4 所示。

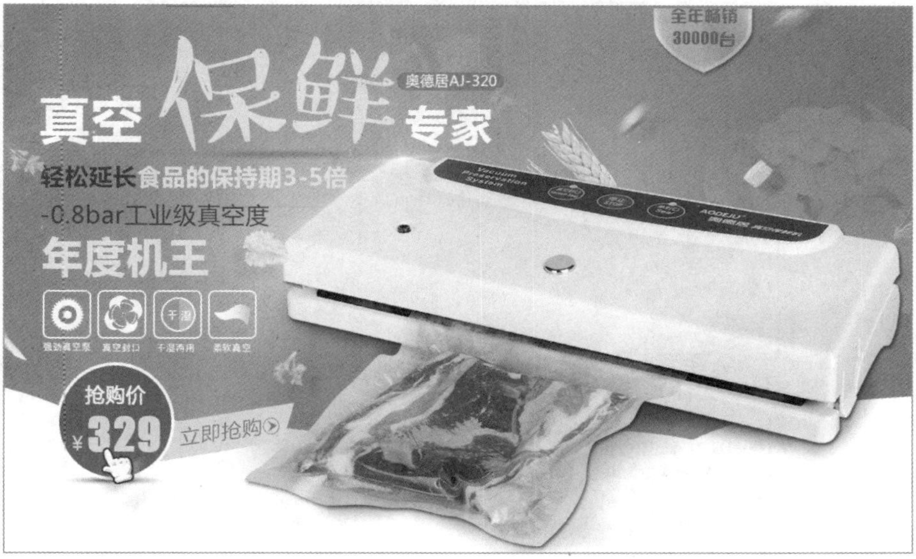

图 9-4　字体使用不合理

从图 9-4 中可以发现，字体种类越多，视觉感觉越混乱；反之，字体种类越少，视觉感觉越整齐，如图 9-5 所示。虽然版面内容比上面的案例多，但由于字体统一做得比较好，给人的感觉较为整齐。

图 9-5　字体使用合理

确定字体标准除能保证最终的视觉效果外，在很大程度上也能减少美工或设计师的设计时间，从图 9-6 可以看到，字体种类非常多，如果在设计工作时没有标准，设计师免不了要对比字体效果。有些设计师电脑中安装了上千种字体，从这上千种字体中选择出一个适合的字体，一定会让设计师花费不少时间，必然会导致设计成本的飙升。

图 9-6　字体选择菜单

从以上描述可以看出建立字体标准非常有必要。建立字体标准并不需要非常复杂的手段，只需让设计师对多种字体进行尝试，选出其中比较好看的字体，进行规则化和标准化即可。如果实在不知道该选择哪种字体，那么可以选择一些较为中性的字体，如黑体或微软雅黑。

如果有一定把握，那么可以选择 3 种中文字体，3 种英文字体，并做好每个字体的应用范围，这样就完成了字体标准的建立。

当品牌建立起来后，如果资金充足还可以让设计师设计企业专用的字体，如迪斯尼就有自己的字体，只要看到这个字体我们能马上联想到迪斯尼品牌，如图 9-7 所示。

图 9-7　迪斯尼专用字体

上面写到的标准仅仅是众多标准的一部分，如果有能力、有实力的话，应该把更多的视觉内容进行标准化，以让品牌视觉更加统一。

9.2　店铺装修实施

新店开张，除第一批商品外，第一版装修也非常重要。想要实现开门红，需要一版视觉和营销并重的店铺装修。

实施装修和实施商品描述一样，实操部分相对容易，有很多非常好的学习渠道，网上教程也非常多，因此本节不再介绍后台操作，而是介绍下店铺装修的思路和理念。

9.2.1　新店发布时间

店铺装修完成后发布，店铺才有一个完整的面貌，在没有装修之前，买家是看不到店铺装修页的。各位读者需要注意，发布那天基本等于新店真正开张，商品发布和店铺装修是两条线，商品发布应在店铺装修之前完成。商品在店铺装修发布前那段时间，可以称为试营业时间。

商品上下架时间是店铺的重点，一般为了迎合店铺开张，可以提前发布商品以便在开张前积累部分流量。这些提前发布的商品可以提前设置与店铺开张当天活动一样的折扣。

商品应在新店开张前多久发布呢？笔者建议如果商品的数量较多，可以分批上架，甚至可以在新店开张当天再上一批商品。如新店准备了 40 款商品，那么可以提前 10 天开始上新品，每天上 3 款，剩下的开业当天上架。如果商品数量非常少，甚至只有 1 款主打商品，为了保证流量充足，应提前 6 天上架，这样可以保证开店当天刚好是流量最高的时间。

线下传统店铺开张会选择良辰吉日，网上店铺开张其实也应该选择合理的时间，这不是要大家去翻黄历，而是考虑网上常见的促销节日。

新店发布当天等到第二年就是开店的周年庆，考虑到开张时间是今后每一年的周年庆时间，应更加注意开张时间与节日的配合。

一年中最好的开张日期一般是销售商品旺季前的 1～2 月。比如你是做泳衣的，那么选择春季开张比较好；如果你是做年货的，那么选择秋季开张会比较好。

不过新店开张往往等不了一整年，可能看到本书的时候，你正在筹划下个月开张。如果这样，那开张时间应注意与节日的关系，尽量避开淘宝折扣最大的活动双十一、双十二。如在双十一当天开张，可能当天生意还不错，但是之后流量下降会比较厉害。笔者建议 11 月开张应尽量选在 1 号，在双十一之前做一个新店开张活动，设置商品折扣力度比双十一稍小些，等到双十一当天就能获得比在双十一当天开张好更多的销量。

在寻常的月份开张，可以选择一个和自己产品相关的节假日，做一个开张+过节的双重活动，效果也非常不错。如计划 3 月份开张的女装店铺，那么 3 月 8 日前两天开张就是不错的时间点。如果是玩具或童装，那么在儿童节、圣诞节前开张都非常合适，在节假日两天开张，等于给开店做个预热。

9.2.2 新店装修重点

新店铺开张，无论是有线下基础的品牌店铺，还是完全新手的新店，笔者都建议做一些营销类活动。

一般活动的形式是商品折扣，如果不想打折，可以选择其他形式的回馈，如赠礼、特供款等，只做新品发布也是不错的活动。

不过相对而言，打折促销活动还是最受欢迎的，新店铺为了快速积累销量，折扣力度可以适当大一些，同时最好做好评有礼的活动，这样能积累部分原始好评。

在策划整个店铺页面时，应突出新店开张的主题、明确折扣，以便让每个来店的顾客都能看到。为了让活动展示更多，也可以在每个商品描述页做海报提示。

制作店铺首页和描述页的海报时，一定要迎合店铺的整体氛围，如果店铺商品较多，那么可以多准备几个单品推荐海报，如果只有某几款商品表现优秀，可以将这些商品的海报放置在店铺明显的位置。

为了提高活动的整体效果，活动时间不应该过长，尽量控制在 1 ~ 2 周之内，活动结束后，慢慢进行价格上调。活动海报应把活动结束时间明确展现给客户，甚至可以做成活动倒计时，比如活动还剩几天结束。

当活动正式结束后，除上调商品价格外，还应把装修页面替换成非新店促销的版本。非新店促销的版本应在活动截止时间之前完成。

另外需要注意的是，为了保证发布后页面没有设计缺陷和问题，应提前半天将页面保存，并一一检查，也可以提前半天发布，以保留检查错误的时间。

9.2.3　PC 端装修要点

在实施装修之前需要先做好的后台操作是商品分类，这个分类实际上应在商品发布前就做好。商品分类比较简单，就是通过几个维度对商品进行归类以方便消费者筛选需要的商品。如服装的品类分为 T 恤、连衣裙、裤子、配饰等，也可通过风格分类。

分类的形式没有一定要求，以方便顾客为第一原则进行设置即可。如果商品较多，应根据商品数量的一定比例设置分类的数量；如果商品很少，可以少分甚至不做分类。比如你是做女装的但是商品种类只有二十多种，那么简单分为上装、下装两个分类即可。

笔者建设设置分类比例是十分之一，也就说是 10 件商品设置 1 个分类。如果有 100 件商品那么分类在 10 个左右即可，注意每个分类里面的商品这尽量不低于 5 件。

分类界面中可以添加海报，各位可以尝试让美工制作分类里面的小海报，小海报可以用来推荐分类里面的指定商品。

分类设置完成后，就可以进行装修首页的制作了，店铺首页的装修和商品描述一样，不是直接就开始制作的，而是有合理的流程。

店铺装修第一步是首页布局的策划。

由于每家店铺都有各自不同的风格和个性，所以装修的方式也应该各不相同。如果商品较少，那么可以尝试个性化的店铺装修风格，如首页从上到下都是大屏海报。如果店铺商品非常多，则可以设置从上到下都是商品推荐模块。笔者在这里介绍常规的首页布局。

首先，顶部的店铺店招没有什么特别的布局要求，根据自己的个性风格设置自己的店招即可。

极简型的店招，就一个 Logo，如图 9-8 所示。

图 9-8　极简型店招

功能型的店招，包含产品分类、旺旺、公告等，如图 9-9 所示。

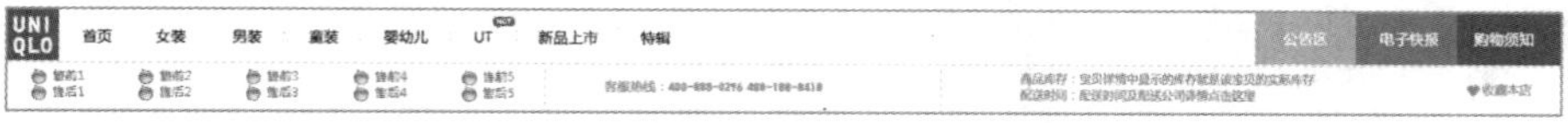

图 9-9　功能型店招

营销型店招，介绍自己的品牌和推荐产品，如图 9-10 所示。

图 9-10　营销型店招

一般店招下面是导航栏，除帮助消费者快速找到商品外，导航栏还可以链接还可设置一些单独的页面如品牌介绍页、会员介绍页等，如图 9-11 所示。

图 9-11　导航栏

导航栏结束后是店铺最重要的海报位置，这个位置一般是用来提示买家参与店铺活动，推荐重要商品。作为新店铺，这个位置应该放置新店开张海报。当活动结束后，可以将开张海报替换为表现最好的商品的海报。

海报下面是各类功能区，如联系区、分类区等，这些区块比较简单，不再叙述。为了配合店铺的活动，可以在首页添加优惠券、好评有礼等促销区，这个区块一般放置在首轮海报下面。在这些区块下面，有的店铺还会再次放置多个海报，用来推荐某个或某些商品。

接下来相对重要的是商品推荐区，商品推荐区的排列方式非常自由、随意，如图 9-12、图 9-13 所示。

对常规店铺来说，商品推荐区的第一个区位应放置店铺销量最好的商品。作为新店铺，这些位置放的应该是预估表现会较好的商品。为了保证这个区块的效果，应该在有了数据后不断更新这个区块的商品。一般是一周调整一次，如果数据没有太大变动可不做调整。

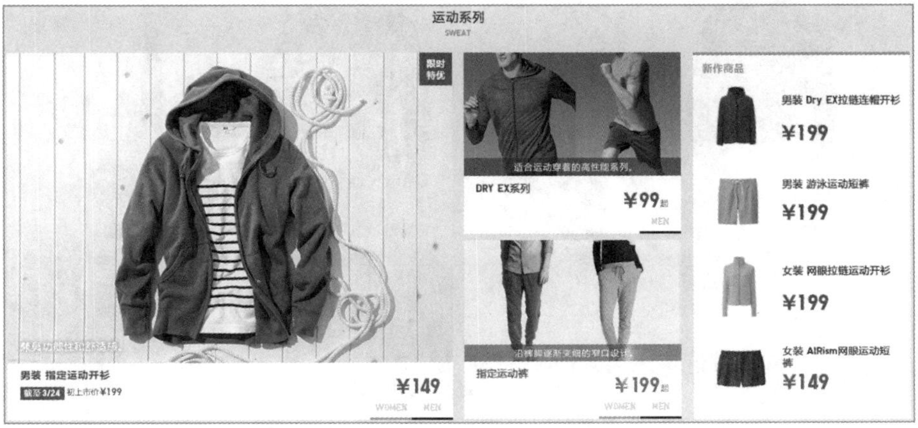

图 9-12　商品推荐区示例

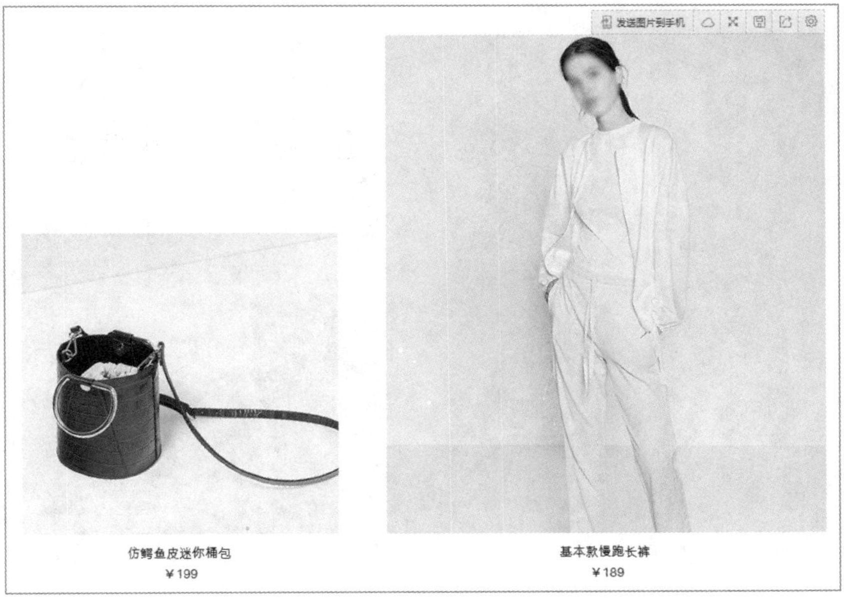

图 9-13　商品推荐区示例

商品区块常见的排列方法是根据现有的分类表现从上到下排列，一个区块一个分类。如服装的连衣裙专区、牛仔裤专区等。区块商品数量不宜过多，如果一个分类有 100 款商品，不应该全部放到首页，而是选择表现较好的商品放在首页商品区块，如图 9-14、图 9-15 所示。

图 9-14　商品区块示例

图 9-15　商品区块示例

店铺装修并不只是上面所述这些内容，还有店铺分类、独立页面、创意页面、功能区块等。

9.2.4　手机端装修要点

现在手机端装修操作非常方便，在淘宝后台有详细的操作介绍。卖家需要注意的是手机端装修应该和 PC 端一致。目前手机端的流量已经超过 PC 端，因此在设计时应注意以手机端为主，以 PC 端为辅。

需要读者格外注意的是，手机端的展示方式和 PC 端存在巨大差别，所以在设计时应该尽量将文字精简，并且选择好字体大小。目前很多手机店铺字都偏小，为了防止这样的问题发生，应该在设计完成后使用手机查看效果，如图 9-16 所示。

图 9-16　手机页面

手机端装修发布的时间应和 PC 端一致。

目前很多店铺的描述是直接拷贝 PC 端的，这导致了手机端的宝贝描述文字过小。而如果以手机端为标准来设计 PC 端，PC 端的文字又会过大。所以如果有能力的店铺应尽量同时设计两版描述，如图 9-17 所示。

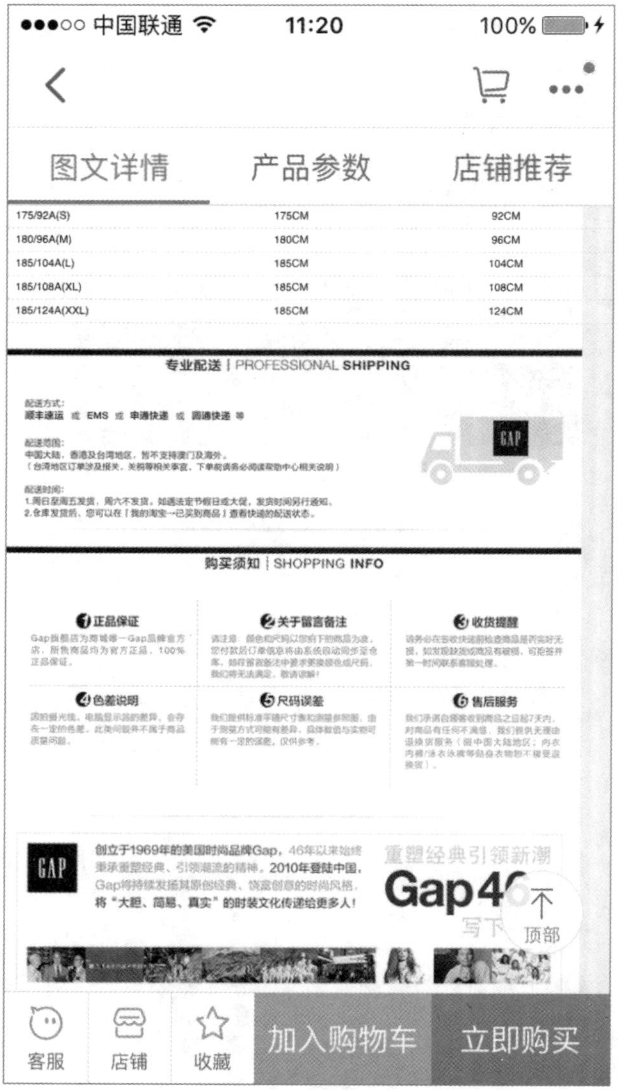

图 9-17　手机描述

第 10 章 流量导入课

每个店铺都希望自己店铺的流量越多越好，但现实是流量资源有限，买家和卖家的比例在一定程度上限制了每个店铺的流量，各平台的流量分配方式或多或少会有所不同，但每个店铺都可以获得分配的免费流量。

除免费分配的流量外，通过花钱购买流量也是很多店铺的经营手段。店家通过花费金钱，从各种推广工具来获取更多的流量。事实上，电商平台上存在用更少的钱买相同流量的方法，让钱花的更加有效。

本章从免费和付费两个方面给各位介绍流量导入的知识。

10.1 免费流量解析

不论新店老店、天猫淘宝，几乎每一个网上开店的掌柜都希望获得免费的流量，笔者也被无数次地问到如何获取免费流量。本节笔者就介绍一下免费流量的基本规则。

10.1.1 免费流量从哪里来

免费流量一般是指店铺没有花钱，平台免费引导进入店铺的一些顾客。很多人迷恋的“神奇方法”就是这个人数多少的规律。

规律是有的，但是绝不神奇。只要按照以下几个原则好好经营，基本就掌握了免费流量的规律。

无论是天猫还是淘宝，亦或其他平台，为了让新店铺对平台更有信心，让基础用户群保持一定数量，一般都会给新店铺一定扶持，在流量上给予轻微的倾斜。

新店铺的概念既包括新注册开店的店铺，也包括停业后重新开业的店铺。笔者经过多次新开和重开店铺，能感觉出新店铺确实有一定的流量优势，所以各位读者一定不要浪费新店优势。

那么新店开业多久后不再有扶持呢？目前阿里官方从来没有明确证实过新店铺有流量扶持这件事，因此也无从谈起什么时候取消扶持。根据笔者及学员总结，新店铺流量扶持时间应该在三个月左右。如果店铺生意较好，免费流量较大，流量扶持力度会适当降低。

笔者根据多年运营经验发现，除了新店铺流量会适当多些，新发布的产品流量也会适当增加。新品流量倾斜的时间比新店铺流量扶持的时间要短很多，类目之间也有较大差异。总之，上新肯定会给店铺带来一些额外的免费流量，如果各位有能力开发新品，可以尝试多上新，如图 10-1 所示。

图 10-1　新品选项

10.1.2　流量的基本规则

首先，读者应该了解，店铺流量大多来自商品页而不是店铺首页。在网上购物时，买家基本都是从平台搜索关键词，然后进入某个商品页。因此商品越多，店铺入口也越多，但应注意，为了避免店铺无限制地上架商品，平台禁止发布重复商品。

其次，平台会通过橱窗推荐位来控制每个店铺窗口的展示量。店铺的橱窗推荐位是有限的，因此商品发布数量也是有限的。限制橱窗推荐位能让大多数店铺相对公平地展示商品。比如两个店铺，一个店铺有 100 种商品，而另一个店铺只有 30 种商品，但两个店铺的橱窗推荐位都是

20 个，此时如果平台有 40 人分到两个店铺，那么两个店铺的流量几乎是一样的。即便平台流量增加到 100 人，因为 95%以上流量仍然是先分给橱窗推荐位，所以 100 种商品的店铺流量只会稍微多些，两家店铺的流量相差非常小。

不过如果只有 10 个商品，但推荐位有 20 个，则获得的流量将以 10 个推荐位为主，相比有 20 个商品的店铺，流量会有一定差距。

综上所述，为了让店铺购物体验更好并获取更多流量，应该在一定程度上增加商品数量。此外，如果店铺商品非常多，但是基本没有销量，客户购物体验也比较差，则要尝试经常去淘汰旧款。

平台为了保证公平性，流量分配会有一个基本的规律，掌柜可以不去考虑这方面的问题也不用去做其他“奇怪”的事情。如果为了让流量增加而去尝试购买流量，则平台很可能会认为店铺的流量已经足够了，减少流量分配。

10.1.3　搜索流量规律

通过搜索关键词，然后到某个商品详情页的购物流程让很多店铺对商品标题优化非常重视，甚至过度重视。

有的掌柜通过网上某个“秘诀”、某个课程，听说某个特别的标题次序能获得巨大流量，然后回到店铺将标题全部改成这个样子，导致流量大幅下跌的故事时有发生。少数店铺发现流量上升就以为秘诀管用，然后每隔几天就调整，甚至找专门的工作人员来研究这个规律。

这样认真的店铺，从工作态度上来说，笔者是支持的，但是从最终结果来看是浪费资源。

笔者在这里非常明确地说明：关键词不太重要。商品标题取好后，只要不犯错，一个经常调整商品标题的商品和不调整商品标题的商品流量差异并不明显。那么不犯错是指不犯哪些错误呢？笔者简单列举几个例子，比如销售女鞋，那标题里不放女鞋就是犯错；如果女鞋是高跟，标题写了低跟、平底就是犯错。商品标题只要遵守淘宝 30 个字符的规定，用上产品的典型特征和可能被搜索到的词汇就可以了。

如果实在不会，可以借鉴平台上相同品类销售不错的商品。不过记得把人家的品牌名称换为自己的，并且注意不要去借鉴那些参加聚划算或者一些低价活动的商品，因为这些商品的标题没有起到太大的作用。

平台还有标题优化的工具，能直接帮助起标题，通过工具直接起一个就好。

读者肯定还听说过通过优化关键词获取巨大流量的案例，实际上这些案例大部分都是传说，很多店铺是之前犯了明显的错误，改正后流量恢复正常了而已。笔者在很多店铺尝试过不断优化标题，最后通过和不犯错进行对比，发现不断优化投入的精力和最终获取的收益是不成比例的。很多时候还因为一直调整流量反而降低了。

同样被神化的另一个获取自然流量的方法是上下架时间，由于淘宝和天猫的七天上下架规则，商品刚上架的时候流量是最低的，而即将下架的时候是最高的。这让越临近下架的商品展示机会越多，很多人过度重视这个规律，其实只要将有相对优势的商品上下架的时间放在一周内流量最高点，剩下的商品根据流量分开放置，即可保证商品都能得到一定的展示。如果要效果更好，可以精确到某个销量最高的时间点，或某个转化最高的时间点，甚至精确到某一分钟。

无论标题优化还是上下架时间优化，对于新手来说都不是性价比最高的工作，不应该花太多时间在这些细节上，完成到适当的某个程度就好。

如果还想对免费流量优化的话，还可以对宝贝推荐位进行优化。首先，选择销量、收藏、人气较高的商品作为最重要的推荐位商品；其次，选择即将下架的商品，再次选择新品。这样可以少许提高些免费流量。

最后，笔者提醒各位，很多工具都有自动优化功能，虽然比人工设定智能性略差，但是能腾出更多时间做其他事。

10.1.4 做的越好，流量越多

从淘宝早期开始，首页展示一直以销量为主要排名方式，不过现在销量排名在一定程度上被弱化了。那么什么情况会给予更好的流量呢？这个问题实际上没有人知道答案，甚至平台的工作人员也没法准确回答。

目前天猫对销量排名在某种程度上仍然给予支持。首先，销量和推荐位是挂钩的，销量越高推荐位越多；其次，搜索宝贝时淘宝和天猫仍然在最明显的位置设置了销量排名的选项，如图 10-2 所示。直通车的质量得分也和销量有关，销量越高得分越高。

除了销量排名，其他一些排名方式则和店铺的多方面表现相关，比如商品的动态评分、收藏、加购物车等各种相关数据都会作为排名的因素。

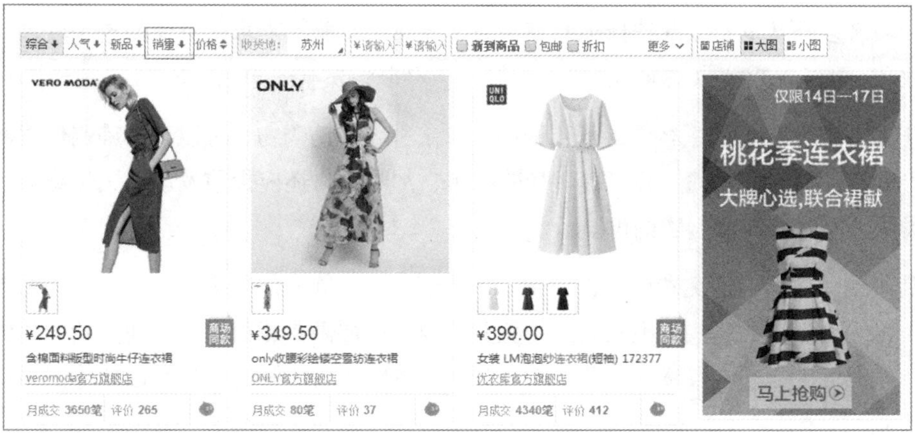

图 10-2　销量选项

10.1.5　如何让流量增值

免费流量获取的主要是 UV，也就是用户。为了让每一个 UV 更有价值，最重要的是让其转化为销售。店铺运营中的一个常见误区是让 UV 转化 PV，很多店铺 PV 高了就感觉很好，这其实是错误的，让顾客不停地去看店铺的其他商品，就如同蹩脚的售货员盯着刚进店的顾客，一个劲儿推销各种商品。

需要明白，让流量增值并不是让顾客多看几页，而是对其完成销售，只有顾客不准备购物时才将其引导到其他页面。流量价值的体现第一是转化，第二是购买更多的商品，第三才是未购物顾客的次级页面浏览。

当店铺有流量进入后，在商品都不是特别突出时流量是比较均衡的，为了让流量更有价值，需要在店铺中进行人为引导。具体做法是先确定主推产品，如最有价值的商品（每个店铺最有价值的商品不一定相同，大多数店铺最有价值的商品是数据较好，如转化高、收藏多、加入购物车多的商品）、公司主要形象商品或大库存商品。

确定好主推商品后，要制作海报放在店铺明显位置，为了加大效果可以在首页多次展示，还可以在商品描述页展示。需要注意的是商品页应尽量控制好数量，一般数量越多效果越差。

当某款商品已经成为店铺流量的集中点，并已经成为店铺最畅销的商品后，可以尝试增加其关联商品，通过页面制作和营销工具可以完成关联。当然最终目的是让店铺销售增加，而不是仅仅让顾客多看几页。因此选择关联商品时要注意满足购物需求，避免强迫关联，应选择相关性较强和可能会一起购买的商品。

对于没有立即购买的顾客，为了让他们在未来进入店铺购物，可以在店铺制作收藏引导和关注引导，在促销活动期间，除了提醒加购物车、加收藏，还应提前发放店铺优惠券，让没有立即购物的消费者有下次购物的可能。

最后再说一些所谓的免费流量，如微博、微信、论坛等外部网站发布广告或发帖等类似的流量导入方法，事实上这些并不是真正的免费，因为往往需要花很大的时间和精力才能换到这些流量。人力资源是非常宝贵的资源，希望各位读者在运营店铺时，尽量以整体的角度去看待店铺。

10.2 付费流量分析

免费流量是有上限的，当店铺发展到一定阶段，做很多工作也很难再提高流量时，如果想再一步提升店铺流量，就只能依靠推广。用好推广的方法，花费金额来换回收入还是不难的。

店铺推广是加大流量的必要手段之一，但新店铺的工作重点不应该是推广，笔者建议新店铺在自身管理没有完全理顺时，应尽量理性推广。前期可适当安排专人负责推广工作，当店铺积累一定经验后逐步加大推广的力度。

一般的推广工具可以在店铺后台“营销中心——我要推广”中找到，如图 10-3 所示。

下面介绍最常用的推广方式：天猫直通车、钻石展位、淘宝客。简单地说直通车推广是通过点击收费，钻石展位推广是以展现收费，淘宝客推广是以成交收费。

图 10-3　店铺后台营销工具

10.2.1　直通车

坊间关于直通车的传闻很多，很多商家由于理解偏差，做出了很奇怪的行为。比如很多店铺抱怨直通车很烧钱，但仍在不停地烧，因为他们觉得不烧更加没生意。

直通车只是推广工具，不是武功秘籍也不是神丹妙药，每个掌柜都应该客观看待。

直通车到底是什么？笔者认为直通车是基于竞价排名的推广工具，主要功能是推广商品。竞价排名是指排名靠前的位置由价高者得。因为天猫的排名与商品本身的表现也有关系，因此直通车引入质量得分这一机制，让质量得分高的商品排名更靠前。

在操作直通车时需要了解下面三个基本步骤。

1．直通车选品

现在，大多数淘宝和天猫店铺以直通车作为主要推广方式，其中以商品推广为主要方向，以店铺作为推广方向的商家较少。

选择适合的推广商品是直通车推广首先要解决的事情，在这之前，决定新店铺直通车推广的时间也相当重要。

很多店铺在基础工作基本完成，商品尚没有什么销量，甚至一件商品都没有卖掉的时候就开始推广，这是不对的，因为这时候还选不出适合直通车推广的商品。

直通车是按照点击量收费，因此点击后的转化越高，相对而言付费成本就越低。根据直通车的收费特点，结合淘宝天猫的质量得分体系，选择转化率高的商品是最重要的，为此甚至可以提高点击费用。

除选择高转化的商品外，选择高销量的商品也非常不错。这里注意，有时候转化率率高的商品不一定是销量高的商品，比如有些商品本身是热门商品，流量巨大，虽然销量大但其实转化率表现中等。选择高销量的商品应查看商品的转化率，根据转化率定价。

除以上两种情况外，我们在一些特殊情况应适当加大推广力度。比如商品在销量排名中处于一个稍许突破就能会产生质的变化的位置（如搜索的第二页，这时销量就差十几笔就能到第一页），那么我们就应该加大推广力度，帮助整个销量的提升。

2．直通车作图

当顾客搜索某样商品时，直通车会出现在商品右侧和底部，这时候虽然顾客能看到，但其实并不需要支付费用，只有当顾客点击后才支付费用。为了让顾客点击直通车商品，必须重视直通车图片。

直通车图片可以比商品主图更加自由、更加个性化，很多店铺为了操作方便直接用商品主图，如果商品主图本身非常不错，那么确实是这样做。但笔者建议商家应专门制作直通车展示图片，制作原则是差异化，以跟同行的直通车图片形成差异，如尝试将摆放角度和别家不一样，背景颜色与别家不同等。

市场的反馈非常难以预测，在制作直通车图片时应尽量多制作一些，通过测试选出效果最好的。

3．直通车选词

网络上有很多关于直通车选词的技巧，有些是比较有用的，如果有时间可以尝试去找下这类资料。不过有些技巧由于时间和规则的改变，现在已经不适用了，各位读者要测试后进行判断，让数据决定最后的结果。

选词技巧非常多，笔者在这里给各位分享一种，读者可以进行试用，如果数据不好就停止该方式，因为规则永远在变化。

首先，尝试常规的选词，数量不用特别多，一般一个商品选 20 ~ 30 个关键词。这里注意，有的商品没有那么多关键词，则可以减少关键词的数量。通常应从直通车热词、商品标题、数据工具 3 方面结合选择关键词。

关键词经过 1 ~ 2 周的测试后，应进行优胜劣汰，首先留住有转化、有销量的词，其次保留没有销量但是质量得分相对较高的词，再次保留质量得分中等有点击的词，剩下的词再不停进行优胜劣汰。当发现调换某些词后效果差距不大时，可选择综合表现较好的词，然后逐步延长关键词调整时间。

4．直通车其他设置

直通车的出价是最复杂也最纠结的事情，因为出价和最终的结果极难把控。相对而言，出价越高位置越靠前，不过质量得分因素让这个结果的不确定性增加了很多。再加上商品转化率，花大价钱究竟能得到多少转化非常不确定。

适合新手的出价方式比较简单，就是从低到高逐渐增加费用。当投资回报率低于预期时，适当降低出价，以保持在一个不亏损的点。

直通车可以在某个时间加价、减价、暂停，如果在某个特定时段出价比常规时间高，那么这个特定时段的流量会增加。为了保证转化，加价时段应尽量是店铺及类目转化高的时间点。

而在一些没什么流量的时间，可以减少或暂停直通车，比如 0 点到 6 点。

时间点的选择对结果的影响随机性也比较大，比如选择一个大家都不加价的时间，那么在那该时间点的流量可能会增加，当其他商家也在该时间点推广时，流量可能会减少。所以优质的时间点不是恒定的，这些设置可以过一段时间调整一次，如 1 个月、1 个季度。

直通车也可以在某个地域加价、减价及暂停，如做泳衣的商家，可以适当增加沿海城市和温泉城市的推广力度。如果是做羽绒服的商家，应该增加北方城市的推广力度。选择商品相对热门的城市增加推广力度，减少或暂停冷门的城市的推广力度，可以让直通车整体趋向更优质的城市。

每个平台都有工具操作的基本教程，直通车教程可通过天猫直通车后台进行观看，点击天猫直通车首页介绍，可进入官方视频教程中心，如图 10-4 所示。

图 10-4　直通车操作教程

10.2.2 钻石展位

如果把直通车比作汽车，那么钻石展位就是飞机。钻石展位的规模和费用相比直通车要提升了一个等级。对于新手店铺的建议是：当直通车已经熟练掌握时，可以尝试去做钻石展位。如果是店铺准备打品牌，并且资金比较雄厚时，也可以提前开展钻石展位的推广。

1. 部分规律

钻石展位由于其特性，能快速拉动巨大流量，商家可以在首页及各种热门页面进行投放。在平台不断地优化下，钻石展位展现较有目标性，如一位顾客经常搜索某种类目，等到该顾客回到平台的各个页面时，就能发现已经出现了投放的钻石展位广告，如图 10-5、图 10-6 所示。

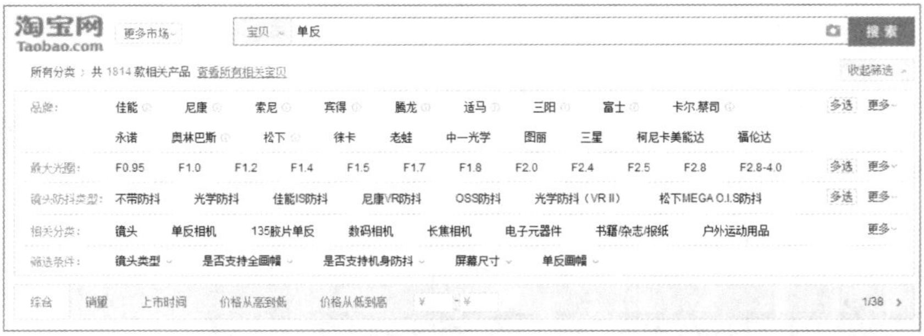

图 10-5 搜索某关键词

图 10-6 钻展展示相关商品

如果顾客通过某种渠道（如天猫页面的品牌推荐、之前收藏过的店铺）直接进入某个店铺，那么回到平台的其他页面时，也会出现同类目的钻石展位广告。

如果买家不关注某个类目，那么该类目的广告就不会投给他，如某个男性用户从不搜索女装，那么女装绝不会在他的页面出现。这就是钻石展位的“有需求有展现、无需求无展现”的规律。

钻石展位的投放强度与和出价有一定关系，出价越高展现越多。

提升钻石展位效果的主要手段是加强推广图片视觉引力，一张好的钻石展位推广图明显比那些后期操作生成的图片的效果好得多。为了让卖家钻石展位的图片越来越好，淘宝论坛经常会有图片设计的相关资料提供给商家，如图 10-7 所示。

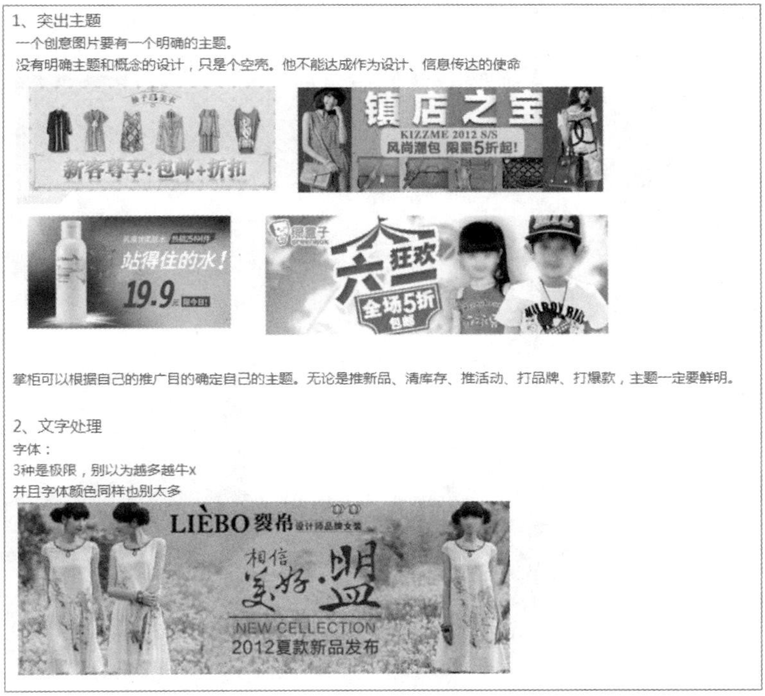

图 10-7　淘宝论坛钻展相关学习贴

此外，笔者经过长期使用钻石展位发现一个现象：当店铺活动期间钻石展位的效果比平时要好得多，比如参加双 11、聚划算、淘金币等官方活动。甚至当店铺自建活动时，效果也比什么活动都没有要好。

2. 最终目的

推广工具的作用是引流，不过引流只是店铺经营的行为，并不是最终目的。最终目的是提高销售量、提高品牌知名度等。

在了解一些规则，清楚钻石展位的收费方式后，需要了解自己的目的，以制定自己的行动。如果目的是提高销量，那么投放时间应尽量选择有活动的时间，如双 11、聚划算、店庆等。促销力度越大，钻石展位的效果就越好。如果目的是展现品牌，那么可以长期投放，不限定时间。

钻石展位是展现付费，点击和转化都没有费用。因此，如果要提高销量，可以先提高转化，再提高短时展位的点击量，以最大限度地达到目的。在制作图片时，吸引点击是首要任务。如果要提高曝光量，让更多的人看到，则图片只要明确地表达出品牌诉求即可。

官方准备了详尽的钻石展位操作技巧，卖家可以学习，如图 10-8 所示。

图 10-8　钻石展位学习及帮助平台

10.2.3　淘宝客

相比需要一定技巧的直通车、操作难度较高的钻石展位，淘宝客上手相对容易，当然想要推广效果好还是需要用心去操作。相比点击或展现收费的形式，淘宝客成交后付费的形式更容易被新商家接受。

淘宝客的推广方式非常简单，设定一定的佣金比例，然后等淘宝客帮忙推广产品即可。

由于淘宝客是第三方人员自由进行推广，效果的可控性相对而言差了些。一般第三方人员更愿意推广热卖的商品和热卖的店铺。新店铺可以通过后台调整一些细节，找一些专业的淘宝客帮忙推广产品，不过对于新手来说，实际上简单设置就好。

淘宝客的具体操作在淘宝后台可以找到，具体可以点击右上角的“帮助”，在“阿里妈妈客服中心—淘宝客”中了解更多相关知识，如图 10-9、图 10-10 所示。

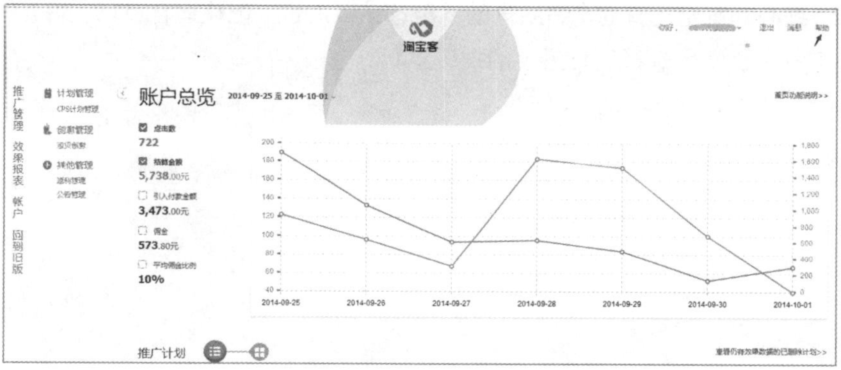

图 10-9　淘宝客后台

图 10-10　淘宝客客服中心

每个推广工具都有其优势和劣势，如果店铺资金充足、且前期允许一定亏损的话，可以选择3个工具都开通，以钻石展位为主要推广形式。

如果店铺拥有专业人士，并拥有相关数据和推广经验，则可以直通车为主要形式来推广。

如果店铺拥有相对较高的利润，并可以给予第三方推广人员返点，则可以淘宝客为主要推广形式。

如果店铺不属于上面三种情况的任何一种。也不必过于烦恼选择哪种工具较好。保守的掌柜选淘宝客，细心的掌柜选直通车，激进的掌柜选钻石展位，记住适合自己就好。实在不确定，可以投入小笔资金试水，选择回报最大的推广工具。

第 11 章 营销转化课

无论线上店铺还是线下店铺，打折促销都是各大商家赢取顾客的方法之一。对于在天猫上经营的新商家，如果要想来一个开门红，那么各类促销活动必不可少。

天猫平台官方为了刺激消费者，会在平台不断进行促销和活动。比如淘宝网专门的聚划算平台、天猫的双 11 大促都能大幅提升参加活动店铺的销量。

11.1 营销工具分析

这一节介绍两大官方工具。在没有特殊要求的情况下，这两类工具能满足绝大多数天猫商家的需求。

工具的价值是为了配合店铺的整个营销，没有必要执迷于工具的使用方式和一些小技巧，结合实际情况灵活应用工具满足店铺真正的需求才是最终目的。

11.1.1 淘宝营销工具

淘宝营销工具是所有淘宝商家都要用到的促销工具。这些工具可以在卖家后台“商家营销中心”找到。下面是商家营销中心给出的一些营销工具，如图 11-1 所示，这里介绍 4 个较为常用的工具。

图 11-1　淘宝营销工具展示

1．限时打折

限时打折是淘宝使用频率最高的折扣工具之一，主要是给店铺的一些折扣活动限定时间。其最主要的作用是提高店铺的转化率，另外设置限时打折也能带来流量的增长。

在设置限时打折时，可以设置折扣的力度及折扣的开始和结束时间，还可以设置商品的维度。

一般而言，在店铺自建活动期间设置限时折扣，如果提前做好活动预告，可以让店铺流量和销量在某个时间点激增，比如设置 8 月 8 日进行新店开张活动，8 月 1 日开始活动预告，提示顾客 8 月 8 日 9 点开始店铺活动。那么前一周积累的顾客会在活动开始当天爆发，形成抢购的氛围。

也可以把活动时间设置的比较长，形成一个月或者一个季度的长期活动，这样在常规销售时，顾客能感觉到店铺有促销活动。此外，活动时间可以叠加设置，如 7 月到 9 月设置全店 9 折，而在 8 月 8 日当天设置全店 7 折，让两个活动并存。

限时折扣可以用在某些特定的商品，如店铺不想继续销售某些商品，则可以通过限时折扣，单独给这些商品打折。当然如果店铺某些商品不想参考店铺的促销，那么也可以单独设置。

2．搭配套餐

搭配套餐是通过搭配多款商品形成组合，并提示顾客购买套餐能享受更低折扣的促销工具。该工具的主要作用是提高店铺的客单价，同时提高店内的流量。

营销工具一定要符合店铺需要才去使用，搭配套餐特别如此，如果店铺商品并没有太大的搭配必要，比如销售手机，那么搭配多款手机组成套餐就毫无意义。如果同时销售手机和配件，那么做成组合就比较合适。

比较适合搭配套餐的类目是可以成套购买或组合购买的类目，比如服饰类中的女装，以及食品类中的小吃类。在搭配时务必以消费者的视角进行搭配，如图 11-2 所示。

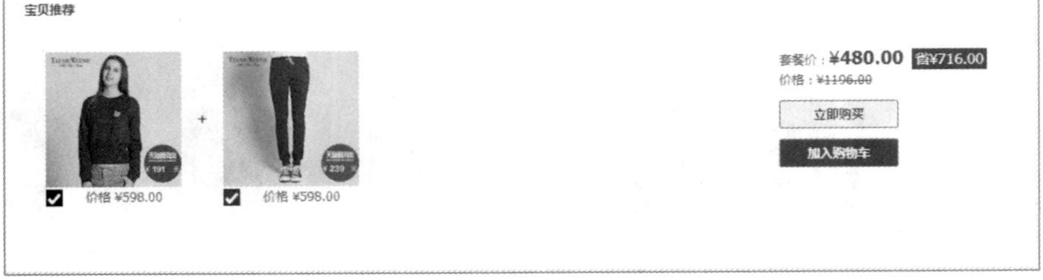

图 11-2　淘宝套餐

3. 包邮/减钱（满就送）

满足一定金额给予相应优惠的满就送工具，主要功能是提高客单价。满就送比较常见的使用功能是包邮，虽然商品可以直接设置为包邮，但由于有些商品本身价格或利润太低，包邮可能会造成亏损，因此设置为满一定金额后包邮，可以在提高客单价的同时让喜欢包邮的消费者接受。

除包邮外，还可以设置满就送或满就减，满就送是满一定金额送出某些东西或金额（优惠券），满就减就是满一定金额减去部分金额。

这两个设置方法最后结果的区别还是挺大的，笔者在这里详细分析一下。

满就送（礼物）需设置赠送礼物，可以是店铺销售的商品，也可以不是店铺销售的商品。如果赠送的是店铺商品，那么可少许提高该商品的流量，顾客收到商品之前就能知道这个礼物是什么。如果礼物符合消费者的需求，则会提高商品的转化率。

满就送（优惠券）是设置赠送优惠券，这也可以提高店铺转化，不过由于不能马上能用，转化的效果相对差一些，不过赠送（优惠券）能增长二次消费率。设置的时候需要注意，并不是店铺二次消费差就应该设置，如果店铺本身有二次消费，那么这样设置会让效果更好。但如果店铺本身二次消费比较差，赠送优惠券就没什么用。

满就减是消费满一定金额后减价的方式，这和打折非常类似，相对而言这种方式转化最高，不过综合来说利润获取最低。

4. 优惠券

优惠券使用方式多样，是商家的热门工具之一。通过发放形式的不同，优惠券的作用也有差别，但优惠券最主要的功能还是提高店铺转化率。

在一般大型活动中提前发放优惠券让顾客领取，在指定日期引导顾客使用，这样的方式非常有针对性，除能提高指定日期的转化率外，还能帮助店铺提前预测销量。

给老顾客或已经购买的顾客发放优惠券，可以提高店铺的二次销售量。但发放时应注意设置好优惠券的过期时间，同时需要考虑优惠券可使用的时间范围是否会和店铺的其他活动重叠，累计折扣是否会让折扣过大等问题。

11.1.2　天猫营销工具

对新手掌柜来说，上面的工具基本已经足够使用。下面再简单介绍一下天猫营销工具作为补充。

1．天猫搭配宝

天猫搭配宝是和淘宝的搭配套餐很接近的一种工具，区别是搭配套餐自由度较差，给顾客的套餐是不能改变的，比如 A+B+C 的套餐，消费者就只能购买 A+B+C。而搭配宝可以自由搭配，一个商品可以形成多种搭配方式，如 A+B、A+C 或 B+C。

当然搭配宝的目的和搭配套餐一样，都是为了提升店铺的客单价。

2．店铺优惠

店铺优惠相当于更强大的满就送活动，可以设置部分商品满就送，给出活动的范围，以及凑单提醒。

3．用户限购

用户限购类似超市里的活动限购，是指促销时给每个用户设置购买数量上限，防止一些用户过多购买，让活动更科学、更健康。

以上简单介绍了一些常规的营销工具，实际上天猫、淘宝的营销工具远不止这些，除了官方的营销工具还有很多第三方的营销工具。使用哪种工具、哪种工具最好并没有标准答案，工具的目的是配合店铺营销活动，只要能促使活动达到我们的目的，那么这个工具就是合格的营销工具。

11.2　促销活动策划

要赢得市场青睐，层出不同的优惠促销活动必不可少。要策划一场精彩的开张活动，需要掌握一些活动的基本知识。

11.2.1　活动方式

首先来了解下淘宝的活动方式有哪些。

提到活动首先想到的就是打折，打折确实是最常见的促销方式的打折，策划一场打折活动最简单也最直接，如图 11-3 所示。

想要促销活动效果好，那么给打折促销添加限制，比如增加秒杀和限购信息等都是不错的方式，如图 11-4 所示。

图 11-3　打折活动

图 11-4　秒杀打折

除打折外，返利也是非常有效的方式，实际上返利就是变相的打折。一般返利的方法包括“满就送”和“优惠券”这些工具，相比打折，商家采用返利方式的综合获利会更多一些。

“优惠券”作为返利的主要工具，让商家获取更大利益的同时，使用也更加方便。

优惠券有两种，一种是店铺优惠券，另一种是商品优惠券，如图 11-5 所示。

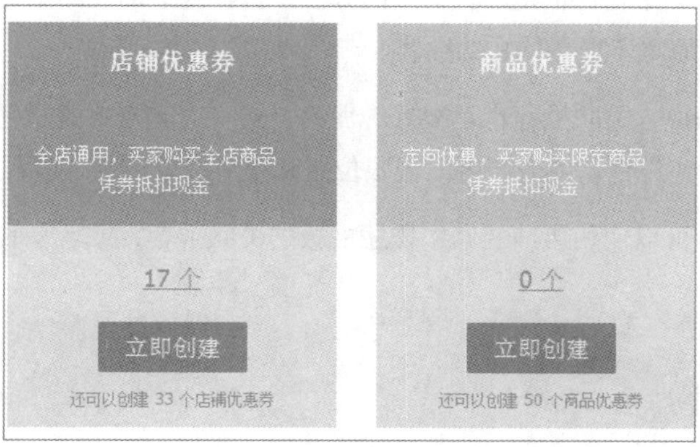

图 11-5　商品优惠券和店铺优惠券

店铺优惠券是针对全店发放的优惠券，该优惠券可用于全店所有商品。而商品优惠券则只有指定商品可以使用，对店铺经营来说，商品优惠券自由度更高，对买家购买行为的控制也更强。

优惠券分为“先领后买”和“先买后领”两种方式。先领取后购买的优惠券一般会在店铺首页进行展示，顾客一进店铺就可以看到，点击领取后马上能在店铺使用，这样的方法能地提升店铺的转化率，如图 11-6 所示。

图 11-6　首页能直接领取的优惠券

先买后领优惠券是在买家购物后，系统自动发放的优惠券或随购物包裹发放给买家的优惠券。这种方式可提升二次购买率。如果要实现效果最大化，可以同时使用这两种方法。如果店铺会员积累到一定程度也可以给自己的老顾客专门发放优惠券。

除返利外，给顾客送礼物也是一种有效的方法。选择合适的礼品赠送给顾客，除能提升转化外，还能带来一些原本不准备购物的顾客。

对于一般店铺来说，关联推荐也是很好的促销方式。这类方式能系列化的成交商品，并且能有效提升客单价。在肯德基或麦当劳的显眼位置总是可以发现那些套餐海报。

在实际应用中，可以使用店铺装修中描述模板的关联推荐，或者是利用搭配套餐、搭配宝来关联推荐商品。

11.2.2　活动方向

在进行促销推荐时，店铺掌柜最好对店铺促销活动的方向有一定的认识。

首先，应该明确店铺活动的方向。店铺活动方向分为三种：单品促销、系列促销、全店促销。

单品促销活动用来打造单品爆款。通过将店铺首页、描述页、推广等营销手段集中在某一款商品上，可以快速提升这个商品的销售基数，如图 11-7 所示。

图 11-7　单品促销

系列促销是针对某个系列的促销，可以是某个品类，如服装类的 T 恤；也可以是某种风格，如女装的波西米亚风格；还可以是某种专门的材料的专区，如图 11-8 所示。

图 11-8　系列促销

系列促销的目的一般是迎合季节或某个流行点，也可以是店铺自我发起的促销，以配合整个店铺的运营节奏。

如果想要店铺的促销更加猛烈，最佳选择是全店促销。通过对全店所有商品进行促销可以让店铺的促销效果达到最大，天猫的一些官方大促经常要求商家进行全店大促，如图 11-9 所示。

图 11-9 全店大促

在新店开张时期，掌柜可以先进行全店促销，然后进行系列促销。这样的方式有助于新店铺的快速扩张。当然如果店铺本身商品数量非常少，或者准备了几款拳头产品，那么单品促销也是可以尝试的。

11.2.3 操作方向

操作方向可以看做是找一个打折促销的理由，很多店铺只是打折，却不告诉消费者促销是有原因、有理由的，这样的促销方式会让消费者缺乏安全感，认为商家不值得信任。所以如果要自建活动，应该找一个合适的理由。笔者在这里将理由分为节日、清仓、互动三种。

一年中有各种节日，很多商家会通过各种节日来进行促销，如果新店开张的时间刚好与某个节日很接近，那么以节日作为操作方向是非常不错的方法，如图 11-10 所示。

图 11-10　节日促销

清仓活动是开店一段时间后商家进行的清理库存的活动，清仓活动不太适合新店使用。互动活动相对而言运作成本较低，但所需的策划时间较多，让顾客在微信、微博参加点赞或抽奖活动，让购买的买家参加真人秀活动等都是互动活动，新店可尝试使用，如图 11-11 所示。

图 11-11　互动活动

11.2.4　目标方向

在选择整体的活动方向时，目标方向尤为重要，新店铺可以从 3 个目标出发来确定活动目标的方向：冲流量、冲销量、冲转化。活动结束后可以通过生意参谋，查看活动的效果。

如果店铺资金雄厚，同时准备提升品牌知名度，那么选择冲洗量是不错的方法。选择冲流量作为目标时，折扣力度不需要特别高，但是推广的力度必须大，前期投入的推广资金相对较高。

如果店铺对自己的产品有较大信心，同时准备快速争取排名，那么选择冲销量比较合适。选择冲销量这一目标后，应尽量选择店铺的某几个单品进行发力，折扣力度可针对这几个款进行提升。

当店铺资金不足，愿意低价来测试市场时，选择冲转化这一目标比较合适。实际操作时可以用较低的推广资金和大力度的折扣来提升店铺的转化率。

每个店铺的情况不一样，读者可综合判断自己的情况选择合适的操作方向。

11.2.5 营销转化解决方案

1. 优化折扣方案

虽然年中大促、双 11、双 12 这种大型的活动给整个市场带来了巨大的流量，但很多中小商家仍然是挣扎在生存的边缘。因为有限的资源无法照顾到每一个商家，大型活动对商家的运营能力、品牌影响力等都有要求。

大型活动带来的感受是低价充斥了整个网络，顾客的疯抢让人们更加坚信促销的有效性。因此几乎每一家网店都在做促销，打折、送优惠券及秒杀层出不穷，不论有效还是无效，做了再说。

先不论顾客喜欢与否，店家先反问一下自己打折是否有效。一些卖家问笔者，为何已经赔本促销了却还是没人要？某家的东西贵，反而卖得好？

对于这样的问题，笔者希望能从下面的几个维度进行分析。

掌柜说："还怎么打折啊？成本 50 元，标价才 70 元！包邮都不能太远，只能打个 9 折！"这类问题在中小网商中比较普遍，底线销售导致了无法做稍大的折扣。现在淘宝网大部分店铺平时的折扣是 7.5 折，大促时低于 5 折。如果要能打到这样的折扣，首先要确定折后需要多少利润。如成本是 50 元，希望打完所有的折扣后仍然赚 20 元，那么价格底线就是 70 元。一般来说包邮的平均成本是 7.5 元，如果要包邮，折后价格应该在 77.5 元以上。如果准备打 5 折不亏本，那么价格应该是 155 元。

商家定价除保证不亏本外，还应该参考同行的定价，如同行定价普遍在 180 元，那么自身定价应该在 150-199 之间，准备走品质路线的可以比一般店铺定价稍高。对于价格差距不大的商品，顾客并不是每次都会选择最低价的商品，如图 11-12 所示，并不是最低价的商品卖得最好。

如果定价非常用心，折扣也已经计算好，但最后促销时还是没有效果。那么单纯提高折扣的力度，或连续打折并不一定有用。因为除看后立即购买的顾客外，还有部分顾客是看了之后过几天再购买。这些过几天再购买的顾客，当看到店铺天天都在打折时，会降低对店铺的信任度。同时心里会认为天天打折，晚点再买也没有关系。而已经购买到商品的顾客再次光临店铺时发现打折仍在继续，再次购买的积极性也会降低，新客转化率会降低，而老顾客的流失率会变大。

图 11-12

因此不应该天天都有促销活动，同时折扣的力度也要适当有所变化。给促销活动一个截止时间，时间到了降低折扣力度或停止促销，让顾客产生有一种不买会错过的感觉。

有的店铺从开店以后只有一种促销方式—打折，甚至连折扣都一样。这样的方式会让顾客厌烦，如实体店那种“工厂倒闭全场 5 折、活动只剩最后 3 天”的宣传会让顾客对店铺不再相信。

可以不断更换打折方式，让顾客每次看到都有不同的感受。比如可以将打 5 折换成满 100 元送 100 元店铺优惠券，这里假设店铺毛利为 50%进行分析。

（1）普通打 5 折：商品售价 100 元，5 折后获得收入 50 元，毛利润等于 0 元。

（2）满 100 元送 100 元：商品售价 100 元，送 100 元优惠券后，毛利等于 50 元。（顾客的优惠券还没有使用时毛利润没有变化）。送出的 100 元优惠券这里可以设定为满 150 元能用。

如果顾客进行二次消费购买了 150 元的商品，优惠券抵扣了 100 元，实际上顾客支付了 50 元。而商品成本为 75 元，获得收入 50 元，毛利是−25 元。加上之前赚到的，最终毛利是 25 元。

我们可以看到，虽然两种方式都在打折，但是顾客感受和效果是不一样的。首先，第一种打五折，顾客感觉是 50 元买了价值 100 元的商品，赚了大便宜，但是商家并没有获得利润；而第二种会让顾客产生仅花费 50 元却购买了 150 元产品的感觉，同时商家利润比第一种还多了 25 元。

其次，店铺的营业额是上升的，打 5 折实际消费只是 50 元，而满 100 送 100，只要第一次消费商品稍高于 50 元，或者第二次消费高出了 150 元，那么无论是营业额还是利润都会有所上升。如果顾客最后没有使用优惠券，通过满 100 元送 100 元销售的商品将获得 50%的纯利润。

所以换一种方式就多一些机会。

2. 优化视觉宣传

有很多时候店铺做了活动，但是顾客却不知道，这是信息传达存在问题。

如有的店铺做了促销，但是没有设计好促销海报等视觉营销方式。顾客只能通过商品价格旁边的小标签或系统提示才能知道有促销。还有的店铺虽然做了海报，但是海报排版混乱或没有说清促销内容，虽然有促销，但是顾客不知道是什么促销，如图 11-13 所示。

图 11-13　促销海报反面案例

还有的店铺虽然写清楚了活动内容，但是视觉上没有突出重点，人们一眼望去看不到促销文案的准确信息，如图 11-14 所示。

图 11-14　促销海报反面案例

为了避免上述问题，促销的视觉展现需要记住三个原则：

为何促销，也就是促销的主题。

有何好处，也就是对顾客直接的优惠。

表达重点，让顾客一看就能明白。

3．优化传达信息的位置

笔者将店铺可传达信息的位置做成一个列表给各位参考。

（1）店铺展示

店铺展示店铺名：C 店可以修改店铺名，将促销信息嵌入。

店铺首页店招：店招可以展示在店铺的所有页面，使促销信息最大化的得到展现。

店铺首页海报（自定义页）：海报表达了促销的主题，每场促销都应该准备。

店铺全店侧边栏：同店招效果类似，但没有店招效果强大。

店铺导航栏：为促销准备自定义页面，让顾客点击后进入。

（2）页面展示

店铺自定义页：为某场促销制定专门的页面，让促销商品都在这一页面展示。

店铺分类页：在分类中单独做促销商品分类，同时分类页也是可以嵌入海报的。

宝贝图片提示：在所有或者部分店铺的商品图片中直接做促销小图标提醒。

宝贝名提示：商品标题有 30 个字符，促销时将促销主题加上。

宝贝描述提示：在宝贝描述中加入促销海报，让顾客看商品的同时知道活动内容。

（3）互动位置

旺旺动态条：让客服在旺旺上加上一小行文字，提示促销活动正在进行。

旺旺自动回复：让客服设定好自动回复，以便顾客来询问时能收到促销通知。

旺旺群 QQ 群：将顾客加入设定好的聊天群，有活动就在群里通知。

微信朋友圈：在自己的微信朋友圈里发布活动相关内容，但不要太频繁。

微博：促销时发布微博，以便让粉丝知道。如果有人转发，还能吸引潜在顾客。

（4）消息通知

旺旺消息：直接用旺旺联系一些忠实的老顾客，让他们来参与促销活动。

微信：拥有与手机短信一样打开率的通信工具，不过之前要记得让顾客收听你。

邮件：可以做丰富内容的邮件营销，适合给白领人群发送。

宣传单：可以在活动前发出的包裹里放入，也可以单独给顾客邮寄。

手机群发：打开率最高的通知方式，但由于现在垃圾短信太多，效果时好时坏。

传达信息的位置要灵活，不是每种都要做，应选择几种对自己有效的，以便让顾客清楚知道你在促销。

在策划促销活动时，应做好前中后的准备和计划，以便让促销活动能更加顺利有效，如图 11-15 所示。

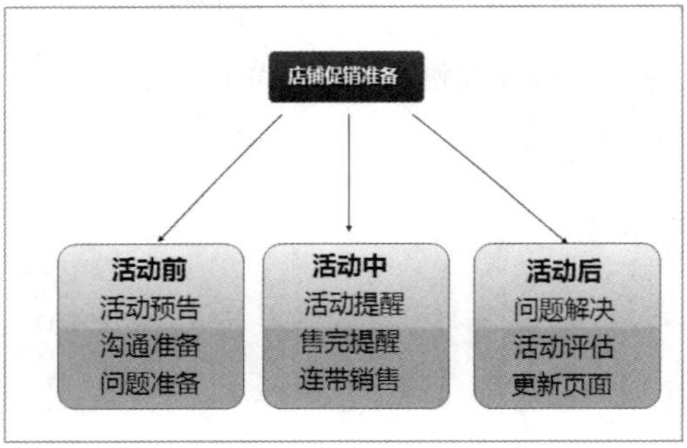

图 11-15　店铺促销准备

图 11-15 所示的是部分店铺促销准备的一般方法，并不一定适合所有淘宝店铺。读者在策划店铺活动时，应根据实际情况调整，按前中后三部分进行策划，针对每个部分进行跟踪执行。

除了自己的活动，新商家还可以通过淘宝后台的活动管理进行活动报名，新商家是可以参加到很多官方活动中的，如图 11-16 所示。

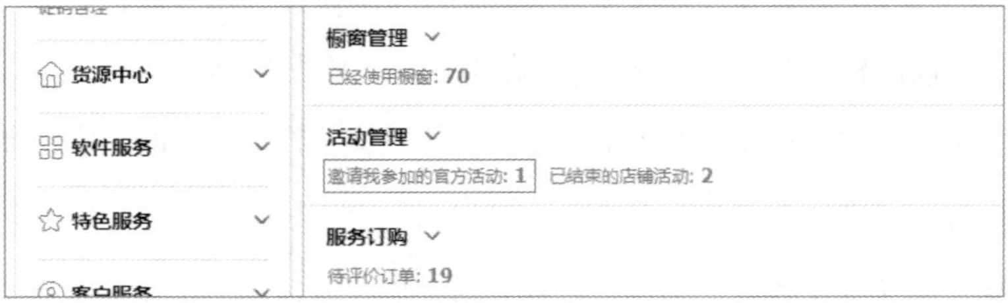

图 11-16　卖家后台活动管理

如果准备参加聚划算或天天特价等平台活动，只需要找到这个平台，平台上都有明显的报名入口，直接通过该类平台的报名系统进行报名参加即可，如图 11-17 所示。

图 11-17 官方活动平台报名

在参加官方活动之前应尽量将官方活动的要求看清楚，以免出现一直报名却怎么也报不上的尴尬状况。

11.3 转化提升课

本书前面的很多地方提到了提升转化的一些方法，本节将选择几个常规的、可操作的提升转化率的方法介绍给读者，以便各位店主能更加系统地了解提升转化的办法。

11.3.1 满足需求

有时候感觉有的店铺并没有做什么特别的事，但是顾客却愿意接受并购买他家商品，这样的结果是很多商家梦寐以求的，不过事实往往没有看上去这般简单，即便经营行为是掌柜的无意之举，但肯定是满足了买家的需求。

大多数卖家进入自己的卖家角色后，往往以卖家的思路去思考自家的产品介绍、宝贝描述，想的全是自己产品的价格优势、功能特色等，这种思考越深入越容易与买家的需求脱节。

笔者认识一个销售手镯的店铺，由于销售的手镯尺寸不规范，单品之间相差非常多，因此将尺寸分成了十几种规格，造成大部分消费者对尺寸非常困惑。而卖家却认为，尺寸越精确越有助于买家购买。

笔者通过客服了解到尺寸确实给客户造成了困惑，并造成多起退换货。进一步调查发现该店铺的目标客户以女性为主，且产品尺寸从最小到最大其实并没有太大差距。根据调查结果笔者建议店铺做出最简单地改变，把手镯改成 XS\S\M\L\XL 五种规格，每种规格划分在一个尺寸区间并标注到页面上。经过数据统计显示，尺寸调整之后，该店铺的转化率得到了明显提升。

无数案例证明：以买家角度来思考问题，满足买家需求，解决买家痛点，就一定能提高转化率。

此外，产品的风格、品牌决定了产品的客户群，尽力满足目标用户群的需求，同样能提高转化率。

大家都知道买家进入商品页面后，是否购买基本取决于页面的描述内容，因此针对顾客群进行页面调整就显得非常有意义。如女装类商品的页面描述文字的意义不大，应以图片为重点；数码类产品以男性为主要顾客群，图片和文字权重相近，可以突出数据等较为理性的文案；日化类、小吃类商品以家庭主妇为主要顾客群，应突出性价比，强调实惠以满足客户喜好。

11.3.2 限时限量

对消费者来说，某种商品需求越迫切，购买欲望越强烈，该商品转化率就越高。当下消费者对“走过路过不要错过”这样的叫卖已经麻木，但是当高明的商家更自然地进行营销活动时，限时限量的威力还是非常强的。如天猫的双 11 活动，仅一天的特价让无数消费者疯狂，半夜 24 都守在电脑手机旁准备血拼，这就是限时限量的魅力。

如果商品无限供应，一般消费者会觉得商品有的是，以后再买也不迟；而当商品限量发售，进入供不应求的状态时，消费者就不同了。如苹果、小米、小牛等产品在销售时，虽然给出各类条件，消费者还是彻夜排队购买。

当给出限制条件时，店铺转化率能不断提高。但要注意，进行限时限量应与自己的商品特性相结合，非市场紧俏类商品，如小吃、常规款式的服装等，限量供应会流失部分顾客，这类商品在实际应用时只对商品进行限时促销即可。

限时促销的操作要点是促销力度与促销时间形成反比，折扣越大时间越短。如折扣 5 折，促销时间 1 天；折扣 7 折，促销时间 1 周；折扣 9 折，促销时间 1 个月。除设置折扣和时间外，也可以适当进行限量操作，如限时限量供应 100 份。

限时限量还可以设置商品的维度，如某个折扣只针对某几款商品，让营销更具方向性和目的性。一般市场较为紧俏的商品，或风格独特、替代较少的产品，如空气净化器、高端皮草、手工艺品、收藏品等品类的商品，限量供应会收到较好的效果。

在限量供应时，除减少商品数量外，还可以预定方式开展，这样没有商品时可以提前获得资金。策划限量活动时，需要在店铺页、商品描述页做出明显提示。为了让店铺整体比较健康，应注意不限量的商品最好比限量的性价比差一些。

11.3.3　从众心理

几乎每个城市总有那么几家小吃店生意火爆到排长队，排队的阵势让本来只是路过的人也参与到排队中来。这种状态在网上的形式就是消费者关注的销量排名，销量好的店铺往往会有更高的转化率。这种现象简单来说就是他买我也买，买的人越多，转化率越高。

很多商品有明显的淡季和旺季，淡季需求低，旺季需求高。通过数据软件，商家能大体了解全年的旺季和淡季，进而了解销售瓶颈。

为了利用消费者的从众心理，应注意销售淡旺季和从众心理的关联，在运营中迎合市场曲线。

为了在销售曲线顶峰时成为销量较高的店铺，店铺可以通过在前期调整价格、提高推广力度等方法拥有一定的销量基数。

除了提高销量营造出热卖的感觉外，另一个方法是控制商品的评价。其实评价也受从众心理影响，简单来说就是“他好我也好”。当商品的评论拥有很多赞扬时，转化率自然会高。特别是新店铺、新商品，如果你的第一笔交易获得的很高的评价，那么转化就会逐步上升。而一旦遇上负面的评价，转化会下降。

应该如何做以提高顾客的评价呢？最重要的是提高顾客收到商品时的喜悦程度，当商品超过消费者的预期时，消费者一般会给出比较好的评价。如果商品本身品质非常高，那么再加上符合商品风格的精致包装，及一些能提高惊喜度的礼品，一定可以提高消费者的惊喜。

为了引导顾客评价，可以在商品包装上附带好评提示或好评有礼的宣传单，还可以通过短信和其他消息通知。

为了让好评内容更优质，还可以引导消费者的评价内容、评价图片。如在宣传单上注明好评有礼“评价内容请在 30 字以上，带 2 张实拍图片，请不要带负面内容哟。如有产品问题，请联系售后解决，负面评价并不能帮您更快地解决问题哦”，如图 11-18 所示。

图 11-18　好评有礼

注意，好评返现在天猫商品页和店铺页面是不允许出现的，包裹中能否出现暂时没有明确规定，天猫店铺应核实确认不违规后再设置活动。

11.4　官方大促筹备

很多第一次参加大促的商家因为准备不充分导致了种种问题，因此笔者特别准备了本节内容，希望通过以下五个部分的讲解，能让各位读者做好充足的准备参加大促。

11.4.1　大促基础

大促，一般是指天猫官方发起的全网大型促销活动，比如天猫年中大促、双 11 购物狂欢节等，如图 11-19 所示。

图 11-19　官方大促

官方大促一般有三个级别：主会场、分会场、外场。

主会场是大促的活动中心，比如女装类目的主会场就是双 11 女装专场，电器类目的主会场是双 11 电器专场。由于大促是面向全国、全网消费者，为了集中消费者的购物方向，设立的主会场不会太多，较小的类目可能会合并在某个热门类目的主会场下，整个大促中主会场的流量是最高的。

分会场是主会场的下一个楼层，一般主会场下面会设立多个分会场，如女装主会场会有国际品牌区、国内品牌区、秋装热卖区、羽绒皮草区等分会场。分会场通过多个维度将商家进行再次分区，一般分会场流量会比主会场小很多，不过平台仍然会给予较大的活动流量支持。

外场一般没有官方的活动页面，但是外场通过消费者在双 11 的活动期间搜索活动关键词，比没有报名外场的商家还是会得到更多的流量。

如果没有参加任何会场，很多店铺也可以在全网大促的情况下通过店内自建活动的形式参与到这一盛事中去，如图 11-20 所示。

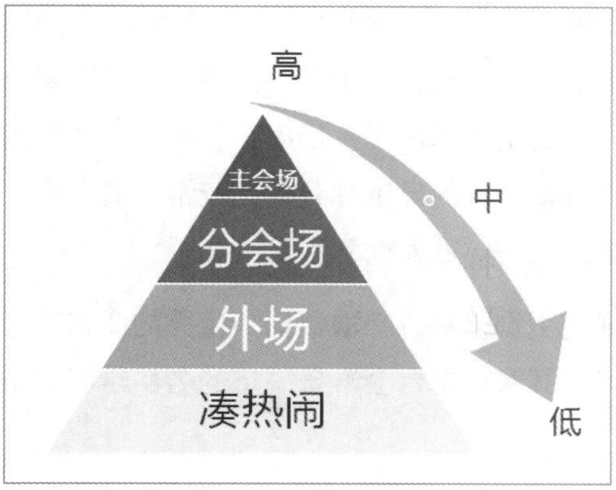

图 11-20　大促会场及流量走势

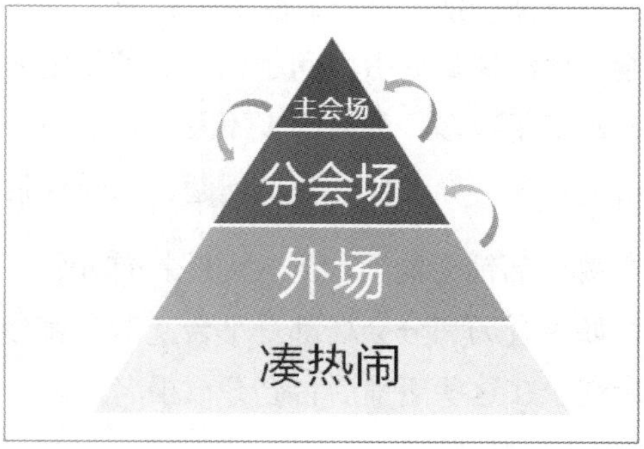

图 11-21　各会场的赛马和晋级示意图

无论是在大促预热阶段还是大促当天，会场的位置都不是完全固定的，比如预热期间某个商家因为作弊或自身的原因退出了会场，那么外场中表现最好的商家将会作为替补进入会场，这样的情况在分会场和主会场中都有可能出现。

大促当天主会场和分会场在多个时段都会进行赛马机制，如果分会场中某个优秀商家的销售额超过了主会场末尾的商家，那么这个分会场商家在一定的时间阶段会被提到主会场去，而原来主会场末尾的商家就会被踢出主会场。这样的赛马机制会在大促当天会进行多个轮次，如图 11-21 所示。

成功参加到大促后，需要注意会场对商家的各项要求，其中最普遍的几个要求如下。

（1）全店参加活动的商品必须全国包邮，部分偏远或国外地区可以另外设置。

（2）价格必须有明显的优势，官方一般会对要求商品大促期间的价格低于大促前 45 天的最低成交价。

（3）参加大促的商品发货时间必须符合要求，一般要求下单 24 小时之内发货（根据大促强度不同，发货时间要求不一样）。发货时间规则包括后台点击发货和出现物流信息两个规则，天猫商家一定要注意发货不要超过最后阶段，一旦超过会被处罚。

（4）除特殊商品外，参加大促的商品都必须支持 7 天无理由退换货。

很多商家虽然听说大促的规则，但是参加大促仍然会出现很多问题，甚至有的店铺因为大促而倒闭。所以店家必须对规则予以重视。

商家一旦参加大促就必须对大促进行预热，预热期间页面要展示即将开始的活动。一般消费者知道商家要开始活动后，将不再进行购物，活动结束后很长一个阶段销售额也会明显减少，这会造成活动前后都没有生意，销量全部集中在大促活动当天，店主应该注意。有的商家因为误判大促的销量而引发问题，如准备热销的商品没有卖出，积压了一堆库存；而没有准备的商品，却卖了很多，最后因来不及出货被罚了款。这些都是大促导致导致的比较常见的现象，实际上大促还会导致各种其他问题，如导致某些员工离职，导致大批商品发错等。

哪些店铺会能参加到大促呢？首先，平台会通过数据采集，抓取数据最优秀的商家进行邀请，如主会场和分会场都是平台邀请商家参加大促；其次，平台会准备一定的名额给满足条件的店铺，在这些店铺后台会开放报名入口。

笔者通过总结多年参加大促的经验，发现平台一般会以销售额为主要评选标准制筛选大促商家，平台为了数据更加客观会综合考察店铺多个方面的销售数据。

全年店铺日销 TOP1000 商家

30 天店铺日销 TOP1000 商家

大促店铺成交 TOP100 商家（之前参加大促数据）

如果店铺动态评分过低，或外贸、批发、炒信用、假货、违规等店铺会被禁止参加大促。

11.4.2 建项目组

如果想要顺利完成大促，前期工作比大促当天的工作重要得多。应针对大促建立大促项目组，由项目组集体协调整个大促活动。

在建立项目组之前，管理层应该通过数据提前制定好大促的目标，一般大促的目标分为三部分：销量目标、金额目标、利润目标。

销量目标是针对某个单品设立的目标，大促活动结束后，通过冲销量能迅速提升某个单品在类目的销量排名。金额目标是促销的销售总额，如果利润不太适合公开的话，将销售额作为店铺的冲刺目标有助于提升店铺在活动中的表现。利润目标是销售额减去大促中付出的推广费用和其他费用得出的数字，笔者建议管理层将利润数字作为店铺最需要去抓的数据。

制定好目标后，就需要进行沟通来将目标和任务分发下去，这需要进行两次或两次以上的内部沟通会议，首先是管理层和项目主要人员举行的大促筹备会。参与筹备会的人员一般是公司中层或某些重点岗位员工，如客服主管、视觉总监等管理层，或直通车专员、钻展专员、数据采集等与活动关系比较密切的岗位。如果店铺人员较少，可以适当多邀请一些人员参加，但会议一般不应超过 20 人。

为了让参加会议的人能清楚自己的工作职责，建议制作一份大促项目组的职责分工表，并在表格上标注好各个岗位的工作内容。表格在实际使用中应该根据店铺实际情况进行调整，并填写好相应内容。

大促筹备会重要的目的是公布大促总目标，将总目标分拆为各个岗位的目标，并制定好各个岗位的具体工作。大促项目组职责分工表如表 11.1 所示。

大促筹备会是向管理人员和重点人员分发工作的会议，因为大促是全部人员都要参与的活动，为了让全体工作人员都了解大促活动信息，需要给全体员工再开一个大促动员会。大促动员会的主要目的是向全体员工通报大促与各个岗位之间的关系，以及基层员工将会面临的状况。

表 11.1　大促项目组的职责分工表

项目职务	姓名	工作职责	所属部门
组长			
副组长			
组员			
活动支持			

为了让员工愿意接受大促，动员会召开之前应提前将动员会的会议纲程列好。谁上台讲，讲什么内容，讲多少时间等都应提前安排好。现在的员工都不太能接受那些假大空的会议，所以会议内容应精简，并与员工息息相关。

应在一开始就告诉员工如果大促完成的比较好，会给公司带来哪些变化，这些变化能带给员工带来什么好处。为了得到这些好处每个岗位需要在这段时间面临什么样的工作状态等，内容要尽量具体，如客服需要 0 点加班，美工需要提前完成多个页面设计，仓库需要加班加点发货等。另外大促期间员工规则发生的一些变化（如不允许请事假）等情况也都要说明。

最后要说明完成目标会给哪些奖励，奖励方式可以注重趣味性，如当天 0 点过后 30 分钟内销售额达到某个目标就给全体员工发微信红包，达到某个金额集体聚餐，达到某个金额集体旅行等。

11.4.3　项目筹备

项目筹备工作分为 6 个部分：数据预估、商品准备、库存准备、营销准备、视觉准备和流量准备。

1．数据预估

数据预估工作应该是最早进行的工作，通过数据预估能给店铺制定比较合适的销售目标。

流量预估＝平时流量＋预热积累＋活动流量

转化预估＝常规转化＋推广转化＋活动转化（根据情况取均值）

销量目标＝流量预估 × 转化预估

2．商品准备

大促的商品和平时销售的商品有一定区别，因此需要对大促的商品进行重新策划和准备。

主推款商品当然要选择全店综合数据最好的商品。确定主推商品应先通过数据进行排序，除采集该商品的销量、转化率、收藏率等数据外，还需要关注库存量和退换率两个数据。

如果商品数据非常好，但是库存量或后期生产量不足以支撑巨大的流量，那么将会浪费很多销售机会。如果商品本身退换率就比较高，考虑参加大促的买家大多是冲动型消费者，大促将会造成商品的退换率比平时高出更多，最终会导致店铺纠纷率大幅上升。

在选择主推款之前需要知道大促会带来的不同结果。如选择活动当天热卖的商品，那么该商品未来一段时间可能会销售低迷。

如果准备通过活动赚钱，那么选择活动期间应季的商品是比较合适的，如在双 11 期间销售初冬服饰。如果双 11 活动的目的是为未来创造更好的销售机会，那么可以在大促期间将一些冬季服饰放到主要位置，以提升这些商品的排名。

除上面的方式外，还可以给店铺的商品设立三种维度，如活动爆款（这场活动能卖多少是多少，卖完结束）、活动推款（通过活动让排名靠前，活动结束后赚钱）、活动限量款（通过限量商品，增加卖点）。

此外，应该将商品综合评分后进行排名，因为大促当天商品排序和最终销量是有很大关系的，排名越靠前的流量也越大。还应该给店铺的类目进行重要性排序，如对女装的羽绒服、毛呢大衣、打底衫这样的类目，可以将毛呢大衣排在最前面，接下去排羽绒服，最后放打底衫。

确定好商品后需要针对各个商品进行具体操作。首先是折扣力度，一般而言官方都希望店铺大部分商品打 5 折，但有的类目可以做到有的类目则无法做到，这时可以通过部分商品折扣高些，部分商品折扣低些来综合设置。针对某些性价比高的商品可以进行限量促销，也可以设立专门的限购专区来提升店铺的转化率。

在预热期间会有很多客户向客服询问推荐商品，管理层应提前给客服准备推荐商品表，让客服引导一部分顾客进行消费。

此外，还应让美工提前制作一些空白排序模板，再将商品添加进这些模板，以提前做好商品页面模拟排序展示，如图 11-22 所示。

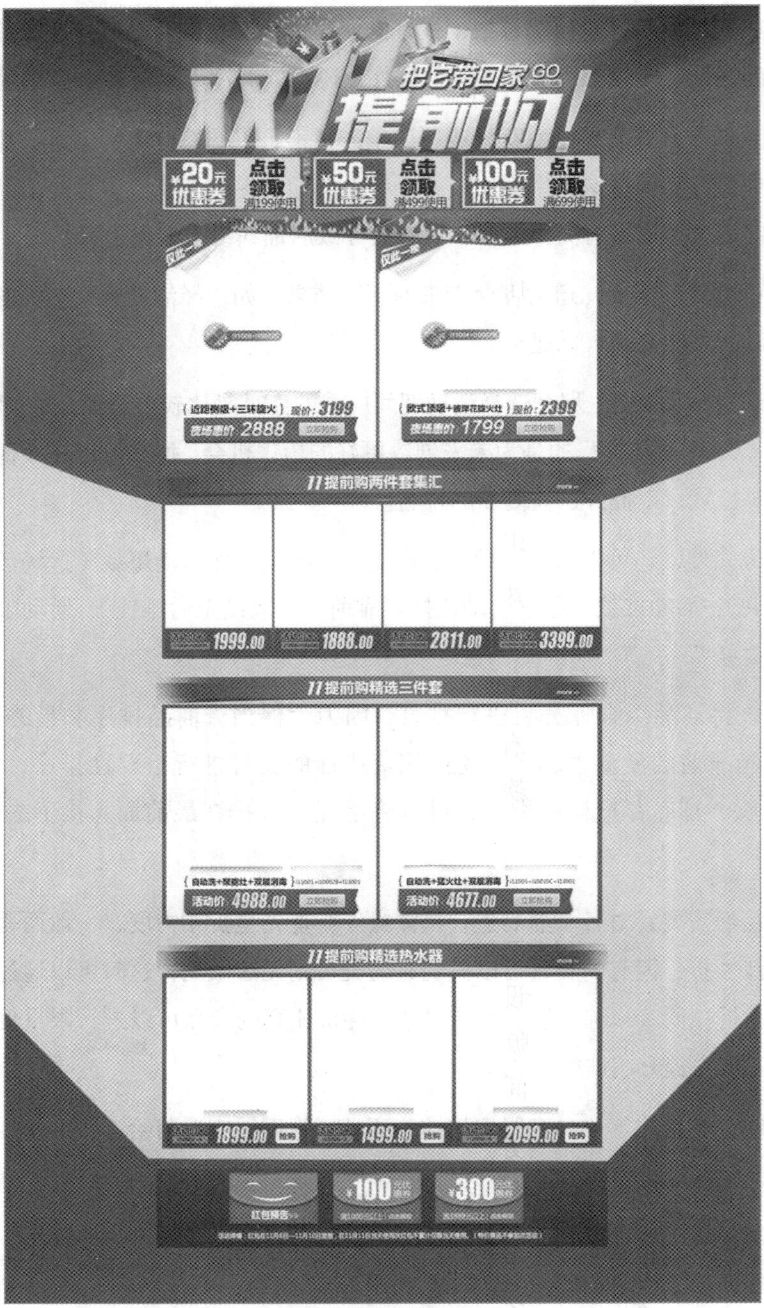

图 11-22　大促空白模板

3．库存准备

通过精准的数据预测，可以预估出每个商品大致的销售数字，这些数字可以指导库存准备。

由于每次大促都给出了明确的发货时间，因此不需要完全遵守预估数字把所有商品都准备好放在仓库，只需按某个百分比准备即可，这样可以防止库存积压。剩下的商品可以通过和生产方沟通，根据工厂的产量进行安排。

提前准备的库存加上生产方的最大生产能力，得出的结果应该就是能上架的最大商品数量。如果供应商是新合作的供应商，那么应将延迟发货会产生的问题提前告知，还可以签约以保证供应商能及时供货。

4．营销准备

实际上大促的促销方式并没有什么特别，很多时候官方会给大促专用的促销工具。常见的大促操作是设置大促当天的限时折扣、设置可领取的优惠券两种方式。

为了提升大促效果，可以在预热期设置一轮大促当天使用的优惠券，再设置一轮大促当天领取、当天使用的优惠券。为了保证预热效果，预热期间优惠券的优惠的应比活动当天优惠券的优惠力度更大一些，比如当天送 5 元优惠券，预热期间送 10 元优惠券。

很多店铺还会再增加一个消费有奖的活动，比如向 0:00 ~ 2:00 消费最高的消费者赠送礼品。为了防止消费者收到礼品后出现退款等作弊行为，应尽量将这个活动规则写清楚，如确定收货、做出好评后才发奖品。

5．视觉准备

大促中视觉方面的工作非常重要，仅大促的页面设计就要分多个轮次，整个大促页面需要在大促之前设置预热版，大促当天设置当天版，大促结束的第二天设置次日版，活动正式结束设置恢复版。其中有的店铺用次日版来做双 11 的继续，再来一天类似的活动！在预热期间为了测试页面，很多店铺也会在预热期间就进行多次页面调整。

报名进入会场的卖家，淘宝官方会给一个入口，这个入口可以指向店铺首页、店铺所有宝贝、店铺自定义的活动页面。为了减少美工的工作，有的店铺直接将大促活动页放到店铺首页，不再单独设计大促活动页。

大促期间每个版本都涉及多个块面，包括首页、活动页、宝贝描述页、宝贝分类页。每个版本都需要将这些块面分别设计，美工需要在这些页面上制作海报图片、宝贝排序、优惠券、购物须知等内容，如图 11-23 所示。

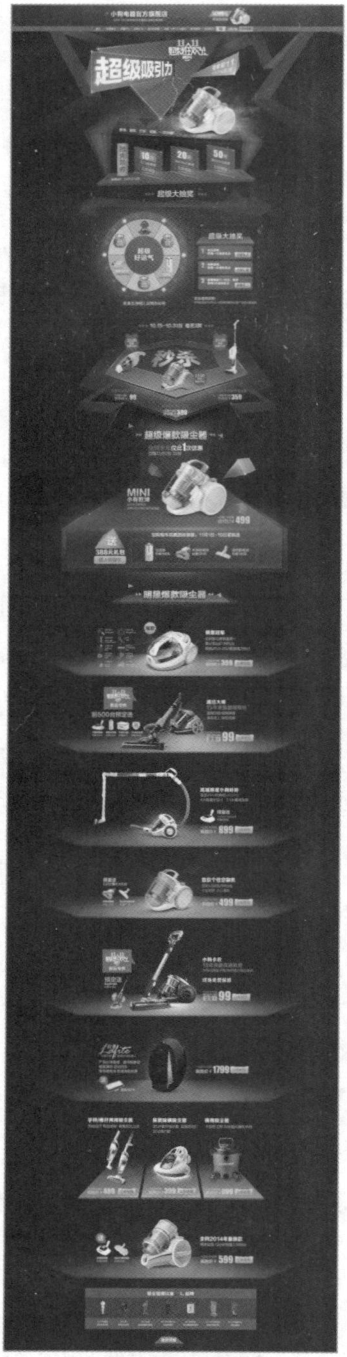

图 11-23　某品牌大促页面案例

除这些图片外，美工还需要设计一些专门的大促相关图片，其中最重要的是官方入口图。官方入口图和整个店铺流量息息相关，如果入口图效果差将导致点击量低，直接影响大促的效果。

大促期间会进行各类的推广活动，大促期间的推广图片应与平时的推广图片有明显的差别，如双 11 期间直通车或钻石展位要在图片上要尽量突出大促信息，特别提示，如果没有参加这个活动，那么原则上是不允许出现大促信息的。

6. 流量准备

为了保证大促效果，大促期间应对流量进行优化，优化的方向可以和平时保持一致。

对于免费流量的优化，可分为站内免费流量和站外免费流量两部分。

站内免费流量可以将搜索优化作为主要方式，通过将参加大促的主要商品上下架时间进行调整，将主推商品集中在大促当天。还可以通过给商品主图加上大促图标来增加主图的吸引力，这里应注意有时官方会禁止此类行为。为了增加商品的搜索量，也可以在商品标题中添加与大促相关的关键词，如双 11 大促。

站外免费流量主要是通过在一些互动平台发布大促信息来增加站外流量。比如微信、微博，当然如果前期没有维护也没有粉丝的话，那么发不发也没有太大意义。

付费流量也可分为站内和站外两部分。

站内付费就是常规的直通车、钻石展位、淘宝客这三种，在活动期间一般都会适当加大这些推广工具的力度。

站外流量的方式多种多样，近期比较流行的方式是与网络红人进行合作，支付金额给红人让其帮忙推广。这一方式实际上平时也可以操作，要注意的是红人的选择非常重要，如果红人选择不当，花再多的钱也很难起到效果。选择红人时务必选择符合自己目标客户群的红人，并且在合作期间关注该红人合作商家的回报率。另外还可以通过向一些小网站支付广告费来购买广告，可以通过阿里妈妈平台向这些小网站购买，也可以直接找小网站沟通购买。

预热期除了通过优惠券、购物车、收藏来给店铺带来一定流量，还可以通过短信召回老顾客。此外，会场商家的会场流量也不容忽视，可以通过会场入口图和活动赛马两部分来增加会场流量。

11.4.4 内部筹备

要让活动期间店铺运转顺利，各个岗位工作细则非常必要。在实际操作时，可将下面每个项目再次进行细化，以便让岗位人员清楚自己的工作内容。

1. 岗位细则

首先应给各个岗位设立岗位细则。各个岗位在实施自己的工作细则时，管理层可以进行跟踪以监督其工作的完成度。制定细则时应尽量将时间节点备注在相关内容中。

客服岗位压力测试（最高接待数量）

状态栏及自动回复设置（预热、活动当天、活动后）

客服机器人设置

大促预热及当天 FAQ

大促后售后 FAQ

商品推荐表

紧急岗位调动预案

推广预热期推广（跟踪优惠券、加购、收藏数据）

活动当天推广（跟踪每个阶段大致推广效果）

跟踪流量数据（查看目标流量和目标销量差距）

流量储备方案（当天流量不够时，增加推广力度及金额的方案）

美工预热期页面

活动当天页面（当日商品位置调换）

活动后页面（大促继续、大促结束）

仓库发货流程计时（预计最高发货速度）

商品提前打包（高发货量）

发货流程梳理（多次核实，包裹怎么打包，附件如何赠送）

物流公司沟通（再次核实发货效率及是否有人帮忙）

每日发货状况（汇报板，汇报每日发货状态）

以上为客服、推广、美工、仓库四个部门的岗位细则，这四个部门是比较重要的部门。如果店铺还有其它相关部门，也应尽量准备好相应的岗位细则。

2．预警方案

很多店铺在大促期间都出现过各式各样的问题和事件，为了避免这些问题，可以设立事件预警，避免问题发生时手忙脚乱。

（1）客服预警方案

由于大促一般都是 0:00 开始，因此 0:00 期间客服会面临巨大的流量压力，如图 11-24 所示。

图 11-24　客服接单状态

为了防止客服来不及处理顾客问题，应做好客服不足时的备用方案，比如有些岗位在 0:00 期间没有太多工作，则可以安排这些岗位人员作为客服后备队员。为了让客服后备队员在压力高峰时能及时上线帮忙，需要提前给这些替补队员开通子账号，并做好基本训练。

一般大促结束 3 天后，会出现售后压力的高峰，这时同样可以按照之前的安排，安排其他岗位进行替补。

如果客服的售后和售前是分开的，那么还可以在大促当天将售后再转为售前，而到大促结束后将售前转为售后来进行灵活操作。

（2）仓库预警方案

大促期间仓库也是压力最大的部门之一。大促开始后，仓库需要马不停蹄地打包发货，如图 11-25 所示。

图 11-25　双 11 发货情景

仓库打包、出货不及时是很多参加大促的店铺最常见的问题，如果仓库跟不上销售的速度，那么需要启动备用方案。

在大促期间应预约好临时打包员，为了让临时打包员能熟练参与到工作中，需要提前给这些打包员基本的训练。为了临时打包员对工作满意，在训练期间还应给予部分补贴。如果公司内部的一些人员手边没有工作，也可以安排这部分人到仓库进行帮忙，以保证发货流程的顺利。

出货不及时比发货不及时的影响更大，因为相比较而言生产方更加不受控制，为了避免出现问题，可以提前和几家不同的供应商进行约定，在生产方供货不及时迅速切换到下一家。

（3）设备预警方案

内部的设备问题被很多店铺忽视，但设备一旦出现问题将造成巨大损失。很多报名参加大促的企业会都有服务器，大促期间的巨大流量很容易导致服务器宕机。另外客服的接待电脑偶尔也会出现死机等问题。

为了避免这些问题，需要在大促之前更新服务器，并对服务器进行压力测试，同时调试并重新安装客服电脑，准备一些备用电脑以避免设备问题影响大促效果。

此外，仓库的打印机、扫描枪等设备也可能因为高负荷的工作而出现问题。有条件的话这些设备也应该提前购买，以备使用。

为了准备得更加充分，还可以给流量做好预警方案，保证一旦流量缺失时有地方可以快速购买到流量。此外，也可以做一些客户的告知预警方案，比如提示客户及时支付、告知发货时间等。预警工作不怕准备不充分，就怕一旦出现问题来不及解决，预警工作越充分，大促期间的工作压力就会越小。

3．员工激励

为了让大促期间大家形成一股力量，非常有必要进行员工激励。首先，需要在企业内部任务一个队长，队长可以是公司老板也可以是店铺的某个领导，选择一位能带领各岗位完成目标的队长型人物，其通过带队、鼓励等方式能给每个员工加油鼓气。

其次，为了让全体员工在有压力工作中能适当放松和娱乐，可以通过设立游戏机制来活跃气氛。比如 0:00 开始喊某个有趣的口号，销售额到达某个目标时敲锣打鼓或放一段有趣的音乐。

大促期间很多员工需要加班加点，比如双 11 的 0:00 期间客服岗位基本都在公司值班；很多公司为了保证发货速度，仓库也会在 0:00 开始进行打包；数据采集、推广、美工等相关岗位也需要进行一定程度的加班。为了让这些加班的员工更有士气，给他们准备一些小福利，如红牛、水果、咖啡、泡面、零食等。

增加福利的方式各式各样，有给值夜班的员工提供睡袋、帐篷的，也有给员工在加班期间提供特别豪华外卖的。比较有趣的是曾经有公司为了激励员工，特别邀请了美女给加班加点的员工进行按摩服务，如图 11-26 所示。

图 11-26　公司聘请美女在大促加班期间给员工提供按摩服务

除以上这些外，通过改变公司环境，让公司内部形成大促的气氛，也是非常不错的激励方式。每年双 11 都有很多参加大促的店铺发挥各式各样的民间智慧，如拉横幅、做海报、做战略显示屏，甚至有的公司还有膜拜神像等有趣的方式，虽然方法不一定是科学，但是气氛达到了，员工也有了更轻松的工作环境。

11.4.5　大促开始

最后，回顾一下整个大促的流程，争取做到掌握大局，做好大促。

大促前期视觉预热页面上线

流量短信发放、直通车、钻石展位

营销优惠券提前发放，

检查各岗位工作完成状态

大促当天实时跟踪各岗位运转状态

实时跟踪场内排名

实时跟踪销售状况

根据销售状态调整产品位置

大促后期美工页面调整

跟踪发货进度

查看售后状况

推广效果对比

目标完成度及数据回顾

大促结束后，千万不要忘记最后一件事情，有的店铺大促是成功的，达到了目标；有的店铺大促不算成功，仅仅合格。只要这场大促不算彻底失败，那么笔者希望店家在发出全部的商品后一周，给全体员工举办一个庆功会。感谢员工在大促期间的付出，奖励表现优异的个人，以及表现优异的团队。如果大促比较成功，可以通过聚餐、旅行、礼品甚至现金奖励让员工分享他们自己的成功。

结语

经营一家天猫店铺确实不是一件容易的事，相比没有什么门槛和资金要求的淘宝店铺来说，天猫店铺需要一定的实力和魄力。

很多店铺掌柜一直在问是否有折中之法，实际是有的，现在很多店铺已经在这样操作了。即先开设一段时间的淘宝店，用来了解基本的操作流程和经营方法。同时在这一时期配备好基本的设备和人员。当淘宝店铺经营步入正轨后，开始天猫店铺的搭建。

当然这只是很多经营方式中的一种。读者不一定非要按照这样的方法去经营天猫店铺，无论是循序渐进逐渐成长，还是激流勇进快速发展，只要能实现自己的目标都是好方法。

笔者建议各位读者在进行天猫店铺建设时，如果能以“计划→目标→执行”这一流程来进行，那么会让店铺的建设更加有条不紊。

笔者在前文做过相应建设流程的举例，下面给各位再说一下相对具体的店铺搭建流程：

第一阶段：了解天猫，熟悉天猫所有页面及基本规则；

第二阶段：店铺开通，支付宝开通及天猫入驻；

第三阶段：工作场地准备及基础设备到位；

第四阶段：员工配置架构，同时进行第一阶段人员招聘（美工、客服、运营助理等）；

第五阶段：到岗人员工作平台熟悉及流程梳理；

第六阶段：数据调研及首发商品选款；

第七阶段：首批商品拍摄作图并上传至店铺仓库；

第八阶段：新店开张活动策划及店铺装修准备；

第九阶段：促销工具选择及店铺开设；

第十阶段：店铺推广及后续活动策划及官方活动报名。

以上流程仅作参考，希望各位读者能根据自己的实际情况进行计划，顺利完成天猫店铺的建设与发展。